Alenka Zupančič

O que é sexo?

Tradução:
Rafael Bozzola

Revisão de tradução:
Vinícius Moreira Lima e Bernardo Sollar Godoi

autêntica

PSI XXI

COLEÇÃO
Psicanálise
no Século XXI

SÉRIE
Crítica
e Clínica

Copyright desta edição © 2023 Autêntica Editora
Copyright © 2017 Massachusetts Institute of Technology

Título original: *What is sex?*

Todos os direitos desta edição reservados pela Autêntica Editora Ltda. Nenhuma parte desta publicação poderá ser reproduzida, seja por meios mecânicos, eletrônicos, seja via cópia xerográfica, sem a autorização prévia da Editora.

EDITOR DA COLEÇÃO PSICANÁLISE NO SÉCULO XXI
Gilson Iannini

COORDENADOR DA SÉRIE CRÍTICA E CLÍNICA
Christian Dunker

EDITORAS RESPONSÁVEIS
Rejane Dias
Cecília Martins

CAPA E PROJETO GRÁFICO
Diogo Droschi

REVISÃO
Aline Sobreira
Marina Guedes

DIAGRAMAÇÃO
Guilherme Fagundes

Dados Internacionais de Catalogação na Publicação (CIP)
(Câmara Brasileira do Livro, SP, Brasil)

Zupančič, Alenka
 O que é sexo? / Alenka Zupančič ; tradução Rafael Bozzola. -- 1. ed. -- Belo Horizonte : Autêntica, 2023. -- (Psicanálise no Século XXI ; 3 / Gilson Iannini)

Título original: What *is* sex?
Bibliografia.
ISBN 978-65-5928-170-1

1. Psicanálise - Filosofia 2. Sexo - Filosofia 3. Sexo (Psicologia) I. Iannini, Gilson. II. Título III. Série.

22-108153   CDD-306.7

Índice para catálogo sistemático:
1. Sexo : Sociologia   306.7

Aline Graziele Benitez - Bibliotecária - CRB-1/3129

Belo Horizonte
Rua Carlos Turner, 420
Silveira . 31140-520
Belo Horizonte . MG
Tel.: (55 31) 3465 4500

São Paulo
Av. Paulista, 2.073, Conjunto Nacional
Horsa I . Sala 309 . Bela Vista
01311-940 . São Paulo . SP
Tel.: (55 11) 3034 4468

www.grupoautentica.com.br
SAC: atendimentoleitor@grupoautentica.com.br

A coleção Psicanálise no Século XXI

A coleção Psicanálise no Século XXI quer mostrar que a psicanálise pode se renovar a partir de perguntas que a contemporaneidade nos coloca, assim como sustentar a fecundidade da clínica e da teoria psicanalítica para pensar o tempo presente.

A série Crítica e Clínica

Conhecida e atacada pela sua longevidade, a psicanálise tem se mostrado, além de método clínico e uma teoria do tratamento, um dispositivo crítico. No universo anglo-saxônico, esse papel crítico fica evidente pela associação com as teorias antirracialistas, pós-marxistas e feministas, mas também pela sua aproximação com teorias do cinema, da crítica literária e da filosofia. No Brasil, conhecido pela disseminação da psicanálise como prática psicoterapêutica tanto no âmbito privado quanto em sua inserção institucional nas redes assistenciais e na saúde pública, a relação entre crítica da cultura e clínica do sofrimento encontra agora uma sistematização editorial. Este é o objetivo e a proposta da série Crítica e Clínica: mostrar que a crítica social pode se reverter em renovação e aperfeiçoamento de procedimentos clínicos. Isso significa combinar produção conceitual e reflexão psicopatológica com trabalhos de análise de transformações sociais, enfatizando o que podemos chamar de "políticas de sofrimento psíquico".

Formar uma nova política de saúde mental e dar voz e suporte narrativo para posições subalternizadas de gênero, classe e raça em nossa história é também uma forma de modificar, pela raiz, os processos de transmissão e pesquisa que vieram a caracterizar o estilo próprio e a ética da psicanálise. Nosso objetivo consiste em traduzir um montante significativo de produções da psicanálise crítica, combinando-o com a nascente produção brasileira orientada para a renovação da psicanálise. Pretendemos iluminar experiências alternativas e proposições inovadoras que se multiplicaram nos últimos anos, acolher esse movimento intelectual e organizar o debate que essas experiências e proposições suscitam ao operar transversalmente em relação às escolas de psicanálise e suas tradições. Uma nova forma de relação entre a produção universitária e o trabalho desenvolvido nas escolas de formação torna-se, assim, parte da desobstrução dos muros e condomínios que marcaram até aqui a distribuição iniquitativa dos recursos culturais e sociais no Brasil.

Gilson Iannini
Editor da coleção Psicanálise no Século XXI

Christian Dunker
Coordenador da série Crítica e Clínica

9 **Introdução**

Capítulo 1
15 **Está ficando estranho aqui...**
15 Alguém falou em sexo?
20 De onde vêm os adultos?
27 Cristianismo e a perversidade polimorfa

Capítulo 2
39 **...E ainda mais estranho por aí**
39 O dilema da relação
45 O Anti-Sexus
54 "A 'punheta' invisível do mercado"

Capítulo 3
61 **Contradições que importam**
61 Sexo ou gênero?
76 Divisão sexual, um problema ontológico
104 *Je te m'athème... moi non plus*

Capítulo 4
121 **Ontologia desorientada pelo objeto**
121 Realismo em psicanálise
140 Humano, animal

154	Pulsão de morte I: Freud
173	O trauma fora da experiência
181	Pulsão de morte II: Lacan e Deleuze
210	O ser, o acontecimento e suas consequências: Lacan e Badiou

Conclusão
229 **Do umbigo de Adão ao umbigo do sonho**

235 **Pequeno glossário lacaniano**
Christian Ingo Lenz Dunker

Glossário
239 **A aventura conceitual de Zupančič**
Bernardo Sollar Godoi e Vinícius Moreira Lima

Posfácio
249 **Aquém do gênero, além do realismo: o sexo como impasse da ontologia**
Vinícius Moreira Lima e Bernardo Sollar Godoi

279 **Referências**

Introdução

"Por enquanto, não estou trepando, estou falando com você. Bem! Posso ter exatamente a mesma satisfação que teria trepando." Esse é o exemplo que Lacan propõe para ilustrar a alegação de que a sublimação é a satisfação do desejo, sem recalque. Normalmente tendemos a pensar na sublimação como uma forma de satisfação substitutiva: em vez de "trepar", eu me dedico a falar (escrever, pintar, rezar...) – assim consigo outro tipo de satisfação para substituir a que está "ausente". Sublimações são satisfações substitutivas para uma satisfação sexual perdida. O argumento que a psicanálise lacaniana apresenta, entretanto, é mais paradoxal: a atividade é outra, mas a satisfação é exatamente a mesma. Ou seja, o objetivo não é explicar a satisfação ao se referir à sua "origem sexual". A questão é que a satisfação de falar é *ela mesma* "sexual". E é precisamente isso que nos obriga a apresentar a questão da própria *natureza* e do status da sexualidade de uma forma radical. Marx escreveu a famosa frase que diz que "a anatomia humana contém a chave para a anatomia do macaco" (e não, talvez, o contrário). De maneira semelhante, devemos insistir em que a satisfação em falar contém uma chave para a satisfação sexual (e não o contrário), ou, simplesmente, uma chave para a sexualidade e suas contradições inerentes. Daí a simples (e mesmo assim a mais difícil) questão que orienta este livro: o que *é* sexo? A maneira como me proponho a abordar o tópico da sexualidade é considerá-la um problema *filosófico* próprio da psicanálise – com tudo o que esse termo faz reverberar, a começar pela ontologia, a lógica e a teoria do sujeito.

A psicanálise (em sua linhagem freudo-lacaniana) foi, entre outras coisas, uma elaboração conceitual muito poderosa, com ressonâncias diretas e significativas na filosofia. O encontro entre a filosofia e a psicanálise revelou-se um dos canteiros de obras mais produtivos da filosofia contemporânea. Produziu algumas leituras novas e originais de filósofos clássicos e de conceitos filosóficos clássicos (como sujeito, objeto, verdade, representação, real) que impressionam, e abriu uma veia genuinamente nova na filosofia contemporânea. No momento em que a própria filosofia estava pronta para abandonar algumas de suas noções clássicas que pertenciam a seu passado metafísico, do qual estava ansiosa para escapar, veio Lacan e nos ensinou uma lição inestimável: não são essas noções em si que são problemáticas; o que é problemático (em algumas formas de fazer filosofia) são o repúdio ou a obliteração da contradição (ou antagonismo) inerente que todos esses princípios implicam, e dos quais fazem parte. É por isso que, simplesmente, ao abandonarmos tais noções, estamos abandonando o campo de batalha, em vez de vencer quaisquer batalhas significativas. De maneira semelhante, embora não simétrica, a psicanálise (também em seu contexto clínico) ganhou muito ao se apoiar e operar com conceitos filosóficos e por ter um papel nos debates filosóficos. Pois, dessa forma, ela permaneceu atrelada à paisagem intelectual ampla, em suas lutas e antagonismos, que ela mesma trouxe à luz, em vez de se fechar em um campo especializado, comodamente circunscrito da perícia e prática. E essa era precisamente a divisão que Lacan sempre destacava e que esteve no cerne de sua discordância com a (isto é, sua expulsão da) Associação Psicanalítica Internacional: a divisão entre a psicanálise como prática terapêutica reconhecida, adequadamente confinada, ou alocada em seu campo/feudo, e o que pareciam ser extravagâncias intelectuais (e práticas) de Lacan que estavam, literalmente, em todos os campos (filosofia, ciência, literatura…). Foi aqui, e não simplesmente na batalha entre as diferentes orientações psicanalíticas, que Lacan identificou a real divisão. Além das famosas sessões curtas, "intelectualização" foi a palavra-chave e o *insulto*-chave dirigido ao que ele estava fazendo em seu "ensino" (ensino que ocorreu fora da prática psicanalítica e teve destino universal) – um insulto lançado por analistas aos quais Lacan não hesitou em retribuir, chamando-os de "ortopedistas do inconsciente" e "fiadores do devaneio burguês". Dita "intelectualização" não se deveu simplesmente à persona de Lacan (sua própria inteligência, erudição, ambição), mas também ao que ele reconheceu estar no próprio âmago da descoberta de Freud, causando seu escândalo principal. "O inconsciente *pensa*" é como Lacan gostava de formular a essência de tal descoberta. Sonhos engenhosos, atos falhos, piadas, assim como muitas (outras) formas e criações altamente espirituais, são todas manifestações do trabalho do inconsciente. Não há nada completamente irracional no inconsciente. Lacan também gostava de apontar que o maior escândalo causado pela noção freudiana de sexualidade (no que se refere ao inconsciente) não era sua suposta indecência, mas o fato "de ser tão 'intelectual'. Foi nisso que ela se mostrou a marionete digna de todos aqueles terroristas cujas conspirações arruinariam a sociedSade" (Lacan, 2006c, p. 435).[1] Nesse exato sentido, dizer que a satisfação em falar (ou em qualquer tipo de atividade intelectual) é "sexual" não tem a ver apenas com rebaixar as atividades intelectuais, mas também com elevar a sexualidade ao nível de uma atividade surpreendentemente intelectual...

Há, portanto, pouca dúvida sobre onde Lacan identificou o racha e a luta mais importantes da psicanálise: "Eu gostaria de dizer, aos que estão me ouvindo, como eles podem reconhecer

---

[1] A referência dessa citação, na bibliografia de Zupančič, conecta-a ao *Seminário 18*, no entanto, a citação é extraída do texto "A instância da letra no inconsciente ou a razão desde Freud", presente nos *Escritos*. O mesmo é válido para a próxima citação. (N.R.T.)

maus psicanalistas: pela palavra que eles usam para depreciar todas as pesquisas sobre técnica e teoria que promovem a experiência freudiana em sua dimensão autêntica. Essa palavra é 'intelectualização'..." (LACAN, 2006c, p. 435).

Se, no entanto, o encontro entre a psicanálise e a filosofia provou ser um canteiro de obras mais inspirador e fecundo para ambas, parece que, recentemente, evitar esse encontro se tornou cada vez mais a *mot d'ordre* [palavra de ordem] em ambos os campos. Os filósofos redescobriram a filosofia pura e, principalmente, a ontologia; engajados como estão na produção de novas ontologias, eles veem pouco interesse no que parece, na melhor das hipóteses, uma teoria regional que corresponde a uma prática terapêutica específica. Os psicanalistas (lacanianos), por outro lado, estão ocupados redescobrindo o núcleo "experimental" (clínico) de seus conceitos, que eles às vezes gostam de apresentar como seu Santo Graal – o Real derradeiro com o qual eles, e ninguém mais, estão em contato.

Nesse aspecto, este livro vai – metodológica e ideologicamente – na contramão dos "tempos em que vivemos", recusando-se a abandonar o canteiro de obras em favor de "produtos conceituais", "serviços" ou "experiências únicas" mais bem-acabadas. As páginas seguintes nasceram de uma dupla convicção: primeiramente, de que na psicanálise o sexo é acima de tudo um *conceito* que elabora uma contradição persistente da realidade. E, em segundo lugar, de que essa contradição não pode ser circunscrita ou reduzida a um nível secundário (como uma contradição entre seres/entidades já bem estabelecidos), mas está – na condição de contradição – envolvida na própria estruturação dessas entidades, em seu próprio ser. Nesse sentido específico, o sexo tem relevância ontológica: não como uma realidade última, mas como uma torção inerente, ou pedra no caminho, da realidade.

A questão de "Lacan e a filosofia" é, portanto, abordada e tratada aqui no ponto em que parece haver mais em jogo. Sexo é o assunto geralmente deixado de fora até mesmo nas apropriações filosóficas mais amigáveis de Lacan e seus conceitos; e ontologia é algo que Lacan via como conectado ao discurso do mestre, jogando com a homonímia entre "*maître*" (mestre) e "*m'être*"[2] (do ser, *être*). Ontologia implica "seguir alguém incondicionalmente", "estar à disposição de alguém" (LACAN, 1999, p. 31).

E ainda, ou, mais precisamente: exatamente *por causa* disso, parece imperativo postular a questão do "sexo e ontologia". É nesse ponto, eu afirmo, que o destino do encontro entre a filosofia e a psicanálise está sendo decidido e jogado.

Como Louis Althusser levantou em seu poderoso ensaio "Sobre Marx e Freud", uma das coisas que o marxismo e a psicanálise têm em comum é estarem situados *dentro do conflito* que teorizam; eles mesmos são parte da própria realidade que reconhecem como conflituosa e antagônica. Nesse caso, o critério da objetividade científica não é uma suposta neutralidade, que nada mais é do que uma dissimulação (e, portanto, a perpetuação) de tal antagonismo, ou do ponto de exploração real. Em qualquer conflito social, uma posição "neutra" é sempre e necessariamente a posição da classe dominante: ela parece "neutra" porque alcançou o status de ideologia hegemônica, o que sempre nos parece evidente. O critério de objetividade em tal caso, portanto, não é a neutralidade, mas a capacidade da teoria de ocupar um ponto de vista singular e específico dentro da situação. Nesse sentido, a objetividade está ligada aqui à própria capacidade de ser "parcial" ou "partidário". Como afirma Althusser: quando se trata de uma realidade conflituosa (que é o caso tanto do marxismo quanto da psicanálise), não se pode ver tudo de toda parte (*on ne peut pas tout voir de partout*); algumas posições dissimulam esse conflito, e outras o revelam. Só se pode descobrir a essência dessa realidade conflituosa ocupando certas posições, e não outras, nesse mesmo conflito (ALTHUSSER, 1993, p. 229).

---

[2] Ser quem eu sou. (N.T.)

O que este livro pretende mostrar e argumentar é que o sexo, ou *o sexual*, é precisamente essa "posição" ou ponto de vista na psicanálise. Não pelo seu conteúdo ("sujo" ou polêmico), mas pelo peculiar tipo de contradição que ele nos obriga a ver e pensar e com o qual ele nos obriga a lidar.

Embora isso possa não ser evidente pelo número de páginas, este livro é o resultado de muitos anos de trabalho conceitual. Este trabalho não foi linear, foi um ir e vir das questões mais difíceis a partir de diferentes pontos de vista e perspectivas e, finalmente, descartar muitas coisas – ou seja, palavras. Inevitavelmente, várias partes deste livro apareceram, ao longo desses anos, como apresentações de pesquisas que já estavam em andamento. Para evitar qualquer mal-entendido a esse respeito, no entanto, quero enfatizar não apenas que esta não é uma coleção de ensaios (o que é bastante óbvio), mas também que as partes já publicadas constituem material que, simplesmente, não pode passar como sendo o mesmo neste livro. Não apenas porque foi significativamente remodelado e modificado em pontos e junções conceituais cruciais, mas também porque é apenas no presente trabalho que ele se torna o que é, ou seja, parte do desenvolvimento de um argumento central que abrange toda a extensão de um livro.

Recentemente, os livros de Lorenzo Chiesa (*The Not-Two* [O não-dois] e Aaron Schuster (*The Trouble with Pleasure* [O problema com o prazer]) foram publicados em uma mesma série – de livros cujos tópicos se cruzam com os meus em mais de um ponto. Se essas obras notáveis não desempenham um papel significativo em minha discussão, a razão é muito simples: por muitos anos temos trabalhado nesses tópicos em nossos "universos paralelos", em uma amistosa cumplicidade, mas cada um perseguindo sua própria "obsessão", percorrendo seu próprio caminho dentro dos tópicos. Achei melhor manter a independência dos nossos "universos paralelos" aqui – uma decisão que não deve ser confundida com a falta de reconhecimento da relevância dessas obras.

Capítulo 1
Está ficando estranho aqui...

Alguém falou em sexo?

No filme de John Huston *Freud: além da alma* (1962), uma cena muito forte retrata Freud apresentando sua teoria da sexualidade na primeira infância para um grande público de homens bem formados. Sua breve apresentação é recebida com forte e declarada rejeição, e interrompida por grunhidos na sequência de quase todas as frases; vários dos homens saem do auditório em protesto, cuspindo no chão perto de Freud. Em determinado momento, o mediador, tentando restaurar a ordem, grita: "Senhores, não estamos em uma reunião política!".

Essa é uma observação muito intrigante, que nos aponta diretamente para a direção certa: a de uma estranha e surpreendente coincidência entre política e (a teoria freudiana da) sexualidade – e voltaremos a essa coincidência em alguns dos capítulos a seguir. Mas vamos primeiramente nos debruçar sobre a indignação provocada pela noção freudiana de sexualidade (e especialmente da sexualidade na primeira infância). É muito fácil, a partir do ponto de vista de hoje, não compreender o que está acontecendo nessa situação e simplesmente atribuir esse tipo de reação violenta à moral vitoriana da época de Freud. Desde então – tendemos a achar – aprendemos a ser muito tolerantes e a falar sobre sexualidade abertamente; sabemos que "a sexualidade não é motivo para se envergonhar" e que é até boa para a nossa saúde (física e mental). Também achamos que as descobertas de Freud sobre o papel determinante do "psicossexual" em nosso desenvolvimento se tornaram amplamente integradas às práticas terapêuticas de linhagem psicanalítica, embora, em certa medida, diluída. Portanto, pode ser uma grande surpresa saber que esse está longe de ser o caso. Em 2009, Ofra Shalev e Hanoch Yerushalmi publicaram um estudo surpreendente sobre o estado da sexualidade entre terapeutas contemporâneos dedicados à psicoterapia psicanalítica.[3] Os resultados desse estudo levaram Kaveh Zamanian a publicar um artigo no qual ele resume alguns resultados deste estudo:

> Com relação ao primeiro tema, os terapeutas do estudo de Shalev e Yerushalmi tenderam a acreditar que a sexualidade serve como uma defesa contra questões mais profundas e difíceis, como intimidade e identidade individual […] Na verdade, as questões sexuais eram vistas como um impedimento ao objetivo de ajudar os pacientes a se ajustarem ao seu ambiente e a um funcionamento geral. O terceiro fator foi uma falta de limites definidos e uma confusão total sobre intimidade versus sexualidade […] Eles se concentraram em encontros sexuais em vez de em aspectos psicossexuais do desenvolvimento. Surpreendentemente, dois terapeutas afirmaram que "as questões sexuais devem ser tratadas por sexólogos, e não por psicoterapeutas". Notavelmente, a maioria dos terapeutas no estudo não separou a sexualidade dos relacionamentos íntimos e até mesmo confundiu amor e sexualidade. Por exemplo, um terapeuta concluiu que seus pacientes "raramente falam sobre questões sexuais" e que sua discussão sobre relacionamentos românticos "nunca [tem] conotações sexuais". O quarto e último fator, e para mim o mais preocupante, era a tendência dos terapeutas de evitar abordar questões sexuais por sentir desconforto.

---

[3] Ver Shalev; Yerushalmi (2009).

Vários terapeutas no estudo perceberam a discussão de questões sexuais como uma "forma de hostilidade dirigida a eles" e até se sentiram "abusados por seus pacientes". Novamente, de forma chocante, uma terapeuta descreveu um de seus pacientes da seguinte maneira: "Parecia que ele achava: isso é terapia, então posso falar sobre tudo" (ZAMANIAN, 2011, p. 38).

Levando em consideração a afirmação de Freud sobre a *única* regra ou imperativo envolvido no tratamento psicanalítico, ou seja, falar absolutamente tudo, qualquer coisa que venha à nossa mente, por mais insignificante ou impróprio que nos pareça, essa última citação na verdade soa como uma excelente piada psicanalítica.

Se esse é o estado de coisas na "psicoterapia psicanalítica", não devemos nos surpreender que o ânimo [*Stimmung*] geral sobre a sexualidade, e particularmente a sexualidade na primeira infância, não seja muito diferente. Isso não é contradito de forma alguma pela exposição flagrante na mídia e seu uso abundante da sexualidade. Não há contradição, porque o que está envolvido aqui é uma redução sistemática da noção de sexualidade – uma redução da sexualidade a (diferentes) "práticas sexuais" como constituindo uma "relação sexual" e cercada por insinuações sexuais obrigatórias, isto é, por um vasto oceano de *sentidos* sexuais. É claramente assim que a sexualidade aparece para os terapeutas envolvidos no estudo de Shalev e Yerushalmi: como comportamentos safados que alguém apresenta ou não, e que podem no fim das contas importunar seu terapeuta. Se entendemos dessa forma, podemos, de fato, concordar com a afirmação de que "a sexualidade serve como uma defesa contra questões mais profundas e difíceis". A ironia aqui, claro, é que, para Freud, a sexualidade *era* a "questão mais profunda e difícil" por trás de diferentes práticas sexuais, insinuações e sentidos – que era algo inerentemente problemático, perturbador, em vez de construtivo, de identidades. A atividade sexual parecia, para

Freud, redobrada pelo próprio impasse e pela própria dificuldade inerentes e, como tal, exigia uma investigação ontológica profunda. O que era, e ainda é, perturbador na discussão freudiana da sexualidade não é apenas a sexualidade em si – esse tipo de resistência, indignada com a "obsessão psicanalítica por assuntos indecentes", nunca foi a mais forte e logo foi marginalizada pela progressiva liberalização da moral. Muito mais preocupante era a tese sobre o caráter sempre problemático e (ontologicamente) incerto da própria sexualidade. Para os vitorianos que gritavam "O sexo é sujo", Freud não respondeu algo como "Não, não é sujo, é natural", mas sim algo como: "O que é esse 'sexo' do qual vocês estão falando?".

A psicanálise, é claro, parte das vicissitudes dos seres humanos, nas quais concentra suas investigações. O que a impede de se tornar uma espécie de filosofia do interesse humano "psicologizado", no entanto, é precisamente a descoberta e a insistência da psicanálise no sexual como fator de desorientação radical, fator que insiste em questionar todas as nossas representações da entidade chamada "ser humano". Por isso, também seria um grande erro considerar que, na teoria freudiana, o sexual (no sentido de pulsões parciais inerentemente desviantes) é o horizonte final do animal denominado "humano", uma espécie de ponto de ancoragem de uma irredutível humanidade na teoria psicanalítica; pelo contrário, o sexual é o *operador do inumano*, o operador de desumanização.

E, inadvertidamente, é precisamente isso que abre espaço para uma possível teoria do sujeito (tal como desenvolvida por Lacan), em que o sujeito é mais do que apenas outro nome para um indivíduo ou uma "pessoa". Além disso, é precisamente o sexual como operador do inumano que abre a perspectiva do universal na psicanálise, que ela muitas vezes é acusada de omitir *por causa* de sua insistência no sexual (incluindo a diferença sexual). O que Freud chama de o sexual não é, portanto, aquilo que nos torna humanos em qualquer sentido percebido desse termo, mas sim aquilo que nos torna sujeitos, ou, talvez mais precisamente, coexiste com o surgimento do sujeito. E esse aspecto "inumano" da sexualidade é o que Lacan enfatiza de várias maneiras diferentes, incluindo sua famosa invenção da "lamela".[4]

O que está acontecendo na visão psicoterapêutica contemporânea sobre a sexualidade poderia, portanto, ser descrito da seguinte forma. Inicialmente, essa visão diverge por completo da noção freudiana de sexualidade, reduzindo-a a uma descrição de características empíricas relacionadas a certos tipos de prática. Então, em uma segunda etapa, descobre-se (desdenhosamente) que a sexualidade é exatamente aquilo a que a reduzimos na primeira etapa: a saber, um epifenômeno superestimado. Quando alguém pressupõe, por exemplo, que a psicanálise afirma que todos os nossos problemas (neuróticos) advêm de sexo ruim ou de pouco sexo, não há mais espaço para – o quê? Precisamente a psicanálise. Esse é, talvez, o argumento surpreendente de Freud em seu ensaio "Sobre psicanálise 'selvagem'"; e isso é exatamente o que as duas perspectivas terapêuticas aparentemente opostas (a que alega que o sexo é a resposta para tudo e a que descarta o sexo como superestimado) têm em comum: não há espaço para a psicanálise em nenhuma delas. Não há espaço para a psicanálise, porque a psicanálise vê a impossibilidade da satisfação sexual plena – na ausência de todos os obstáculos externos – como uma *parte* constitutiva e integrante da própria sexualidade inconsciente.

O mesmo vale para a ideia de que, para a psicanálise, (quase) tudo tem sentido sexual e que compreender esse sentido é a chave para a recuperação psicológica. Para ver como isso foge do assunto principal, simplesmente precisamos ter em mente como Freud foi levado a sua teoria do sexual como inerentemente problemático. Ele não foi levado a isso simplesmente por descobrir e decifrar o sentido sexual "por trás" dos sintomas e das diferentes formações do inconsciente; muito antes o contrário:

---

[4] Para mais sobre o assunto, ver Zupančič (2008, p. 20-23).

ele foi levado a isso ao tropeçar no "fracasso terapêutico" da revelação final do sentido sexual. Sentidos sexuais foram revelados, conexões que levaram a isso foram estabelecidas e reconstruídas; no entanto, o problema/sintoma *persistiu*.

E isso abre espaço para uma hipótese diferente: é como se o sentido sexual, tão generosamente produzido pelo inconsciente, estivesse aqui para mascarar a realidade de uma negatividade mais fundamental em ação na sexualidade, para nos separar dela por uma tela que deriva sua eficácia do fato de que ela mesma é um meio de satisfação – satisfação por meio do sentido, satisfação na produção de sentido sexual e (como o reverso disso) na produção de sentido do sexual. Por mais paradoxal que isso possa parecer, uma das tarefas primárias da psicanálise é a de, lenta mas profundamente, desativar o caminho dessa satisfação, torná-la inútil; para produzir sexo como absoluta e intrinsecamente desprovido de sentido, não como o horizonte último de todo sentido produzido pela humanidade. Ou seja: restaurar o sexo em sua dimensão de Real.

No entanto, se aceitarmos a tese de Zamanian de que o que está em jogo nas práticas psicoterapêuticas contemporâneas é uma "defesa" contra algo envolvido na teoria freudiana da sexualidade, o que exatamente é esse algo? Uma coisa é certa: devemos resistir à tentação de considerar a defesa contra a sexualidade como autoexplicativa; não é o "sexo" que pode explicar essa defesa; ao contrário, é a defesa que poderia lançar alguma luz sobre algo inerentemente problemático em relação à natureza da sexualidade – algo que repetidamente, e como que inevitavelmente, coloca-nos no caminho de questões profundamente metafísicas.

De onde vêm os adultos?

Uma explicação – que vamos chamar de "explicação psicanalítica progressiva" – aponta a origem do desconforto com a sexualidade não tanto na diferença, mas antes na irredutível proximidade ou continuidade entre a sexualidade infantil e a adulta.

O status paradoxal da sexualidade infantil, tal como foi descoberta por Freud, pode ser resumido em dois pontos. Primeiramente, ela existe, as crianças são seres sexuais; mesmo assim, em segundo lugar, ela existe mesmo sem as estruturas biológicas e simbólicas que seriam necessárias para sua existência. Ela existe ainda que na ausência de parâmetros tanto naturais quanto culturais. Biologicamente falando, os órgãos sexuais não estão aptos a cumprir sua função; e, simbolicamente falando, as crianças não têm meios de compreender adequadamente o que está acontecendo com elas (sexualmente). Pode-se supor que esse tipo de zona indefinida e fluida, não conectada a qualquer cadeia simbólica, seja particularmente sensível – tanto em si mesma quanto na imaginação dos adultos. Mas há uma razão adicional e mais importante para tal status. Se a sexualidade infantil constitui uma "zona" tão perigosa e sensível, não é simplesmente por sua diferença e seu contraste em relação à sexualidade adulta, mas ao contrário: pelo quanto são próximas. Se a sexualidade infantil é algo que não é explicado nem pela biologia nem pelo simbólico ("cultura"), o próximo e talvez maior escândalo da teoria freudiana está em sugerir que, no final das contas, essa situação *não muda tanto assim* quando nos tornamos adultos. A "maturidade" dos órgãos sexuais falha dramaticamente em fazer com que esses órgãos funcionem como locais exclusivos da sexualidade, e também falha em produzir uma base sólida para compreender claramente a nossa sexualidade.

Jean Laplanche provavelmente foi quem chegou mais longe na exposição desse conflito e dessa dualidade do sexual, ao propor a diferença entre a sexualidade pulsional (que ele chama de *le sexual*) e a sexualidade instintiva (*le sexuel*). Em resumo: *le sexual* está essencialmente ligado às diferentes pulsões parciais e sua satisfação; não é inato, não é dirigido a objetos e não é reprodutivo. Refere-se à sexualidade autoerótica, polimorfa, perversa, sem restrição de gênero e multiforme. A sexualidade instintiva, por sua vez, é baseada em hormônios e mais ou menos pré-programada. É o tipo de sexualidade que surge após a pré-puberdade, ou seja, *depois* da pulsão ou da sexualidade infantil. De modo que: "No que diz respeito à sexualidade, o ser humano está sujeito ao maior dos paradoxos: o que se consegue a partir das pulsões tem precedência sobre o que é inato e instintivo, de tal forma que, no momento em que emerge, a sexualidade instintiva, que se adapta, encontra o seu lugar já ocupado, como se diz, por pulsões infantis, que sempre estiveram presentes no inconsciente" (LAPLANCHE, 2002, p. 49).

Na mesma linha de raciocínio, e com base nos *Três ensaios sobre a teoria sexual*, de Freud, pode-se resumir essas questões da seguinte forma: a chamada "organização sexual genital" está longe de ser a principal. Ela envolve uma unificação do desejo sexual originalmente heterogêneo, disperso, sempre já *composto*, formado por diferentes pulsões parciais, como olhar, tocar, chupar e por aí vai. Essa unificação tem duas características principais: primeiramente, é sempre uma unificação um pouco forçada e artificial (não pode ser vista simplesmente como um resultado teleológico natural da maturação reprodutiva). Em segundo lugar, tal unificação nunca é realmente alcançada ou completada, o que quer dizer que nunca transforma a pulsão sexual em uma unidade orgânica, com todos os seus elementos, ao fim e ao cabo, estando a serviço de um único e mesmo propósito. A sexualidade humana "normal", "saudável" é, portanto, uma naturalização paradoxal e artificial das pulsões sexuais originalmente desnaturadas (desnaturadas no sentido de estarem se afastando dos objetivos "naturais" de autoconservação e/ou da lógica de uma necessidade pura, não afetada por outra satisfação adicional). Pode-se até dizer que a sexualidade humana seja "sexual" (e não simplesmente "reprodutiva") precisamente na medida em que a unificação em jogo, a vinculação de todas as pulsões com um único objetivo, nunca funciona plenamente, mas permite que diferentes pulsões parciais continuem sua atividade circular de autoperpetuação.

Mesmo assim, pode haver algo um pouco estranho com essa narrativa, em dois aspectos. Primeiramente, em como ela vai da multiplicidade supostamente original, livre e caótica das pulsões para uma unificação sexual (sempre) forçada; e, em segundo lugar, na forma como (basicamente em concordância com Laplanche e sua noção de "*le sexual*") situa a sexualidade inata (ou "humana") simplesmente à margem das pulsões e sua satisfação (em oposição à sexualidade instintiva/reprodutiva). Não que isso seja errado; na verdade, as coisas são um pouco mais complicadas, e algo crucial está faltando nesse relato. Esse algo está ligado justamente ao *ponto de encontro* entre o gozo proveniente das pulsões sexuais (o prazer excedente [*surplus pleasure*][5] ou a "outra satisfação" que tende a ser produzida no processo de satisfação das necessidades vitais) e a sexualidade. É precisamente nesse ponto que a resistência mais forte à noção de sexualidade infantil está presente: o que faz, por exemplo, a criança chupar o próprio dedo (ou qualquer outra atividade de busca de prazer) ser um ato *sexual*? Não podemos simplesmente deduzir isso, mais tarde, da sexualidade adulta, quando essas satisfações excedentes, trazidas pelas pulsões sexuais, desempenham um papel óbvio e importante? Esta parece ser a resposta ao que me referi anteriormente como a "explicação psicanalítica

---

[5] À exceção da expressão "*surplus-enjoyment*", que traduzimos conceitualmente como "mais-de-gozar", optamos, nas várias ocorrências do termo "*surplus*" – em "*surplus excitation*", "*surplus satisfaction*" e "*surplus pleasure*" –, por verter esse termo ora como "a mais", conectando-o ao "mais-de-gozar", ora como "excedente", por sua vizinhança com o "excedente de produção" no vocabulário marxiano. No inglês, "*surplus*" pode fazer referência a essas duas dimensões ao mesmo tempo. Já no português, decidimos pela alternância entre os termos "a mais" e "excedente", que consideramos, nesse caso, como termos equivalentes, a fim de evidenciar essa dupla possibilidade de leitura. A esse respeito, ver os termos "gozo" e "objeto *a*" no "Glossário". (N.R.T.)

progressiva": se observamos a sexualidade adulta, podemos ver que muitos de seus elementos (ou seja, muitas formas de se obter prazer) são coisas que as crianças também "fazem", o que indica claramente a existência de algum tipo de continuidade.

Uma grande desvantagem dessa visão linear da sexualidade e de seus desdobramentos é que ela exclui completamente o conceito central da psicanálise, ou seja, o do inconsciente. O recalque,[6] ao que parece, pode entrar nessa visão apenas como repressão exercida sobre o (conteúdo ou atividade) sexual, e não como algo intrínseca e indelevelmente ligado a ele. Daí o valor da adequação que Laplanche fez a essa teoria, que poderia ser resumida da seguinte forma: o gozo (infantil) é sexual porque está contaminado, desde o início, pelo fato de o universo infantil ser constantemente invadido por "significantes enigmáticos", ou seja, pelas mensagens *inconscientes* e sexualmente carregadas dos adultos.[7] Em outras palavras, não é o prazer ou a satisfação em si, mas o inconsciente que torna o prazer "sexual". O outro ponto crucial é que essas "mensagens" não são enigmáticas apenas para crianças, mas também para os adultos que as emitem – esse é talvez o exemplo mais acabado da famosa frase hegeliana de que os segredos dos egípcios eram segredos para os próprios egípcios.

---

[6] O termo freudiano para "recalque", no alemão, é *"Verdrängung"* – que pode ser oposto, dentro da obra de Freud, a *"Unterdrückung"*, como equivalente de "repressão". Na língua inglesa, até o momento, não há dois termos que permitam traduzir de maneira diferencial os termos *"Verdrängung"* e *"Unterdrückung"*, tal como temos, em português, "recalque" e "repressão". Como consequência, os autores e as autoras de língua inglesa habitualmente utilizam o termo *"repression"* – morfologicamente mais conectado a "repressão" – para verter ambos os termos freudianos, condensando suas significações – as quais, em português e no alemão, conseguimos diferenciar. Por esse motivo, fazemos aqui uma utilização diferencial entre "recalque" e "repressão" a partir da observação contextual do uso do termo *"repression"* pela autora. A esse respeito, ver o verbete "recalque/repressão" no "Glossário". (N.R.T.)

[7] Ver, por exemplo, Laplanche (1999, p. 258).

O que sexualiza o prazer experimentado pelas crianças é, portanto, antes de tudo, o *encontro com o inconsciente* dos adultos; não um encontro com um saber ("adulto") a mais [*surplus knowledge*] (incompreensível para as crianças e, portanto, "enigmático"), mas com um *menos*, com algo que primeiramente vem a elas apenas como faltante em relação ao lugar onde devia estar no Outro. As atividades infantis que buscam o prazer pelo prazer são "sexuais" por causa de seu envolvimento com os *significantes* que, por definição, envolvem e sustentam o inconsciente do Outro. Repetindo: o que torna *sexual* o gozo ligado às pulsões é sua relação com o inconsciente (em sua própria negatividade ontológica), e não, por exemplo, seu envolvimento e sua contaminação com a sexualidade no sentido mais estrito do termo (relativo aos órgãos sexuais e à relação sexual).

Portanto, o inconsciente entra em nosso radar como o inconsciente do Outro; não começa com a primeira coisa que recalcamos, mas começa (para nós) com o recalcamento *como forma significante* pertencente à discursividade como tal. (Mais adiante, em nossa elaboração, vamos estabelecer a relação desse aspecto com o conceito de "menos um" [*minus one*], que desempenha um papel crucial na obra posterior de Lacan.) O inconsciente vem até nós de fora. Isso também constitui uma leitura (lacaniana) forte da (hipó)tese freudiana da *Urverdrängung*, o recalcamento originário como fundamento e condição de todo recalque propriamente dito. Em suas elaborações conceituais do inconsciente e do recalque, Freud foi levado à hipótese segundo a qual o que costumamos chamar de recalque é na verdade e já um "pós-calcamento" (*Nachdrängen*).[8] O recalcamento secundário ou o recalque propriamente dito

---

[8] Escolhemos aqui o termo "pós-calcamento" para traduzir o neologismo *"after-pression"*, com o qual Zupančič faz um jogo entre *"Nachdrängen"* (que seria a maneira de construir esse mesmo neologismo no alemão como um verbo no infinitivo – "pós-calcar") e a formação da palavra

já se baseia no recalcamento; o recalcamento é intrinsecamente redobrado (Freud, 2001b, p. 148, 180). Além disso, Freud enfatiza que é um erro focar a discussão do recalque apenas "na repulsão que parte da direção do consciente sobre o que deve ser recalcado; igualmente importante é a atração exercida pelo que é primariamente recalcado sobre tudo com o qual pode estabelecer uma conexão" (Freud, 2001b, p. 148). Já no *Seminário 11*, Lacan radicalizará essa hipótese freudiana ao conectá-la diretamente à estrutura significante e a "uma queda necessária do primeiro significante" (Lacan, 1987, p. 251). Essa "queda" coincide com a constituição do sujeito: "o sujeito se constitui em torno da *Urverdrängung*". Em outras palavras, *Urverdrängung* não é um recalcamento "exercido" pelo sujeito, mas coincide com seu surgimento. E já aqui, Lacan apresenta rapidamente um tema que se tornará muito mais proeminente em seus seminários posteriores, relacionando essa situação à noção kantiana de "quantidades negativas", apontando que "menos um (-1) não é zero" (Lacan, 1987, p. 252).

E é nessa perspectiva que devemos entender um dos conceitos-chave deste livro: que há algo ligado à sexualidade que é intrinsecamente inconsciente. Quer dizer: inconsciente mesmo quando acontece pela primeira vez, e não apenas porque houve um recalcamento posterior. Há algo na sexualidade que aparece apenas como recalcado, algo que aparece na vida real apenas na forma de recalque (e não como algo que antes *é*, e depois é recalcado). E é esse algo (e não alguma coisa positiva) que torna a sexualidade "sexual" no sentido forte da palavra. Ou seja, é dizer que a relação entre o inconsciente e a sexualidade não é aquela entre um conteúdo e aquilo que o contém; *a sexualidade diz respeito à própria existência do inconsciente, em sua incerteza ontológica.*

"*Verdrängen*" ("recalcar"), substituindo o prefixo "*Ver-*" por "*Nach-*", que significa "depois", "após". (N.R.T.)

Antes de nos debruçarmos sobre esse assunto em mais detalhes, vamos fazer uma breve pausa para estudar outra noção problemática ligada à sexualidade: o contraponto simplista entre a multiplicidade caótica "subversiva" das pulsões sexuais e a "sexualidade normativa". É inquestionável que muita violência sempre foi cometida em nome dessa suposta norma, mas a pergunta permanece: o que liga essa norma a tal violência é simplesmente o medo da multiplicidade "indomada" das pulsões, ou será outra coisa?

Cristianismo e a perversidade polimorfa

De acordo com o senso comum, a normatividade cultural (social, moral, religiosa) promove a chamada sexualidade natural (relação heterossexual) e tende a proibir ou reprimir a sexualidade pulsional, que é vista como perversa, associal, sem nenhum propósito fora de si mesma e que, portanto, foge dos meios de controle individual e social... Mas é realmente assim que isso acontece? Não é possível que – além de um nível muito superficial – essa percepção possa estar radicalmente equivocada? O cristianismo é geralmente considerado o exemplo máximo do tipo de atitude que proíbe a sexualidade e promove apenas o acasalamento com o objetivo claro de reprodução. No entanto, basta mudar um pouco a perspectiva (e no lugar adequado), como Lacan faz na passagem a seguir, para observarmos uma situação muito diferente:

> Cristo, mesmo quando ressuscitado dos mortos, é valorizado por seu corpo, e seu corpo é o meio pelo qual a comunhão em sua presença é incorporação – pulsão oral – e com a qual a esposa de Cristo, a Igreja, como é chamada, satisfaz-se muito bem, não tendo nada a esperar do coito.
> E tudo que surgiu do cristianismo, principalmente na arte [...] tudo é uma exibição do corpo evocando o gozo – e vocês

podem acreditar no testemunho de alguém recém-chegado de uma orgia de visitas a igrejas na Itália –, mas sem cópula. Se a cópula não está presente, não é por acaso. Ela está tão alijada no cristianismo quanto na realidade humana, à qual, no entanto, ela dá suporte com as fantasias pelas quais essa realidade é constituída (LACAN, 1999, p. 113).

Qual é o argumento dessa passagem incrível, que soa tão verdadeira? Por um lado, não há nada necessariamente antissocial nas pulsões parciais: por mais autocentradas que sejam, elas, ainda assim, são a cola da sociedade, a própria *matéria da comunhão*. Por outro lado, parece haver algo profundamente perturbador em jogo quando se fala em "coito". Para o tipo de vínculo (social) que aprega, o cristianismo não precisa do coito, que é o elemento supérfluo, algo além do que seria (idealmente) necessário, sendo, portanto, perturbador. É por isso que mesmo o tipo "mais puro" de coito reprodutivo está ligado ao pecado. Ou, como Santo Agostinho notou[9]: a sexualidade não é o pecado original (a desobediência do casal original ao comer da árvore do conhecimento), mas o *castigo* pela desobediência e o local de sua perpetuação – o conceito é uma adição posterior à criação. Ou seja, no relato de Santo Agostinho, a própria sexualidade é problemática o suficiente para ser vista como um castigo, uma maldição.

Na verdade, favorecido como é na doxa da religião, o "coito natural (reprodutivo)" é totalmente banido do imaginário religioso, ao passo que esse mesmo imaginário não se afasta, por exemplo, de imagens de santos canonizados comendo os excrementos de outra pessoa[10] – uma ação que geralmente é classificada no ápice das perversões (sexuais). Se dermos uma olhada nas famosas histórias (e imagens) do martírio cristão,

---

[9] Em "De nuptiis et concupiscentia" [Sobre casamento e concupiscência], capítulo 7.

[10] Ver, por exemplo, Alacoque (1995).

elas estão surpreendentemente repletas de objetos parciais no sentido estritamente freudiano do termo: um verdadeiro tesouro de imagens de objetos relacionados a diferentes pulsões parciais. O seio cortado de Santa Ágata e os olhos arrancados de Santa Lúcia de Siracusa são duas das imagens mais conhecidas, retratadas centenas de vezes por diferentes artistas.[11] Esses são apenas dois exemplos.

Santa Ágata por Lorenzo Lippi (1638-1644)

---

[11] Para uma coleção realmente impressionante de tais imagens, basta buscar na internet por Santa Ágata (e Santa Lucia) – imagens.

Santa Lúcia por Domenico Beccafumi (1521)

Nessa perspectiva, o cristianismo pode de fato parecer centrado em torno do "gozo do corpo".[12] As pulsões parciais e a paixão ou satisfação que elas buscam estão abundantemente presentes em muitos aspectos do cristianismo e são uma parte importante de seu imaginário oficial. Nesse sentido específico, pode-se mesmo dizer que, em seu aspecto libidinal, a religião cristã se apoia maciçamente no que pertence à esfera da "sexualidade infantil" (definida por Freud como perversidade polimorfa), ou seja, na satisfação e nas recompensas derivadas de objetos parciais, com exceção do coito. O puro gozo, o "gozo pelo gozo", não é exatamente proibido aqui; o que é proibido ou recalcado é seu vínculo com a sexualidade.

Ou seja, é obviamente de suma importância para a religião cristã *não* reconhecer tais satisfações polimorficamente perversas das pulsões *como sexuais*, embora não as proíba por si

---

[12] A "doutrina fala sobre a encarnação de Deus em um corpo, e supõe que a paixão sofrida por aquela pessoa constitua o gozo de outra pessoa" (LACAN, 1999, p. 113).

mesmas. Mas por que exatamente? Por que essa necessidade não apenas de lutar contra todo gozo, como muitas vezes se acredita erroneamente, mas também de *separar o gozo da sexualidade* o mais explicitamente possível; isto é, recusar-se a concebê-lo como sexual? É como se a forte pressão social exercida sobre a "sexualidade natural" (o coito) para funcionar como norma estivesse ali para esconder uma negatividade extrema da própria sexualidade natural, muito mais do que para afastar as pulsões parciais supostamente disruptivas.

Em outras palavras, esse questionamento nos remete não tanto ao aspecto cultural, mas sim ao aspecto "natural" da sexualidade. É como se esse aspecto "natural" fosse de fato o mais problemático, o mais incerto. Parece que há algo na própria natureza que está dramaticamente errado. O problema não é simplesmente que a natureza "já é-sempre cultural", mas sim, e antes de tudo, que a natureza carece de algo para ser Natureza (nosso Outro). A cultura não é algo que modera, divide, desnatura a sexualidade natural (como supostamente presente nos animais, por exemplo); ela está sendo gerada exatamente no lugar onde algo na natureza (como a natureza *sexual*) está faltando.

Uma forma de explicar isso seria dizer que não há instinto sexual, ou seja, não há nenhum saber[13] ("lei") inerente à própria

---

[13] O termo em inglês "*knowledge*", utilizado por Zupančič nessa frase e em várias passagens mais adiante nessa seção, verte em uma só palavra dois termos empregados diferentemente por Lacan em francês: tanto "*savoir*" quanto "*conaissance*". Em português, temos uma solução simples, que é a diferença entre "saber" e "conhecimento", adotada pelas traduções oficiais de Lacan no Brasil. No entanto, no argumento da autora, a equivocidade do termo "*knowledge*" na língua inglesa lhe permite jogar com uma oscilação entre essas duas dimensões (de "*savoir*" e de "*conaissance*"). Diante desse impasse, optamos por homogeneizar a tradução de "*knowledge*" por "saber", salvo quando aparecem as expressões "árvore do conhecimento do bem e do mal" e "conhecimento no sentido

sexualidade que seria capaz de orientá-la com segurança. No entanto, essa mesma afirmação pode ser entendida de duas formas. De acordo com a interpretação mais típica, essa ausência de instinto sexual (como um piloto automático confiável) é percebida como algo especificamente humano, induzida pela constituição humana (e pela cultura que deriva dela). Nessa linha de raciocínio, costumamos dizer que, embora haja instinto sexual na Natureza (nos animais), ele não está presente nos seres humanos (que são, portanto, a exceção da Natureza). A humanidade, em seu ponto mais fundamental, é, portanto, vista como um desvio da Natureza e, principalmente, como um desvio do Animal. Com o aspecto humano, algo peculiar ocorre que a faz desviar da Natureza e complica a forma como as leis da Natureza funcionam na esfera do humano. Discutiremos a diferença entre humano/animal com mais detalhes no capítulo 4, portanto, vamos apenas esboçar aqui o que poderia ser outra perspectiva possível sobre o assunto: conceber a humanidade não como uma exceção à Natureza, mas como aquele ponto da Natureza em que a ausência de "saber" que a humanidade tem (da lei sexual) adquire uma forma epistêmica singular. Desse ponto de vista, a humanidade não é uma exceção à Natureza, um desvio dela, mas o ponto de uma inflexão singular da *própria* negatividade inerente à Natureza. Há saber na Natureza ("saber no real", como denomina Lacan), mas falta esse saber no momento da sexuação, e isso inclui os animais de reprodução sexuada.

Qual seria, então, a diferença entre o animal humano e outros animais (sexuais)? Uma diferença baseada não na exceção humana à natureza, mas em um tipo diferente de articulação de certo impasse da *natureza sexuada* em si? Nossa resposta vai no seguinte sentido: a sexualidade humana é o ponto em que a impossibilidade (negatividade ontológica) relacionada à

---

bíblico", como se verá mais adiante. A esse respeito, ver o verbete "saber/conhecimento" no "Glossário". (N.R.T.)

relação sexual aparece como tal, ela "se registra" na realidade como parte dela. Ela se registra na forma singular descoberta por Freud que é o inconsciente.

Se partirmos de uma ausência de saber fundamental (instintivo) da natureza no ponto da sexuação (a natureza não sabe se portar no sentido sexual, e compartilhamos isso com outros animais de reprodução sexuada), a diferença é a diferença entre duas formas de não saber: uma forma simples e uma forma que na verdade envolve um tipo particular de saber, isto é, o inconsciente. Os animais não sabem (que não sabem). Não exatamente de brincadeira, poderíamos dizer que a sexualidade não é problemática para os animais porque eles não sabem que ela realmente é problemática.[14] O que distingue o animal humano é que ele sabe (que não sabe). No entanto, o que está em jogo aqui não é simplesmente que os humanos estejam cientes dessa ausência de saber na natureza sobre o que é o sexo; na verdade, a maneira correta de explicar isso seria dizer que eles *estão "inconscientes disso"* (o que não é o mesmo que dizer que nós não temos consciência disso). O inconsciente (em sua própria forma) é a forma "positiva" como a negatividade ontológica de uma realidade específica se coloca nessa própria realidade, e se coloca de um modo que não depende da simples oposição entre saber e não saber, entre estar ou não estar ciente de algo. E a razão é que o que está em jogo não é precisamente "alguma coisa" (alguma *coisa*, algum fato do qual podemos ter ou não consciência), mas uma negatividade que só é perceptível por sua própria negação. Estar "inconsciente de algo" não quer dizer simplesmente que não o sabemos; na verdade, implica uma duplicação paradoxal e é em si mesmo algo dobrado ou dividido: envolve *não saber que sabemo*s (...que não sabemos).

---

[14] Os animais, às vezes, fazem coisas "estranhas" como parte dos rituais sexuais (de cópula), mas não parecem achar que haja algo de "estranho" nisso, não parecem se incomodar nem um pouco com isso.

Essa é uma das melhores definições do inconsciente (ŽIŽEK, 2008, p. 457). Como disse Lacan, o saber inconsciente é um saber que não se sabe a si mesmo.

A singular e revolucionária elaboração freudiana do inconsciente, portanto, não é apenas a noção do não saber, que se opõe ao saber. Trata-se de uma forma específica de não saber que se traduz em uma forma de saber. Existe um tipo particular de saber que existe apenas no, e *como*, o próprio inconsciente, seu trabalho e suas elaborações. E não estou falando de algum tipo de intuição pré-reflexiva – que pode muito bem existir, mas não tem nada a ver com o inconsciente e com sua estrutura. O inconsciente é a própria forma de existência de uma negatividade ontológica que pertence à sexualidade ("não existe relação sexual"). Por causa de sua ligação a uma forma/cisão particular do saber (não sei se eu sei), essa forma é, na verdade, *epistêmica*.

Vamos agora vincular esse conceito à nossa elaboração anterior: o que isso pode nos dizer sobre o funcionamento da norma (do coito puramente reprodutivo) na tradição cristã? O que exatamente está sendo proibido ou velado por essa norma? Ela parece se preocupar especificamente com a *negatividade ontológica* da sexuação e da sexualidade em si. O que se tenta esconder ou reprimir/recalcar ao se impor a norma (de coito puramente reprodutivo) não é apenas alguma outra coisa (por exemplo, uma libertinagem perversa ou o puro gozo que se autoperpetua), mas sim *algo que não está lá* (falta algo). Ou seja, o que está sendo proibido não é o significante do sexual (ou sua imagem), mas sim o saber (inconsciente) da inexistência de tal significante. A sexualidade é regrada de todas as maneiras, não por causa de sua devassidão, mas na medida em que implica (e "transmite") o saber dessa negatividade ontológica.

A história bíblica por definição que apresenta a sexualidade e o saber como inseparavelmente ligados à cena do pecado original está, portanto, apontando na direção certa. O que exatamente Adão e Eva ficaram sabendo quando comeram da árvore do conhecimento? Na *Bíblia*, isso não é nada claro. O que está claro, no entanto, é que a expressão "bem e mal" (*rov wa-ra*) – na formulação "árvore do conhecimento do bem e do mal" – não se refere ao saber sobre e a distinção entre o bem e o mal (essa já seria uma leitura muito tendenciosa), mas na verdade é uma expressão que indica "tudo" (como quando dizemos "isto e aquilo"). Portanto, tudo o que a *Bíblia* nos diz é que, quando eles comeram da árvore do conhecimento, o saber foi levado a Adão e Eva. E, se nos arriscarmos a fazer uma leitura lacaniana dessa situação, poderíamos acrescentar: não o saber desta ou daquela coisa em particular, mas a estrutura (significante) do saber como tal. E o que vem com a "estrutura (significante) do saber como tal" é a hiância do inconsciente: isso é precisamente o que distingue o saber da informação ou dos dados. Ou seja, o que foi passado para eles foi justamente a hiância da *Urverdrängung* como constitutiva do saber. E é por isso que, uma vez que comeram da árvore do *conhecimento*, o resultado foi um *afeto*, ou seja, eles acharam a visão de seus corpos nus vergonhosa. Essa vergonha é propriamente ontológica: ela surge no lugar da ausência de significante (-1), por causa da falta de significante embutida na estrutura do saber: ela surge porque nenhum significante aparece ali...

Essa conexão relevante entre saber/conhecimento [*knowledge*] e sexo na *Bíblia* não se limita apenas à cena do pecado original, mas também aparece de maneira insistente e repetitiva. Daí a expressão "conhecer no sentido bíblico". Essa maneira específica como a *Bíblia* se refere ao intercurso sexual ("conhecer o outro") obviamente não é do mesmo tipo que outros eufemismos mais comuns para a relação sexual que encontramos nas escrituras: "entrar", "deitar-se com" e "penetrar". Esses são apenas eufemismos. Por outro lado, não poderíamos reconhecer, nas formas como o saber é usado para nos referirmos ao intercurso sexual, um traço significante da relação sexual caindo em seu próprio vazio ontológico, que se inscreve apenas como um valor epistemológico (negativo) peculiar? Ou seja, "conhecer alguém no sentido bíblico" é se envolver com o ponto no Outro em que o saber é faltante. E, do ponto de vista religioso, essa ausência de saber no Outro (significante faltante da relação sexual) não é pouca coisa. Daí vem a vergonha. A visão de corpos nus não é "vergonhosa" por causa desses corpos em si mesmos, mas por causa daquilo que esses corpos nus não conseguem transmitir, a saber, a relação sexual.

Existe uma constelação semelhante se considerarmos a sexualidade no âmbito do imaginário: tudo o que podemos ver nas representações da sexualidade são corpos gozando de partes de outros corpos. Nas palavras de Lacan: "Como é enfatizado admiravelmente pelo tipo de kantiano que Sade foi, só é possível gozar de uma parte do corpo do Outro, pela simples razão de que nunca se viu um corpo se enrolar completamente no corpo do Outro a ponto de envolvê-lo e fagocitá-lo. É por isso que devemos nos limitar a apenas dar um pequeno aperto, assim, em um antebraço ou algo que o valha – ai!" (LACAN, 1999, p. 23).

A norma (prescrições normativas da sexualidade) surge justamente devido a essa ausência na representação. Mais precisamente, a norma poderia ser vista como substituindo a imagem que "nunca se viu", a imagem de um corpo que se enrola completamente no corpo do Outro. Essa imagem, em sua própria impossibilidade, é seu outro lado, é a base fantasmática da norma; é o que ajuda a sustentar a norma, e nossa obediência a ela. É a fantasia sustentada pela própria imposição da norma e que, por sua vez, sustenta a norma: a fantasia da relação sexual.

A outra coisa crucial a se destacar nessa conjuntura, no entanto, é que a não-relação não é simplesmente uma ausência de relação, mas ela mesma é um real, é até mesmo o Real. O que isso significa? Não devemos cometer o erro de perceber a existência da relação sexual como uma fantasia da qual a psicanálise nos convidaria a nos livrar e, em vez disso, aceitar a realidade das pulsões parciais e dos prazeres fugazes ("relar" aqui e ali) como a realidade crua final, como tudo o que existe. A relação sexual não é simplesmente uma fantasia de algo que não existe, mas também algo que nós, por algum motivo, gostaríamos que estivesse (por que estaríamos tão ansiosos para que ela existisse não fica claro nesse tipo de argumentação). Por que algo como a inexistência da relação sexual seria "insuportável", se podemos obter satisfação real "relando" aqui e ali, gozando de partes do corpo do outro (ou do nosso, em última análise)? A ausência da relação sexual é real no sentido de que, como falta ou negatividade, está embutida *no que está aí*, o que determina sua lógica e estrutura de maneira relevante.[15] Isso nos remete à contraposição errônea entre o que parece ser uma positividade plena das pulsões (em seu caráter mais parcial) e a negatividade em ação na sexualidade (como relacional). O que a psicanálise nos ensina não é que, por causa dessa não-relação, temos acesso apenas a prazeres e satisfações parciais e fugazes ("relar" aqui e ali). O argumento é mais forte: esses prazeres e satisfações parciais *já estão (in)formados pela negatividade implícita da não-relação*.

Esses prazeres parciais não existem de forma independente dela (da não-relação), de modo que pudéssemos recorrer a eles na falta de algo melhor. Antes, eles são essencial e intrinsecamente constituídos pela "falta de algo melhor": são a forma como a ausência de algo melhor (a falta de substância ou significante sexual) existe na realidade. Em resumo, não é que tenhamos, por um lado, a pura positividade das pulsões e suas satisfações, e, por outro, essa ideia (catastrófica) de que precisamos de algo mais ou a mais, a saber, para que eles formem ou representem uma relação. E, como isso não acontece, nós nos sentimos mal e construímos a fantasia da relação. A fantasia (e o imperativo) da relação advém (de dentro) da própria estrutura das pulsões. Vejamos agora mais de perto o que isso pode significar.

---

[15] Žižek (2012, p. 796) defendeu esse argumento ao sugerir que "não há relação sexual" deveria ser substituído por "há não-relação sexual".

Capítulo 2
...E ainda mais estranho por aí

O dilema da relação

Voltemos ao filme de John Huston *Freud: além da alma*. A observação do mediador, tentando restaurar a ordem por causa da indignação profunda causada pela palestra de Freud sobre a sexualidade infantil ("Senhores, não estamos em uma reunião política!"), efetivamente nos indica uma direção muito interessante, a de uma coincidência surpreendente entre a política e a teoria (freudiana) da sexualidade. É como se cada vez que a questão da sexualidade fosse discutida, fosse decidido que algo é de ordem política. Isso certamente foi verdadeiro para a política do próprio movimento psicanalítico e para as rupturas que gerou dentro do próprio movimento. Mas isso também pode ser verdade no sentido mais estrito da política, quando se refere ao que pode ser discutido em torno de algum antagonismo social fundamental.[16]

Quando se fala sobre psicanálise e política hoje, geralmente se adota uma de duas atitudes. A primeira é descartar a sexualidade, colocá-la à margem e buscar outros conceitos, como o Outro (barrado), o mais-de-gozar, a teoria lacaniana

---

[16] Para um extenso comentário sobre essas questões, ver Dolar (2007, p. 14-38).

dos quatro discursos, a contribuição lacaniana para a crítica da ideologia... Tudo isso é, obviamente, crucial, mas tais princípios não podem ser desassociados da questão do sexual sem perder algo central, que é uma articulação conceitual de uma negatividade que age em seus núcleos, sustentando-os e entrelaçando uns com os outros. Há também uma segunda atitude que, em sintonia com a ideologia (ocidental) contemporânea, combina liberalismo moral (vale tudo e tudo deve ser tolerado, desde que não haja abuso) com conservadorismo político (do *status quo*, em que todo engajamento político cauteloso é, por definição, "patológico", incompatível com seres humanos "normais" e "não neuróticos"). Essas duas atitudes compartilham um erro similar (embora não idêntico). Uma leitura filosófica e politicamente mais radical de Lacan descarta a sexualidade *como algo* que tem apenas uma relevância secundária, tosca ou "pontual". E a leitura psicanalítica liberal descarta a política *como algo* necessariamente patológico (cego para a impossibilidade em jogo dentro de si mesma). O erro da primeira leitura não é deixar de compreender a relevância da sexualidade, mas sim considerá-la *como algo* (algo que simplesmente é, e pode ser considerado de menor ou maior importância). Da mesma forma, o erro da segunda leitura não é deixar de ver que uma política essencialmente diferente é, de qualquer maneira, possível, mas, novamente, encarar a política *como algo*, como uma entidade plena e com certas características. Ou seja, tal leitura não consegue ver que a política é por definição a política do impossível (da relação). O que aproxima a sexualidade à política é que elas não são categorias ontológicas simples, mas essencialmente implicam, dependem de e desenvolvem algo que não é da ordem do ser, e ao qual Lacan se refere como *o Real*. O Real precisamente não é o ser, mas seu impasse inerente.

O conceito lacaniano do sexual não é o que fornece a melhor descrição, até o momento, de certa realidade (chamada sexualidade); o que ele faz é elaborar um modelo único de pensar no qual uma não-relação fundamental dita as condições de diferentes tipos de laço (incluindo laços sociais, ou "discursos"). Pois é com isso que o conceito lacaniano de sexualidade tem a ver em primeiro lugar. Ele conceitua a maneira como um impasse fundamental do ser atua em sua estruturação (como ser). É importante, no entanto, enfatizar o seguinte: ao insistir em que o conceito lacaniano do sexual não gira simplesmente em torno de qualquer tipo de *conteúdo* (ou prática) sexual, não estamos de forma alguma tentando torná-lo mais "puro", tentando produzir algo como sua forma ou ideia (filosoficamente) pura e, portanto, tornando-o filosoficamente mais aceitável. A questão é que, para além de todo conteúdo e práticas sexuais, o sexual não é uma forma pura, mas se refere à *ausência dessa forma* como aquilo que torce e define o espaço do sexual. Ou seja, é uma "ausência" ou uma negatividade que leva a consequências significativas para o campo formado em seu entorno. Como podemos entender isso?

O status paradoxal do sexo é o oposto, digamos, do status dos unicórnios: não se trata de uma entidade que não pode ser encontrada empiricamente, embora saibamos com exatidão como seria se fosse encontrada empiricamente; na verdade é o oposto: empiricamente, não há dúvida de que o sexo exista (e somos perfeitamente capazes de reconhecê-lo, "identificá-lo"); o que parece faltar – para dizer em termos platônicos – é a Ideia de sexo, sua essência: o que exatamente entendemos quando dizemos "isto é sexo"? Platão chegou a dizer que mesmo as coisas mais reles, como lama e sujeira, têm seus conceitos equivalentes (essências ideais), mas e o sexo? Existe uma Ideia, uma forma pura de sexo? A resposta parece ser não. E isso não é porque o sexo estaria situado ainda "mais baixo" na cadeia de existência do que a lama ou a sujeira, mas por algum outro motivo. Apresentar o sexo como algo baixo e "sujo" já é uma resposta, uma "solução" para seu escândalo mais fundamental, ou seja, que nem mesmo sabemos o que *é*. Já insisti neste argumento: o constrangimento e o acobertamento da sexualidade, bem como o seu controle e a sua regulação, não devem ser encarados como autoexplicativos, isto é, como explicados pela "tradicional" proibição cultural da sexualidade, mas como o contrário: essa proibição deve ser explicada por um lapso ontológico envolvido no sexual como sexual. O motivo do constrangimento na sexualidade não é simplesmente algo que está posto, em exibição nela, mas, pelo contrário, algo que não está posto – algo que, se existisse, determinaria o que o sexo realmente é e nomearia o que é "sexual" em relação ao sexo. O sexo está em toda parte, mas não parecemos entender exatamente o que é. Poderíamos talvez ir mais longe e dizer: quando – no âmbito do humano – encontramos algo e não fazemos a menor ideia do que é, podemos ter certeza de que "tem a ver com sexo". Essa fórmula não tem como objetivo ser irônica. *Il n'y a de sexe que de ce qui cloche*: só há sexo naquilo que não funciona.

Exatamente nesse sentido, a cultura não é simplesmente uma máscara/véu do sexual, é a máscara ou, na verdade, um substituto para algo no sexual que "não é". E é também nesse mesmo sentido (indireto) que a cultura, a civilização, é – como diz a postura freudiana clássica – impulsionada, "motivada" sexualmente. Ela não é movida por aquilo que é sexual, mas sim por aquilo que não é.

O que não existe no sexual é a relação: não existe relação sexual. Essa famosa alegação lacaniana é muitas vezes entendida de maneira pouco profunda como uma formulação erudita e inteligente de algo que as pessoas, os poemas, a literatura e os filmes sempre souberam e continuam a repetir de diferentes formas: "o verdadeiro (e eterno) amor é impossível", "o amor é tipicamente infeliz", "os homens são de Marte, as mulheres de Vênus", "relacionamentos não dão certo", "há apenas uma série de encontros (perdidos)", "há apenas partículas atomizadas"... É fácil mostrar onde esse tipo de entendimento se move muito rapidamente e passa por cima, encobre, o Real expresso pela fórmula de Lacan. O que ela faz é mover-se imediatamente para ontologizar a não-relação (como relacionamento). E assim dizemos em altos brados: "Mas é claro, não existe relação (relacionamento) sexual! Isso explica tudo (e especialmente a história de nossa vida amorosa)". A categoria ontológica fundamental, "ser como ser", é a não-relação, e é por isso que estamos onde estamos!

Dessa forma, a não-relação é (erroneamente) entendida como o ápice da verdade, o código ou a fórmula cabal da realidade. Essa verdade, com certeza, não é muito agradável, mas é assim que as coisas são e, pelo menos, podemos entender por que são como são. E isso parece fazer bastante sentido, se comparado, por exemplo, com a fórmula produzida pelo supercomputador no famoso romance de Douglas Adams *O guia do mochileiro das galáxias*. Depois de milhares e milhares de anos processando a pergunta "Qual é o sentido da vida?", o computador finalmente surge com a resposta, que é: 42. Então – comparada com essa resposta –, a fórmula de Lacan está literalmente explodindo de sentido ou, mais precisamente, com a capacidade de dar sentido às nossas mazelas.

De acordo com essa "compreensão", somos levados a concluir que a não-relação é a *causa* das estranhezas e dificuldades em todas as relações efetivas. Mais precisamente: a não-relação, tal como ontologicamente enunciada, é vista nessa perspectiva como o obstáculo à formação de qualquer relação empírica efetiva "bem-sucedida". O argumento de Lacan, no entanto, é paradoxalmente quase o oposto: é apenas a inexistência da relação que abre o espaço para as relações e para os laços tais como os conhecemos. Nas próprias palavras de Lacan: "a ausência da relação certamente não impede a formação do laço (*la liaison*), longe disso – ela dita seus parâmetros" (LACAN, 2011, p. 19). A não-relação dá, dita as condições daquilo que nos amarra, o que quer dizer que não é uma ausência simples e indiferente, mas uma ausência que se curva e determina a estrutura com a qual aparece. A não-relação não é o oposto da relação, é *a (i)lógica inerente (um "antagonismo" fundamental) das relações possíveis e existentes.*[17]

Isso representa um modelo conceitual novo e original do espaço discursivo gerado a partir, e ao redor, de um elo perdido na cadeia ontológica de sua própria realidade. Influenciada pela sua negatividade constitutiva, essa estrutura é sempre mais ou menos do que aquilo que é, ou seja, mais ou menos do que a soma dos seus elementos. Além do mais, o nexo causal entre esses elementos (significantes) é determinado pelo que aparece no lugar dessa negatividade como heterogêneo e inseparável da ordem significante: a substância impossível do gozo, conceituada por Lacan em termos do objeto (parcial) *a*. O objeto *a* não é um objeto sexual. Na verdade, é *a*-sexual. Ele é a contrapartida objetiva da não-relação (poderíamos dizer que é a não-relação como objeto). No entanto, é também o elemento que está atuando em todas as formações de laços, na própria estruturação do ser (discursivo) *enquanto* ser. Levando isso em consideração, é mais do que um trocadilho, um jogo de palavras, sugerir que o que surge dessas conceituações lacanianas é uma "*ontologia desorientada pelo objeto*". Se há uma ontologia que decorre da teoria psicanalítica (lacaniana), ela só pode ser uma ontologia "desorientada" pelo que ele chama de objeto *a*.

Portanto, e novamente, o que é mais valioso no conceito freudo-lacaniano de sexualidade é que ele introduz um modelo conceitual de pensar a não-relação como definidora das

---

[17] É por isso que a única maneira de abordar o sexo, de falar sobre sexo, é encará-lo como um problema lógico (ou onto-lógico). Dessa forma talvez possamos ter a chance de chegar a alguma forma de real. Por outro lado, se o abordarmos como um problema do corpo e de suas sensações, estamos fadados a acabar no imaginário (ou na metafísica).

condições de diferentes tipos de vínculo, incluindo os laços sociais (ou discursos).[18] É exatamente nesse sentido que se poderia reafirmar o conhecido slogan "o sexual é político" e dar a ele um sentido novo e mais radical.

"O sexual é político" não no sentido da sexualidade como um reino do ser, onde as lutas políticas também acontecem, mas no sentido de que uma prática política verdadeiramente libertadora pode ser pensada apenas com base em uma "ontologia desorientada pelo objeto", como foi esboçada anteriormente – ou seja, uma ontologia que persegue não apenas o ser *enquanto* ser, mas também a fissura (o Real, o antagonismo) que assombra e informa o ser a partir de dentro.

A seguir, desenvolverei isso com referência a um exemplo que nos ajudará a explorar e articular mais de perto o que está em jogo nessas alegações. O exemplo é o de um encontro mais peculiar entre sexualidade e política, como foi elaborado em um texto astuto do autor marxista russo Andrei Platonov, *O Anti-Sexus*, situado no âmago dos debates do século XX sobre uma possível política emancipatória.

O Anti-Sexus

Em sua introdução à recente (re)publicação em inglês de *The Anti-Sexus* [*O Anti-Sexus*], de Andrei Platonov, Aaron Schuster fez a seguinte observação:

> Se parte do programa revolucionário do século XX para criar relações sociais radicalmente novas e um Novo Homem foi a libertação da sexualidade, essa aspiração foi marcada por uma ambiguidade inerente: é a sexualidade que tem de ser libertada, livre de julgamentos morais e impedimentos jurídicos, para que as pulsões (sexuais) tenham

---

[18] Ver também a discussão poderosa de Slavoj Žižek sobre a não-relação em Žižek (2012, p. 794-802).

uma expressão mais aberta e fluida, ou será a humanidade libertada da sexualidade, finalmente livre das correntes de suas vinculações obscuras e restrições tirânicas? A revolução trará uma explosão de energia libidinal ou, vendo-a como uma perigosa distração para a difícil tarefa de construir um novo mundo, exigirá sua supressão? Em suma, a sexualidade é o objeto da ou o obstáculo à emancipação? (SCHUSTER, 2013, p. 42).

Schuster está certo ao sugerir que essa pode ser uma alternativa equivocada, no sentido de que deixa de fora algo crucial sobre a abordagem psicanalítica da sexualidade – assim como, podemos acrescentar, também deixa de fora algo sobre sua abordagem a respeito da emancipação. Enquanto a emancipação é mais frequentemente elaborada no sentido de nos libertar da não-relação (social) – ou como uma aproximação do Ideal da Relação, mesmo que este seja inatingível –, Lacan nos mostra uma perspectiva muito diferente. O objetivo de abolir a não-relação (e substituí-la por uma Relação) é, na verdade, a marca registrada de toda repressão social. A diferença sexual e a opressão das mulheres são bons exemplos disso. As sociedades mais opressoras sempre foram aquelas que axiomaticamente declararam (reforçaram) a existência da relação sexual: uma relação "harmoniosa" pressupõe uma definição exata das essências (envolvidas nessa relação) e dos papéis que pertencem a cada uma. Para que possa existir uma relação, as mulheres precisam ser o que deveriam ser. Uma mulher que *não sabe qual é o seu lugar* é uma ameaça às aparências da relação (como, por exemplo, a combinação de dois elementos que se complementam, ou como qualquer outro tipo de "ordem cósmica"). A essa questão a psicanálise não responde dizendo que a mulher seja de fato algo *diferente* do que essas ordens opressivas a fazem parecer, mas com uma alegação muito diferente e mais poderosa: a Mulher não existe. (Voltaremos a isso mais tarde, em nossa discussão sobre a diferença ou divisão sexual.)

Se olharmos para a história da opressão política (e de classe), também poderemos ver como a ideia imposta de um sistema ou organismo social "harmonioso" sempre foi acompanhada pelas formas mais brutais de exclusão e opressão. O argumento (lacaniano), no entanto, não é simplesmente algo do tipo: "Vamos reconhecer o impossível (a não-relação) e, em vez de tentarmos 'forçá-la', vamos tolerá-la". Essa, de fato, é a ideologia oficial da forma "laica" contemporânea da ordem e da dominação social, que abandonou a ideia de uma *totalidade* (harmoniosa) em benefício da ideia de uma multiplicidade não totalizável de singularidades formando uma rede "democrática". Nesse sentido, pode até parecer que a não-relação seja a ideologia dominante das "democracias capitalistas". Somos todos concebidos como individualidades (mais ou menos valiosas), "partículas elementares", tentando fazer com que nossas vozes sejam ouvidas em uma rede social complexa e não totalizável. Não existe relação (social) predeterminada, tudo é negociável, dependendo de nós e das circunstâncias específicas. Isso, no entanto, é muito diferente do que pressupõe a alegação de não-relação de Lacan. A saber: a (reconhecida) ausência da relação não nos deixa com uma neutralidade pluralista pura de ser (social). Esse tipo de reconhecimento da não-relação não a reconhece realmente. O que a não-relação (lacaniana) significa é exatamente que não existe neutralidade do ser (social). Em seu nível mais básico, o ser (social) já é enviesado. A não-relação não é uma simples ausência de relação, mas está relacionada a uma curvatura constitutiva ou viés do espaço discursivo – este último é "enviesado" devido ao elemento faltante da relação. Nesse sentido, conceber a democracia, por exemplo, como uma negociação mais ou menos bem-sucedida entre as multiplicidades de um ser social fundamentalmente neutro é ignorar – na verdade, *recalcar* – a consequente negatividade, operante no próprio âmago da ordem social. Na verdade, trata-se apenas de mais uma forma *de narrativa da relação*, o que fica bem claro se pensarmos em como a ontologia política e econômica da multiplicidade não totalizável de singularidades neutras costuma ser acompanhada pela ideia de algum tipo de *autorregulação*. "A mão invisível do mercado" é o exemplo mais típico desse fenômeno.

Para Lacan, a não-relação é *a priori*, no sentido preciso em que aparece com toda relação empírica de forma inerente à sua estrutura, e não como seu outro. A escolha nunca se dá entre a relação e a não-relação, mas entre diferentes tipos de relação (vínculo) que se formam no espaço discursivo torcido pela não-relação. A não-relação não significa que não haja relação (fixa, predeterminada) *entre* elementos específicos, mas se refere a um declínio, uma torção *nesses próprios elementos*: "por si sós" esses elementos já trazem a marca da não-relação (e essa marca é o excesso de gozo ligado a eles). Reconhecer a não-relação não significa aceitar "o impossível" (como algo que não pode ser feito), mas ver como ele se conecta a todas as coisas possíveis, como as in-forma, que tipo de antagonismo ele perpetua em cada caso específico, e de que forma o faz. Esse é o tipo de reconhecimento que – longe de encerrá-lo – apenas abre o espaço da invenção e intervenção política.

Mas voltemos a *O Anti-Sexus* e como ele pode nos ajudar a ver e definir o cerne da questão. Então, o que é esse texto? Em resumo, mais uma vez vou me basear na apresentação de Schuster.

> Em 1926, o autor marxista russo Andrei Platonov compôs *O Anti-Sexus*, um texto notável que ficou, como muitas de suas outras obras, inédito enquanto ele estava vivo. A obra é um pequeno livro de ficção, editado pela empresa Berkman, Chateloy, and Son, Ltd. e "traduzida" do francês por Platonov. Um texto que alardeava sobre um instrumento eletromagnético que prometia aliviar os impulsos sexuais de forma eficiente e higiênica. O dispositivo, disponível nos modelos masculino e feminino, possuía um regulador especial para a duração do prazer e podia ser adaptado

tanto para o uso pessoal quanto para o coletivo. A suposta origem do panfleto foi a expansão da empresa no mercado soviético após seu sucesso em outras partes do mundo. O livreto inclui uma declaração que alardeia as virtudes do "Anti-Sexus", assim como a missão da empresa de "abolir a selvageria sexual da humanidade", e é seguido por depoimentos de várias figuras ilustres, de Henry Ford e Oswald Spengler a Gandhi e Mussolini. O Anti-Sexus, dizem, tem muitos benefícios e usos: é perfeito para manter o moral dos soldados durante a guerra, para melhorar a eficiência dos operários nas fábricas, para domar nativos inquietos nas colônias. Também promove a verdadeira amizade e a compreensão humana, ao remover a loucura sexual da equação social. O "tradutor" adicionou um prefácio crítico no qual condena o cinismo e a vulgaridade da empresa, ao mesmo tempo que elogia os méritos descritos no panfleto. Ele explica que a razão pela qual decidiu publicar o texto foi para escancarar a falência moral da burguesia. Nenhum bolchevique poderia ler tal baboseira capitalista sem dar uma gargalhada. O Anti-Sexus, portanto, anuncia-se como a forma mais segura de *agitprop* [propagação de ideias] "contra-'antissexual'" (SCHUSTER, 2013, p. 42-45).

Não entraremos na (muito interessante) discussão sobre onde Platonov se posiciona nesse debate, descrito por ele em um grande número de camadas e de gêneros literários, no qual um texto de ficção é apresentado como a *tradução* de um *panfleto* publicitário e é acompanhado de *comentários* de homens notáveis (sim, são todos homens) e por uma *introdução* crítica de um suposto "tradutor". Vamos simplesmente tomar o texto por aquilo que é, e vamos começar nos indagando sobre os pressupostos e paradoxos propostos pelo dispositivo (chamado de Anti-Sexus) anunciado, e discutidos no suposto panfleto.

Estes são os pressupostos do dispositivo Anti-Sexus: a sexualidade é problemática porque envolve o Outro, que, como todos sabem, é essencialmente imprevisível, pouco confiável (tem vontade própria, caprichos, indisposições...) ou simplesmente indisponível. Por outro lado, e *ao mesmo tempo*, nossas relações com os outros são complicadas e conflituosas porque expectativas e demandas em relação ao sexo estão presentes e complicam tudo: o sexo impede as boas relações sociais. Esse é o duplo dilema que se presume ser resolvido pelo dispositivo Anti-Sexus – que afirma ser capaz de isolar, extirpar o que há de sexual no prazer de todas as outras satisfações e relações nas quais está presente – destilar, digamos, a pura essência do sexo (e então administrá-la nas doses certas). Assim sendo, o Anti-Sexus proporciona um gozo "livre do Outro", ao mesmo tempo que permite que nos relacionemos com os outros de uma maneira realmente significativa: para criar laços reais e duradouros (amizade espiritual pura).

Está claro que aqui estão em jogo *duas* operações, ou dois objetivos: de um lado, o objetivo é eliminar o Outro do sexo; por outro lado, é isentar o Outro do sexo. Dessa forma, obtemos duas entidades distintas: como resultado da primeira ação, obtemos um Outro sem sexo (com quem agora podemos nos relacionar de maneira amigável e não problemática); como resultado da segunda operação, obtemos uma substância pura do sexo, da qual podemos desfrutar diretamente sempre que quisermos.

Diz-se que o Anti-Sexus atinge ambos os objetivos:

> Fomos chamados para resolver o problema humano global do sexo e da alma. Nossa empreitada transformou o sentimento sexual de um impulso elementar bruto em um mecanismo enobrecedor. Demos ao mundo um comportamento moral. Removemos o elemento sexo dos relacionamentos humanos e abrimos o caminho para a amizade espiritual pura.
> Ainda assim, e tendo em mente o prazer instantâneo de alto valor que necessariamente acompanha o contato entre sexos, demos ao nosso instrumento uma capacidade de elaboração que proporciona no mínimo três vezes esse prazer

quando comparado à situação da mais bela das mulheres usada longamente por um prisioneiro recentemente libertado após 10 anos em cativeiro (PLATONOV, 2013, p. 50).

Por mais que sejamos tentados a rir aqui, isso está ligado a um problema que tem sido constantemente levantado nos debates modernos sobre a possível (e radical) libertação da humanidade: *o obstáculo crucial para a libertação humana global é a humanidade* ("natureza humana") *em si*. A libertação humana é, na verdade, libertação do humano. A natureza humana é o elo fraco no projeto de liberação social. Seguindo essa linha de pensamento, geralmente há um modo mais difícil e outro mais suave de resolver esse dilema: ou construir um Novo Homem, ou "canalizar" o fator perturbador da humanidade e "satisfazê-lo" de uma forma que não possa interferir na construção e manutenção da Relação social.[19]

A proposta do Anti-Sexus é canalizar o elemento disruptivo. Mas este é o problema: esse "elemento disruptivo" pode realmente ser pensado em termos de um *elemento*, isto é, em termos de algo que possa ser definido, circunscrito, isolado? A resposta parece ser "não", e isso é mais evidente na maneira como o *modus operandi* básico do Anti-Sexus está diretamente envolvido em duas operações diferentes: extrair, remover o sexo do Outro, e isentar, remover o Outro do sexo. Não se fala muito sobre como a primeira operação é feita; o dispositivo basicamente fornece as ferramentas para a segunda operação. Isenta o Outro do prazer sexual, e a ideia é, ao que parece, também cumprir automaticamente a outra tarefa: extrair, remover o sexo do Outro ou produzir um Outro sem sexo, pronto para formar laços espirituais comigo. Já que as necessidades sexuais do Outro estão sempre completamente satisfeitas, ela ou ele se

---

[19] Até certo ponto, a ideia mais recente do "pós-humano" também faz parte dessa tradição de conceber a emancipação como sendo essencialmente emancipação do "humano".

torna assexuada/o (o sexo já não é um elemento no relacionamento entre as pessoas). Isso, obviamente, é um pressuposto estranho, para dizer o mínimo. O Outro não tem sexo se "está sendo masturbado" o tempo todo.

E então nos deparamos com o próprio "matema" do dispositivo Anti-Sexus, que eu proponho como sendo o de "se fazer masturbar" "*se faire masturber*" –, parafraseando a forma gramatical usada por Lacan em sua elaboração conceitual sobre a pulsão.[20] Para se chegar a um conceito adequado da pulsão como algo que vai além da oposição passivo/ativo, Lacan propõe uma fórmula que introduz algo ativo bem no âmago da passividade e vice-versa. No caso da pulsão escópica, por exemplo, ele desmonta o que se assemelha a reversão(ões) entre *ver* e *ser visto* com o postulado de *se fazer ver*. Nesse sentido, o Anti-Sexus e seu princípio (se fazer masturbar) poderiam fornecer a fórmula da "pulsão sexual" inexistente. Já vimos como sua tarefa é dupla e retorcida: para remover o gozo do Outro, é preciso remover o Outro do gozo. Na verdade, isso sugere efetivamente que o gozo e o Outro são feitos como uma matriosca: o gozo está "dentro" do Outro, mas, quando olhamos "dentro" do gozo, também há o Outro "dentro", e assim sucessivamente... O gozo está no Outro, e o Outro está no gozo. – Essa talvez seja a mais bem resumida fórmula de como é a estrutura da não-relação, da não-relação entre o objeto e o Outro. Se o gozo é o que abala tal relação, ele o faz não apenas ao se colocar *entre* (no meio) eles (e, assim, separando-os), mas, na verdade, ao *interferir*, colocar um dentro do outro.

Vamos dar uma pausa e olhar mais de perto para ambos os lados da questão.

Por um lado, o que temos é: todo gozo já pressupõe o Outro, independentemente de "obtê-lo" com a ajuda do "outro real" (outra pessoa) ou não. Esse é o argumento fundamental de

---

[20] Ver Lacan (1987, p. 194-196).

Lacan. Mesmo o gozo mais solitário pressupõe o apoio (mesmo que involuntário) do Outro. É também por isso que, quanto mais tentamos nos livrar do Outro para nos tornarmos completamente independentes (ou dependentes de nós mesmos), mais somos obrigados a encontrar algo radicalmente heterogêneo ("Outro") no âmago do nosso gozo mais íntimo. Não há gozo sem o Outro, porque todo gozo se origina no lugar do Outro (como lócus dos significantes). Nosso gozo mais íntimo pode ocorrer apenas naquele lugar "distante". (E isso não é o mesmo que dizer que o gozo é *mediado* pelo Outro, ou que "precisamos" do Outro para gozar.) É da maior importância compreender que a heterogeneidade radical, a incomensurabilidade e o antagonismo entre o significante e o gozo não se devem às suas origens heterogêneas (por exemplo, que um provém do corpo e o outro é da ordem do simbólico), mas, na verdade, ao fato de que *se originam no mesmo lugar*. O Outro é *tanto* o lócus do significante *quanto* o lócus do gozo (o meu gozo, assim como o gozo do Outro).

Por outro lado (e como vimos no capítulo 1), o que encontramos, por exemplo, no âmago do amor espiritual (cristão) mais puro e distante do sexo é uma proliferação de objetos parciais e seu gozo. O que está sendo proibido nesse discurso não é puro gozo, o "gozo pelo gozo"; o que é proibido, ou recalcado, é a conexão entre o gozo e a sexualidade.

Mas por que exatamente isso acontece? Porque essa ligação expõe a não-relação que está no *âmago* de cada relação. Como todas as religiões, o cristianismo pressupõe e impõe a Relação. A ideia de um "gozo sexual não-sexual" que observamos aqui é na verdade a mesma que funciona no dispositivo Anti-Sexus. O que é preciso para que a Relação exista é um "sexo sem sexo", ou um "Outro sem outro" (um Outro livre de alteridade).

Este é, portanto, o duplo paradoxo que estamos tentando formular: se removermos o Outro do gozo, encontraremos o Outro no próprio âmago do gozo masturbatório mais autocentrado.

Por outro lado: se removermos o gozo do Outro, encontraremos o gozo no âmago do vínculo (mais espiritual) com o Outro. O Outro e o gozo estão "extimamente" conectados. É por isso que, para remover o gozo do Outro, uma segunda ação é imediatamente necessária: a de remover o Outro do gozo. Os dois "elementos" estão ligados um ao outro, cada um carrega o outro "em" si mesmo, e isso é o que distorce o que pode parecer uma simetria (ou correlação) de uma maneira que se parece com alguns dos desenhos de Escher de objetos impossíveis.

"A 'punheta' invisível do mercado"[21]

O argumento de Lacan é que, uma vez que a não-relação está imbricada na ordem discursiva, ela (a não-relação) está em ação em todas as formas de vínculo social; não se limita à "esfera do amor". (Este último se distingue, na verdade, pelo fato de que em seu âmbito realmente ocorre, de vez em quando, que a relação "cessa de não se escrever".) E sua afirmação adicional é que as relações sociais de poder – dominação, exploração, discriminação – são, antes de tudo, *formas de exploração da não-relação*.

Essa é uma afirmação melindrosa, pois parece contradizer o que foi dito antes: especificamente que as ordenações sociais mais autoritárias são aquelas que visam libertar o social da não-relação, ou seja, as ordenações sociais construídas em nome da Relação. No entanto, isso não necessariamente vai contra a exploração da não-relação. Talvez até encontremos aqui uma boa forma de diferenciar a abolição da não-relação

---

[21] Zupančič joga aqui com a inclusão da partícula "*job*" no termo "*hand*" originalmente presente na conhecida expressão "*the invisible hand of the market*" (a mão invisível do mercado). Com isso, a autora produz um chiste pela exposição do caráter egoísta do funcionamento do mercado: sua mão invisível se torna, antes, um gesto masturbatório, como indicado pela expressão "*handjob*" (punheta). (N.R.T.)

como um projeto emancipatório e o que poderíamos chamar de "narrativas da Relação" que estão, na verdade, a serviço da mais perversa *exploração* (social e econômica) *da não-relação*. A abolição da não-relação tem sido, de fato, a maneira como os projetos efetivamente revolucionários do século XX muitas vezes encontraram o caminho para a emancipação radical. Os resultados catastróficos desse tipo de política eram inerentes à própria *honestidade* da vontade de abolir a não-relação. O *modus operandi* de arquitetar uma Nova ordem (e um Novo homem) foi o de expor a não-relação e forçar sua saída da equação social de todas as formas possíveis. E isso é muito diferente, do ponto de vista lógico, daquilo que podemos chamar de exploração e segregação de pessoas por meio de uma forma específica de antagonismo social (não-relação) como Relação fundamental, supostamente no protegendo do Caos total da não-relação. Sendo assim, a injustiça social se traduz diretamente como uma Justiça maior. O que está em ação aqui não é uma tentativa maluca de abolir a não-relação como a negatividade fundamental, mas sua *negação* ao mesmo tempo se *apropriando* dela como o ponto genérico (e produtivo) do poder social. Trata-se de uma lição verdadeiramente política da psicanálise: o poder – e particularmente as formas modernas de poder – funciona primeiramente se apropriando de uma negatividade fundamental da ordem simbólica, sua não-relação constitutiva, enquanto a transforma em uma narrativa de uma Relação superior. É isso que constitui, põe em prática e perpetua as relações de dominação. E a exploração real, concreta, é baseada, permitida e alimentada por essa apropriação, essa "privatização do negativo". É isso que diferencia – para usar o famoso exemplo brechtiano – o roubo de um banco (roubo comum) da criação de um banco (um duplo roubo, que se apropria dos meios de produção e de sua exploração).

Em nenhum lugar isso é mais evidente do que no caso do capitalismo, que começa com duas ideias revolucionárias:

"a relação econômica não existe" e "a não-relação poderia ser muito lucrativa". A primeira ideia corresponde aos economistas do século XVIII, liderados por Adam Smith, que questionaram a doutrina anterior "mercantilista" e a crença de que o montante da riqueza mundial permanecia constante e que uma nação só poderia aumentar sua riqueza à custa de outra nação. Essa é a imagem de uma totalidade "fechada", em que a relação garante a visibilidade da diferença (de riqueza): se você quiser mais, tem de retirar de algum lugar, então alguém tem de perder. A relação é de subordinação (dos fracos aos poderosos), mas ainda é uma relação. A nova ideia econômica (do capitalismo) mina essa relação (baseada na totalidade), ao mesmo tempo que valoriza a produtividade da não-relação recém-descoberta. A riqueza do mundo também pode aumentar "por si só", com a Revolução Industrial e a nova organização do trabalho sendo as principais fontes e vetores desse aumento. Estou deliberadamente colocando isso da forma mais simples possível, a fim de expor os traços estruturais mais evidentes dessa mudança. Qual é a "descoberta" fundamental do capitalismo? Que essa não-relação é lucrativa, que é a fonte máxima de crescimento e lucro. E com isso veio a ideia de que, dessa maneira, não há razão para que todos não possam lucrar com isso. Foi assim que chegamos à narrativa de uma relação nova e superior, o mito fundamental do capitalismo moderno, conhecido como "a mão invisível do mercado".

A ideia do "capital" de Adam Smith começa quando ele postula uma não-relação social como um estado fundamental também em outro nível – como elementos da ordem social, os indivíduos são movidos por pulsões egoístas e pela busca de interesse individual. Mas desses interesses puramente egoístas surge uma sociedade de bem-estar e justiça ideais. É precisamente ao ir atrás, de forma implacável, do próprio interesse que se promove o bem da sociedade como um todo, e com muito mais eficiência do que quando se tenta promovê-lo diretamente. Como Smith coloca em uma famosa citação de *A riqueza das nações*: "Não é da benevolência do açougueiro, do cervejeiro ou do padeiro que esperamos nosso jantar, mas do fato de que levam seus próprios interesses em consideração. Nós apelamos, não para a humanidade deles, mas para o amor próprio que possuem, e nunca lhes dizemos as nossas próprias necessidades, mas sim as vantagens que podem auferir" (SMITH, 2005, p. 30).

O que é interessante nessa ideia, no contexto de nossa discussão anterior, é como ela dá o primeiro passo na direção certa, mas não chega lá. Para colocar nos termos que usamos antes, a ideia é que o que encontramos no âmago do gozo individual mais egoísta é na verdade o Outro (cuidar do bem-estar geral). O que falta é o próximo passo: e o que encontramos, ao mesmo tempo, no âmago desse Outro, é um gozo muito "masturbatório". O erro de Adam Smith não é ver a dimensão do Outro possivelmente em ação nas buscas mais egoístas de interesses individuais – no final das contas, essa tese não é apenas errada: nunca fazemos simplesmente o que achamos que estamos fazendo e o que queremos fazer (essa é até uma lição fundamental de Hegel e Lacan). O seu erro foi não seguir essa lógica até o fim: ele não conseguiu ver onde e como o Outro e a sua mão invisível também não fazem apenas o que acham que estão fazendo... Isso é o que fica óbvio em cada crise econômica, e se torna mais claro com a mais recente: entregue a si mesmo, o mercado (o Outro) está fadado a descobrir a "fruição solitária". Em um dado momento em seus comentários sobre o *Anti-Sexus*, de Platonov, Schuster usa a expressão: "a 'punheta' invisível do mercado", que estou usando de forma emprestada aqui, já que seria difícil encontrar uma maneira melhor de expressar o que estou tentando dizer. A mão invisível do mercado, que supostamente zela pelo bem-estar geral e pela justiça, é desde agora, e sempre, a punheta invisível do mercado, definitivamente colocando a maior parte da riqueza fora do alcance de todos.

A ideia de Adam Smith poderia, de fato, ser sido formulada nestes termos: vamos fazer a não-relação funcionar em benefício de todos. E é quase impossível negar o fato de que o que consideramos riqueza aumentou em termos absolutos (e não apenas relativos) desde o século XVIII. Ou, como se costuma ouvir, que todos, mesmo os mais pobres, estão vivendo melhor do que há dois séculos. No entanto, o preço que se paga por essa relação econômica moderna mais sofisticada é, novamente, que as diferenças (entre ricos e pobres) também sejam exponencialmente maiores, alimentadas pela não-relação em sua forma "superior".

Por que a não-relação é tão produtiva e lucrativa? Marx o identificou da maneira perfeita: para que a não-relação seja economicamente produtiva e lucrativa, ela deve *fazer parte* do próprio modo de produção. Ele o apontou precisamente no campo "estrutural" em que o trabalho apareceu no mercado como mais uma mercadoria à venda. Esse é um ponto-chave no que ele descreve como sendo "a transformação do dinheiro em capital". Simplificando: *aquilo que produz os produtos* (ou seja, a força de trabalho) também aparece no mercado, junto a eles, *como um dos produtos*, objetos à venda. Esse redobramento paradoxal corresponde ao ponto da negatividade estrutural e à sua apropriação como local da produtividade "milagrosa" do mercado. O dono do dinheiro encontra no mercado uma mercadoria cujo valor possui a propriedade peculiar de ser uma fonte de valor e cujo consumo efetivo é uma criação de valor. É por isso que é muito simples dizer que o que os capitalistas têm "mais" eles o "roubaram" dos trabalhadores. Esse tipo de alegação pressupõe a velha economia "fechada", baseada na relação… O que o capital explora é o ponto de negatividade ("entropia") da ordem social, com os trabalhadores situados nesse lugar de negatividade. Os capitalistas não estão "roubando" dos trabalhadores, mas sim os empregando para fazer a negatividade/ entropia do sistema trabalhar para eles, os capitalistas. Ou, em outras palavras: "estão se fazendo enriquecer".

Isso, portanto, é o que Marx chamou de ponto estrutural concreto da não-relação no capitalismo, servindo de precondição para sua forma de produção e exploração. A força de trabalho *como mercadoria* é o ponto que marca a negatividade intrínseca, a hiância, desse sistema: aquela situação na qual uma coisa imediatamente se transforma em outra categoria (valor de uso em fonte de valor). O trabalho é um produto entre outros, mas não é exatamente igual aos outros produtos: onde outros produtos têm um valor de uso (e, portanto, um valor *intrínseco*) essa mercadoria específica (o trabalho) "salta" ou "pula" para ser a fonte de valor. O valor de uso dessa mercadoria deve ser a fonte de valor de (outras) mercadorias. Ela não tem "substância" própria. Isso também pode ser descrito em uma fórmula: "O Trabalhador não existe". O que existe – e é necessário que exista – é a pessoa cujo trabalho é vendido e comprado. Por isso é fundamental, segundo Marx, que o trabalhador não se venda (a sua pessoa), "convertendo-se de homem livre em escravo, de dono de mercadoria em mercadoria. Ele deve constantemente tratar sua força de trabalho como sua própria propriedade, sua própria mercadoria" (Marx, 1990, p. 271). Isso também mostra como as queixas humanistas típicas sobre como, no capitalismo, "todos nós somos apenas mercadorias" erram o alvo: se fôssemos de fato apenas mercadorias, o capitalismo não funcionaria; precisamos ser pessoas livres, vendendo nossa força de trabalho como nossa propriedade, nossa mercadoria.

O conceito de Marx de proletariado poderia ser visto precisamente como uma formulação sobre o fato de que, no capitalismo, o Trabalhador não existe (um Trabalhador que existisse seria na verdade um escravo). É por isso que o proletariado não é simplesmente uma das classes sociais, mas estabelece o ponto da *negatividade constitutiva concreta*[22] no capitalismo, o local da

---

[22] A formulação "negatividade constitutiva concreta" requer mais explicações. Em termos teóricos gerais, devemos dizer dessa configuração: não é que haja uma não-relação fundamental e uma multiplicidade de relações diferentes, determinadas pela anterior de maneira negativa. É, na verdade,

não-relação ofuscada e explorada por ele. O proletariado não é a soma de todos os trabalhadores, é o conceito que nomeia o fator sintomático desse sistema, sua negatividade negada e explorada. E esse conceito amplo elaborado por Marx não perdeu nada de sua relevância hoje.

Concluindo, podemos voltar ao conceito da mão invisível, seu contraponto e sua crítica: seria melhor alegar que ela não existe e tentar colocar em seu lugar um Outro melhor, verdadeiramente operante? Na verdade, essa é precisamente a questão teórica que vemos hoje emergir na esquerda (por exemplo, com o trabalho de Thomas Piketty): seria legítimo jogar as cartas do lado da distribuição? Em outras palavras, existe uma maneira de tornar o lucro ancorado na não-relação *realmente* lucrativo para todos (eliminar seu aspecto de "punheta", por assim dizer)? Podemos manter a parte lucrativa da não-relação ao mesmo tempo que mantemos seu lado negativo sob controle (por meio de diferentes contrapesos sociais e regulamentações relativas à distribuição da riqueza)?

---

que toda relação também postula o ponto concreto do impossível que a determina. Ele determina o que o determinará. Nesse sentido, poderíamos dizer que todas as relações sociais são concretizações da não-relação como determinação universal do discursivo, que não existe em nenhum lugar fora dessas (não-)relações concretas. Isso também significa que a não-relação não é o fundamento (ontológico) final do discursivo, mas sua superfície – ela existe e se manifesta apenas por meio dela. Ou seja: não é que haja (e permaneça) uma não-relação fundamental que nunca será (re)solvida por nenhuma relação concreta. Ao contrário: toda relação concreta resolve de fato a não-relação, mas só pode resolvê-la postulando ("inventando"), junto a si mesma, sua própria negatividade, sua própria condição/impossibilidade negativa. A não-relação não é algo que "insista" e "permaneça", mas algo que se repete – algo que "não cessa de não se escrever" (para usar a expressão de Lacan). Não é algo que resista a toda escrita e que nenhuma escrita possa realmente escrever – é inerente à escrita e se repete com ela.

Capítulo 3
Contradições que importam

Sexo ou gênero?

Vamos recapitular alguns dos pontos importantes levantados até agora, que nos orientarão em nossa discussão a seguir. Um dos gestos fundamentais da psicanálise foi eliminar a discussão sobre a sexualidade como questão moral, ligando-a a uma dificuldade epistemológica, com relevância ontológica imanente. O que *é*, de fato, sexualidade? Longe de prender a humanidade às suas origens animais ou naturais, a sexualidade é o território problemático do ser que parece desequilibrar-nos, desorientar-nos e fazer-nos ceder àquilo que é característico da sociedade humana (política, arte, ciência, amor, religião...). Em seus primeiros trabalhos, Freud ainda brincava com a ideia simples de nomear a sexualidade como o motivo oculto: a sexualidade reprimida e recalcada ressurge como a força motriz por trás de todos os tipos de criações humanas altamente espirituais, bem como seus horrores. Posteriormente, ele a colocou sob uma perspectiva diferente, reforçada adicionalmente por Lacan e seu "retorno a Freud": se a sexualidade está tão intimamente relacionada ao inconsciente e aos mecanismos de recalque, a razão não representa sua controvérsia moral, mas seu status ontológico paradoxal, manifestando-se como problema epistemológico, ou como *limite* epistemológico. As questões morais que envolvem a sexualidade (escondê-la e sentir vergonha dela, sua opressão, sua codificação e regulamentação, sua punição, bem como sua liberação, sua revelação, exibição e discussão incessante) têm sua origem na percepção da sexualidade como um problema ontológico. A sexualidade é o paradigma da pesquisa e da exploração, não no sentido da redução à última instância, mas, ao contrário, porque nos leva de maneira brutal à falta da última instância. E é precisamente essa falta de última instância que se torna o lugar do pensamento, incluindo o pensamento mais especulativo (metafísico). E não é por acaso que a discussão da diferença sexual na psicanálise, em sua tradição mais elevada, muitas vezes soa ou é percebida como "matemática avançada": fórmulas, paradoxos lógicos, formulações complicadas e teses contraintuitivas. As teses sobre a sexualidade são, de fato, a parte mais especulativa (ou "filosófica") da teoria psicanalítica. Também não é coincidência que a mudança de considerar a sexualidade como uma questão moral para focar seu problemático status ontológico e epistemológico leve a sexualidade (e particularmente a diferença sexual) a ser encarada como um problema *político* imediato. Não um problema cultural, não um problema de identidade, mas um problema político. Não um problema de "direitos humanos", mas um problema de direitos políticos. Em sua essência, o feminismo sempre foi um movimento político. É justamente isso que a ideologia contemporânea tenta nos fazer esquecer (ou então nos fazer desconsiderar, precisamente *devido* a seu conteúdo político). Vemos imagens de sufragistas "histéricas", "fanáticas", "masculinas", "selvagens", "ideológicas" em oposição a mulheres "calmas", "bem-comportadas", que se veem como seres humanos com qualidades e uma *identidade* particulares, e tentam afirmar essas características democraticamente; mulheres que antes de tudo diriam: "Não sou feminista, eu apenas…". O verdadeiro feminismo depende de posicionar a diferença sexual como um problema político e, portanto, de situá-la no âmbito do antagonismo social e da luta emancipatória. O feminismo não partiu da tentativa de afirmar alguma identidade feminina que fosse diferente (bem como seus direitos), mas do fato de que cerca de metade da raça humana, referida como "mulheres", não existia no sentido político. É essa inexistência, essa invisibilidade política, que na verdade funcionava como fator de *homogeneização* do espaço político, que o feminismo transformou em uma cisão, uma divisão, que diz respeito a *todos* (daí sua dimensão política). Nesse contexto, é essencial que o que esteja em jogo em tal atitude não seja uma afirmação política de alguma divisão ontológica existente de forma inerente (entre "homens" e "mulheres"), mas algo que defina, antes de tudo, a diferença sexual como diferença ou divisão. E isso nos força a pensá-la como uma divisão, uma cisão dentro *do mesmo mundo*. A divisão tradicional entre os mundos masculino e feminino (domínios, esferas: por exemplo, público/privado) na verdade não vê a diferença sexual como diferença, mas como uma questão de pertencer a dois mundos separados, que são "diferentes" desde o ponto de vista de uma visão panorâmica neutra, mas que, mesmo assim, coexistem como partes integrantes na hierarquia de uma ordem cósmica superior, uma totalidade cuja unidade não é de forma alguma ameaçada por essa "diferença". São peças que "conhecem seu lugar" na engrenagem. E o feminismo (como movimento político) questiona e provoca uma ruptura precisamente nessa unidade do mundo, baseada na supressão, subordinação e exclusão maciças. Mais uma vez: essa exclusão não é uma exclusão da identidade feminina; pelo contrário, o mito da identidade feminina é precisamente o que tornou essa exclusão possível e o que a sustenta. O tema da "identidade feminina" sustenta a diferença e a exclusão no nível pré-político, no nível do pertencimento a dois mundos distintos. Nesse sentido, a política (emancipatória) começa com a "perda da identidade", e não há nada de deplorável nessa perda. Aqueles que pregam valores tradicionais geralmente propagam a exclusão política das mulheres precisamente evocando a identidade (específica) feminina. Eles acreditam que a Mulher exista e precisam que ela exista. A resposta certa seria a de carregar a "Mulher" de vários sentidos e promovê-la como a Outra voz, a voz da alteridade, que também precisa ser ouvida e afirmada? Não: o potencial político explosivo da "questão da mulher" não reside em nenhuma especificidade ou em características positivas das mulheres em si, mas na capacidade de inserir no mundo o problema da divisão e da diferença, cuja homogeneidade se baseia na exclusão. Tal exclusão – e esse é um ponto absolutamente crucial – não é simplesmente a exclusão do outro lado, ou da metade, mas acima de tudo a exclusão ("recalque") da cisão (antagonismo social) *em si*; é o apagamento de um antagonismo social. Seu ressurgimento (na forma de luta feminista) é o surgimento da divisão social em estado puro, e é isso que o torna político e politicamente explosivo.

A diferença sexual é um tipo particular de diferença, porque não começa como diferença entre identidades diferentes, mas como uma impossibilidade ontológica (implícita na sexualidade) que apenas abre o espaço do social (onde também são geradas identidades). Essa negatividade ontologicamente determinativa envolvida no conceito de diferença sexual é exatamente o que se perde com a substituição desse conceito pelo de "diferenças de gênero". Como Joan Copjec colocou de maneira enfática:

> A categoria psicanalítica da diferença sexual foi, a partir dessa data [meados da década de 1980], considerada suspeita e amplamente abandonada em favor da categoria *neutralizada* de gênero. Sim, *neutralizada*. Insisto nisso porque é especificamente o *sexo* da *diferença sexual* que foi abandonado quando esse termo (sexo) foi substituído por *gênero*. A teoria de gênero realizou uma grande façanha: removeu o sexo do sexo. Pois, enquanto os teóricos de gênero continuaram a falar de *práticas* sexuais, eles pararam de questionar o que é o sexo ou a sexualidade; ou seja, o sexo não era mais o assunto de uma investigação ontológica e, em vez disso, voltou a ser o que era no senso comum: algum tipo vago de distinção, mas basicamente uma característica secundária (quando

aplicada ao sujeito), um qualificador adicionado a outros ou (quando aplicado a um ato) algo um pouco safado (COPJEC, 2012, p. 31).

Se quisermos impedir essa mudança, a pergunta principal que se coloca é: o que significa a insistência no sexo (e na diferença sexual) como assunto de uma investigação ontológica?

Até mesmo sugerir discutir a diferença sexual como uma questão ontológica pode induzir – e não sem razão – a uma forte resistência, à objeção de que essa discussão não traria nada novo. Ontologias e cosmologias tradicionais dependiam fortemente da diferença sexual, tomando-a como seu próprio princípio fundador ou estruturante. *Yin-yang*, água e fogo, terra e sol, matéria e forma, ativo e passivo – esse tipo de oposição (muitas vezes explicitamente sexualizada) foi usado como o princípio organizador dessas ontologias e/ou cosmologias, bem como das ciências – astronomia, por exemplo – baseadas nele. E é isso o que Lacan diria: "a ciência primitiva é uma espécie de técnica sexual".[23] Em algum momento da história, geralmente associado à revolução galileana na ciência e suas consequências, tanto a ciência quanto a filosofia romperam com essa tradição. E se há uma maneira simples e genérica de definir a ciência e a filosofia modernas, essa maneira poderia passar precisamente pela "dessexualização" da realidade, pelo abandono da diferença sexual, de forma mais ou menos explícita, como o princípio ordenador da realidade, cuja função ou uso era o de fornecer sua coerência e inteligibilidade.

As razões pelas quais o feminismo e os estudos de gênero consideram tais ontologizações da diferença sexual altamente problemáticas são óbvias. Fortificada no nível ontológico, a diferença sexual está firmemente ancorada no essencialismo – ela se torna um jogo de combinação das essências da masculinidade

---

[23] Para mais sobre o assunto, ver Lacan (1987, p. 151).

e da feminilidade. Tanto é assim que, para usar a linguagem contemporânea dos estudos de gênero, a produção social de normas e suas descrições subsequentes encontram uma divisão ontológica pronta, pronta para definir a essência de "masculinidade" e "feminilidade" imediatamente. A ontologia tradicional, portanto, sempre foi uma máquina para produzir tipologias "masculinas" e "femininas", ou, mais precisamente, para fundamentar essas essências no ser.

Quando a ciência moderna rompeu com essa ontologia, ela também basicamente rompeu com a ontologia *tout court*. A ciência (moderna) não é ontologia; ela não pretende fazer alegações de natureza ontológica, tampouco, a partir de uma perspectiva crítica da ciência, reconhece que, mesmo assim, está postulando-as.

Talvez o mais surpreendente seja que a filosofia moderna igualmente rompeu não apenas com a ontologia tradicional, mas também com a ontologia *tout court*. Immanuel Kant é o nome mais fortemente associado a essa ruptura: se não se pode ter conhecimento sobre as coisas em si mesmas, a clássica questão ontológica de ser enquanto ser parece perder sua razão de ser.[24] É fato, porém, que o debate ontológico, após um tempo considerável fora do primeiro plano do debate filosófico (teórico) – e, talvez ainda mais importante, um tempo considerável sem atrair o interesse geral –, está agora ensaiando um "retorno" triunfante a esse campo teórico, com uma explosão de "novas ontologias". Esclarecendo, esses são projetos filosóficos diversos e, às vezes, muito diferentes. Mas é seguro dizer que para nenhum deles a diferença sexual (em qualquer forma) desempenha qualquer papel em suas considerações ontológicas.

---

[24] Não vou discutir aqui se o gesto kantiano simplesmente fechou a porta para a ontologia ou se lançou as bases para um tipo bastante distinto de ontologia.

Já que estamos debatendo a psicanálise e a diferença sexual, implicar Freud e Lacan na discussão da dimensão ontológica sobre a diferença sexual pode parecer o ápice de todas as esquisitices possíveis. Pois isso não apenas parece ir de encontro aos numerosos e notáveis esforços que os defensores da psicanálise, durante décadas, investiram para mostrar a incompatibilidade da psicanálise com qualquer tipo de essencialismo sexual; é também contrário ao que Freud e Lacan pensaram e disseram sobre ontologia. Tendo em vista a dessexualização da realidade que ocorreu com a revolução galileana na ciência, como já mencionado anteriormente, a psicanálise (pelo menos em sua veia freudo-lacaniana) está longe de se lamentar disso. O diagnóstico que ela (a psicanálise) faz da civilização ocidental não é de "esquecimento do sexual", tampouco se vê como algo que trará de volta o colorido sexual do universo, como se o reencantasse (sexualmente). Ao contrário, ela se vê (e seu "objeto") como estritamente coexistente com o movimento de dessexualização. "[A psicanálise] advém do mesmo status que a *própria* Ciência. Ela está envolvida na falta central em que o sujeito se experimenta como desejo [...] Ela não tem nada a esquecer [uma referência, sem dúvida, ao 'esquecimento do Ser' heideggeriano], pois não implica o reconhecimento de nenhuma substância sobre a qual alega operar, mesmo a da sexualidade" (LACAN, 1987, p. 266).

Não estou defendendo esse ponto de vista, entretanto, com o objetivo de argumentar que a psicanálise seja, de fato, muito menos centrada no sexual do que comumente se supõe, ou para promover a "versão aculturada" da psicanálise. Na verdade, o sexual na psicanálise é algo muito diferente do jogo combinatório criador de sentido – é exatamente algo que abala esse jogo e o torna impossível. Em princípio, o que é preciso observar e compreender é onde está a verdadeira divisão. A psicanálise é *tanto* coextensiva a essa dessexualização da realidade (no sentido de romper com a ontologia e a ciência como técnica ou combinação sexual) *quanto* absolutamente intransigente quando se trata do sexual como *Real* irredutível (não substância). Não há contradição nesse argumento, assim como não há contradição no argumento contrário, a postura "revisionista" junguiana, que articula uma aculturação total do sexual (sua transcrição em arquétipos culturais), ao mesmo tempo que mantém o princípio da combinatória ontológica (de dois princípios fundamentais, *yin* e *yang*). A lição e o imperativo da psicanálise não é "Dediquemos toda a nossa atenção ao (sentido) sexual como nosso horizonte final"; trata-se, antes de tudo, de uma redução do sexo e do sexual (que, de fato, sempre foi sobrecarregado de sentidos e interpretações) ao ponto de uma inconsistência ontológica, que, *como tal*, é irredutível.

A afirmação enfática de Lacan de que a psicanálise *não* é uma ontologia nova (uma ontologia sexual, por exemplo) não é, portanto, algo que vamos contestar. Mas também não vamos adotar a posição que alega que a psicanálise simplesmente não tem (nem teria) nada a ver com ontologia. Há muito mais em jogo, e a relação da psicanálise com a filosofia (como ontologia) é muito mais interessante e intrincada. Talvez a melhor maneira de expressar isso seria dizer que a sua não-relação, implícita na afirmação "a psicanálise não é uma ontologia", é do tipo mais íntimo. Espero que essa afirmação se justifique no que está escrito adiante.

Um dos nós conceituais de simplesmente enfatizar que o gênero é uma construção inteiramente social, ou cultural, é que ele permanece dentro da dicotomia natureza/cultura. Judith Butler viu isso muito claramente,[25] e é por isso que seu projeto radicaliza essa teoria, ao ligá-la à teoria da performatividade. Em oposição à expressividade, indicando uma preexistência e uma independência daquilo que está sendo expresso, a performatividade se refere, no relato de Butler, a ações que criam, por assim dizer, as essências que expressam. Nada preexiste: as práticas

---

[25] Ver, por exemplo, Butler (1990).

sociossimbólicas de diferentes discursos e seus antagonismos criam as próprias "essências" ou fenômenos que as regulam. O tempo e a dinâmica de repetição que essa criação exige abrem a única margem para a liberdade (para possivelmente alterar ou influenciar esse processo). O que diferencia esse conceito de performatividade do clássico, linguístico, é precisamente a temporalidade: não é que o gesto performativo crie instantaneamente uma nova realidade, ou seja, no momento em que é realizado (como o enunciado performativo "Eu declaro esta sessão aberta"); em vez disso, refere-se a um processo no qual construções sociais e simbólicas, por meio da repetição e da reiteração, tornam-se natureza – "é natural", como se diz. O que é caracterizado como natural é a normalização do discursivo, e, nessa visão, a dialética da natureza e da cultura torna-se a dialética interna da cultura. A cultura tanto produz quanto regulamenta (o que é conhecido como) "natureza". Não estamos mais lidando com dois termos: atividade "social simbólica" e algo sobre o qual ela é realizada; em vez disso, estamos lidando com algo como uma dialética interna do Um (o discursivo) que não apenas serve de modelo, mas também cria aquilo que molda, o que abre caminho para certa profundidade de campo. A performatividade é, portanto, uma espécie de onto-logia do discursivo, responsável tanto pelo *logos* quanto pelo *ser* das coisas.

Em grande medida, a psicanálise lacaniana parece compatível com esse relato e é frequentemente apresentada assim. A primazia do significante e do campo do Outro, a linguagem como formadora da realidade e do inconsciente (incluindo a dialética do desejo), o aspecto criador do simbólico e de sua dialética (com noções como causalidade e eficácia simbólicas, materialidade do significante)... apesar de todas essas afirmações (indiscutíveis), a posição de Lacan é irredutivelmente diferente da ontologia performativa descrita anteriormente. Mas como isso ocorre efetivamente? E qual é o status do Real no qual Lacan insiste quando fala de sexualidade?

A questão não é apenas que Lacan tenha de levar em conta e dar espaço para a outra área "vital" das noções psicanalíticas (como a libido, a pulsão, o corpo sexualizado), que seria definida como "real", em oposição a pertencer ao reino do simbólico. Esse tipo de linguagem e a visão que ela implica são muito enganosas. Há mais em jogo: tendo a ordem significante como seu ponto de partida, Lacan a vê como o lócus de uma *cisão* primordial. Enquanto a ordem significante cria seu próprio espaço e os seres que o povoam (o que mais ou menos corresponde ao espaço da performatividade discutido anteriormente), *algo a mais é adicionado a esse espaço*. Poderia ser dito que esse algo é parasitário na produtividade performativa; ele não é produzido *pelo* gesto significante, mas *com* e "sobre" ele. Ele é inseparável desse gesto, mas, ao contrário do que chamamos entidades/seres discursivos, não é criado por ele. Não se trata de uma entidade simbólica, tampouco é algo constituído pelo simbólico; em vez disso, é um subproduto para o simbólico. Além disso, não é um ser: é discernível apenas como um efeito (disruptivo) dentro do campo simbólico, sua perturbação, seu viés. Em outras palavras, o surgimento do significante não é redutível ou encerrado pelo simbólico. O significante não apenas produz uma nova realidade simbólica (incluindo sua própria materialidade, causalidade e leis); ele também "produz" a dimensão que Lacan chama de Real, que se conecta aos pontos de impossibilidade/contradição estrutural da própria realidade simbólica. É isso que mancha indelevelmente o simbólico, mancha sua suposta pureza e explica o fato de que o jogo simbólico da pura diferencialidade é sempre um jogo de dados viciados. Esse é o próprio espaço, ou dimensão, que sustenta os fenômenos "vitais" mencionados anteriormente (a libido ou o gozo, a pulsão, o corpo sexualizado) em seu desencaixe com o simbólico.

Então: aquilo que é produzido pelo significante, além do que ele produz como seu campo, de certa forma magnetiza esse campo e é responsável pelo fato de o campo simbólico, ou o campo do Outro, nunca ser neutro (ou estruturado apenas pela pura diferencialidade), mas ser conflituoso, assimétrico, "não-todo", arruinado por um antagonismo fundamental. Em outras palavras, o antagonismo do campo discursivo não existe pelo fato de que esse campo seja sempre "constituído" por múltiplos elementos, ou por uma multiplicidade de múltiplos, competindo entre si e não devidamente unificados; esse antagonismo se refere ao próprio espaço em que existem esses diferentes múltiplos. Assim como, para Marx, o "antagonismo de classe" não é apenas um conflito entre classes diferentes, mas o próprio princípio da composição da sociedade de classes, o antagonismo como tal nunca existe simplesmente *entre* partes em conflito; ele é o próprio princípio estruturante desse conflito e dos elementos nele envolvidos.

Mas esse relato exige um esclarecimento adicional, o que faz com que ele seja um pouco mais complexo. Poderíamos nos perguntar: mas como é que o significante "produz" algo além do que ele produz como seu campo (propriamente significante)? Por que isso acontece? E a resposta (com a qual voltamos a um ponto crucial que já apresentei) é: porque a estrutura significante coexiste com uma hiância. "O discurso começa com o fato de que existe uma hiância [...] Mas, no fim das contas, nada nos impede de dizer que é porque o discurso começa que a hiância é produzida. É uma questão de total indiferença em relação ao resultado. O certo é que o discurso está implicado na hiância" (LACAN, 2006c, p. 107).

Esse entrelaçamento entre discursividade e a hiância é um ponto crucial ou, pelo menos, o ponto que eu vou considerar crucial em minha argumentação. A escrita de Lacan sobre isso, com a qual nos familiarizamos, é esta: S(Ⱥ), referindo-se a uma hiância constitutiva no Outro. O que eu gostaria de enfatizar é a dimensão de algo como uma subtração virtual ou o "menos" que constitui essa noção. Essa ênfase nos permite dizer não apenas que a ordem significante é inconsistente e incompleta, mas também, colocando de maneira mais forte e paradoxal, que a ordem significante surge como já carente de um significante, que aparece com a *falta* de um significante "intrínseca a ela", por assim dizer (um significante que, se existisse, seria o "significante binário"). *Stricto sensu*, pode-se dizer que a ordem significante comece não com Um (tampouco com uma multiplicidade), mas com um "menos um" – e retornaremos a esse ponto fundamental de maneira pormenorizada mais à frente. É *no lugar dessa hiância* ou negatividade que *surge o mais-de-gozar* que mancha a estrutura significante: o elemento heterogêneo pertencente à estrutura significante, mas irredutível a ela.

Poderíamos também dizer: o surgimento da ordem significante coincide diretamente com o não surgimento de um significante, e tal fato (esse menos um original) deixa seu rastro em uma característica/perturbação particular do sistema significante – o gozo. Portanto, não é que o significante "produza" tal excedente, mas sim que esse excedente seja a maneira como a falta do significante (binário) existe dentro da estrutura discursiva e a marca de maneiras específicas. Ele a marca (e, portanto, efetivamente a "deforma") ao se juntar a um determinado conjunto (ou cadeia) de outros significantes que estão relacionados, de uma maneira ou de outra, com essa hiância do significante. O modo como o gozo se relaciona (ou está ligado) à ordem significante passa pelo que está faltando nessa ordem; ele não está diretamente ligado à ordem significante por meio de sua negatividade intrínseca (um menos um). Essa negatividade é o Real que emerge da junção entre o significante (ausente) e o gozo; e o nome conceitual para essa elaboração em psicanálise é sexualidade (ou sexual). A sexualidade é coextensiva ao efeito da *hiância* do significante, no lugar em que emerge o mais-de-gozar, em meio ao resto da cadeia significante (incluindo zonas corporais erógenas que certamente não são independentes da rede significante).

A sexualidade não é um ser que existe *além* do simbólico; ela "existe" apenas como a contradição *do espaço simbólico que surge por causa do significante intrinsecamente ausente e daquilo que aparece em seu lugar (gozo).*

Portanto, seria errado dizer que está faltando o significante do sexual; o sexual não é um objeto extradiscursivo em busca de um significante; na verdade ele é uma *consequência* direta ("extensão") da falta de um significante, isto é, da hiância a partir da qual a ordem significante emerge. É por isso que a sexualidade não é algo fora da ordem significante (que essa ordem se esforçaria para representar plenamente, mas falharia), tampouco é dotada de um significante. Para sermos explícitos: a sexualidade humana é o que ocupa o lugar do significante ausente. Ela é uma bagunça, mas é uma bagunça que na verdade toma o lugar da relação sexual como impossível (de ser escrita). Isso, eu acredito, é uma inversão fundamental do senso comum, mas é algo que precisamos fazer: a bagunça de nossa sexualidade não é uma consequência ou um resultado da ausência da relação sexual. Não é que a nossa sexualidade seja confusa por não ser dotada de uma regra clara de significação; ela surge apenas da e em lugar dessa falta, e tenta lidar com ela. A sexualidade não é destruída por ou perturbada devido a uma hiância que a corta profundamente na "carne"; ela é, na verdade, *o remendo mal-ajambrado* dessa hiância. Lacan na verdade afirma isso em uma observação um tanto improvisada no seminário ...*ou pire*, mas é absolutamente crucial: as quatro fórmulas conhecidas como fórmulas da sexuação são suas tentativas (de Lacan) de "consertar aquilo que compensa [*supplée à*] o que eu chamo de impossibilidade de escrever a relação sexual" (Lacan, 2011, p. 138). Em outras palavras, o sexo é bagunçado porque aparece no ponto de ruptura da consistência significante, ou da lógica (seu ponto de impossibilidade), não porque seja intrinsecamente irracional e bagunçado: sua bagunça é o resultado da tentativa de criação de uma lógica no ponto exato do impasse dessa lógica.

Sua "irracionalidade" é o ápice de seus esforços para estabelecer uma "racionalidade" sexual. É assim, pelo menos, que Lacan concebia as fórmulas da sexuação: elas (re)afirmam a questão da sexualidade e das "relações sexuais" como um problema lógico (problema da lógica significante) da qual surge.

Se voltarmos para a questão do que tudo isso implica em relação à ontologia em geral e, mais especificamente, à ontologia performativa dos estudos de gênero contemporâneos, devemos partir da seguinte premissa, que é crucial: Lacan é levado a estabelecer uma diferença entre o *ser* e o *Real*. O Real não é um ser ou uma substância; mas seu impasse, o ponto de sua impossibilidade. É inseparável do ser, mas não é o ser. Pode-se dizer que, para a psicanálise, não existe um ser independente da linguagem (ou do discurso) – razão pela qual muitas vezes o ser parece compatível com as formas contemporâneas de nominalismo. Todo ser é simbólico; é ser no Outro. Mas com um acréscimo crucial, que poderia ser formulado da seguinte forma: só há o ser no simbólico – *exceto que há o Real*. "Há" o Real, mas esse Real não é nenhum ser. No entanto, esse Real não é simplesmente o fora do ser; não é algo além do ser, ele é uma convulsão, uma pedra no caminho do espaço do ser. Ele existe apenas como a contradição inerente do ser (simbólico). Isso, e nada mais, está em jogo quando a psicanálise conecta o sexo ao Real. Como Joan Copjec colocou em seu texto-base sobre tais questões:

> Quando falamos do fracasso da linguagem no que diz respeito ao sexo, não falamos de seu fracasso para aquém de um objeto pré-discursivo, mas do fato de que cai em contradição consigo mesma. O sexo coincide com esse *fracasso*, essa contradição inevitável. O sexo é, portanto, a impossibilidade de completar o sentido, não (como seria o argumento historicista/desconstrucionista de Butler) um sentido que é incompleto, instável. Ou seja, a questão é que o sexo é a incompletude estrutural da linguagem, não que o sexo em si seja incompleto (COPJEC, 1994, p. 206).

Essa concepção do Real como o ponto da impossibilidade/contradição interna do ser é a razão pela qual Lacan considera o Real como o osso atravessado na garganta de toda ontologia: para falar de "ser enquanto ser", é preciso amputar algo no ser que não é o ser. Ou seja, o Real é aquilo que a ontologia tradicional teve de eliminar para poder falar de "ser enquanto ser". Chegamos ao ser enquanto ser apenas se subtrairmos, erradicarmos algo dele. O ser enquanto ser não é um pressuposto elemental, mas já é um resultado que pressupõe um passo anterior. E esse passo não consiste em erradicar ou suprimir alguma positividade que o contradiz, mas em erradicar uma negatividade específica, real (a contradição como tal). O que se perde aqui é o algo no ser que é menos do que o ser – e esse algo é precisamente aquilo que, apesar de incluído no ser, impede-o de ser plenamente constituído *como ser*.

E – para voltarmos à nossa discussão anterior – esse conceito do Real (como uma fenda no ser) é precisamente o que se perde na tradução quando passamos de "sexo" para "gênero". Pode parecer paradoxal, mas até certo ponto diferenças como forma-matéria, *yin-yang*, ativo-passivo... pertencem à mesma onto-logia que diferenças de "gênero". Mesmo quando essa ontologia abandona o princípio da complementaridade e abraça o da multiplicidade de gênero, isso não afeta de forma alguma o status ontológico dessas entidades que chamamos de gêneros. Dizemos que essas entidades sejam ou existam, e enfaticamente. (Esse "enfaticamente" parece que aumenta com as quantidades: geralmente se é tímido ao se afirmar a existência de dois gêneros, mas, quando se chega a uma multiplicidade de gêneros, essa timidez desaparece, e sua existência é enfaticamente afirmada). Se a diferença sexual for considerada em termos de gênero, ela se torna – pelo menos em princípio – compatível com os mecanismos de sua ontologização plena. Pode-se dizer que os gêneros sejam "entidades puramente simbólicas", mas, ao fazê-lo, eles já não são considerados *intrinsecamente* problemáticos.

Isso nos remete ao argumento posto anteriormente e ao qual podemos adicionar mais um questionamento: a dessexualização da ontologia (isto é, a ontologia não sendo mais concebida como uma combinação de dois princípios, "masculino" e "feminino") coincide exatamente com a aparição do sexual como o ponto real/disruptivo do ser. É por isso que, se o "sexo é removido do sexo", remove-se exatamente aquilo que trouxe à tona o problema da diferença sexual. Não se remove o problema, mas se remove sim os meios para vê-lo e para ver como ele funciona.

Divisão sexual, um problema ontológico

Até agora, estamos discutindo especificamente a questão da sexualidade em seu status ontológico peculiar. Mas como exatamente a *diferença* sexual entra nesse debate? Qual é, em sua *essência*, a relação entre diferença sexual e sexualidade? É uma diferença acidental ou essencial? O que vem primeiro? A sexualidade é algo que ocorre porque existe a diferença sexual?

A resposta de Freud é inequívoca e talvez surpreendente: "A pulsão sexual é, em primeira instância, independente de seu objeto; nem é provável que sua origem seja devido às atrações de seu objeto" (Freud, 1977b, p. 83). É por isso que, "do ponto de vista da psicanálise, o interesse sexual dos homens exclusivamente pelas mulheres também é um problema que precisa ser esclarecido e não é um fato autoexplicativo com base em uma atração que seria finalmente de natureza química" (Freud, 1977b, p. 57). Além disso, notoriamente, ele insiste na não existência de qualquer rudimento de dois sexos (ou duas sexualidades) antes da adolescência. Vamos começar especificamente com este trecho controverso:

> A atividade autoerótica das zonas erógenas é, entretanto, a mesma em ambos os sexos e, devido a essa uniformidade,

> não há possibilidade de distinção entre os dois sexos tal como ocorre após a puberdade [...] Na verdade, se pudéssemos dar uma conotação mais precisa aos conceitos de "masculino" e "feminino", seria possível até mesmo argumentar que a libido é invariável e necessariamente de natureza masculina, quer ocorra nos homens, quer nas mulheres, e independentemente de seu objeto de desejo ser um homem ou uma mulher (FREUD, 1977b, p. 141).

Ou seja, no que diz respeito à libido, não existem dois sexos. E se pudéssemos dizer o que seja exatamente "masculino" e "feminino", nós o descreveríamos como "masculino" – mas não somos efetivamente capazes de dizê-lo, como Freud enfatiza novamente na nota de rodapé anexada à passagem citada.[26]

Então, com o que exatamente estamos lidando, o que Freud quer dizer nessa passagem? Suas afirmações são particularmente interessantes em relação à compreensão "liberal" espontânea do que seja diferença sexual e apontam para uma ambivalência necessária das posições sexuais. De acordo com esse entendimento, Masculinidade e Feminilidade são apenas ideais (gêneros ideais) que não existem em nenhum lugar na realidade (nenhuma pessoa é 100 por cento masculina ou feminina); homens e mulheres existem apenas como misturas em proporções diferentes desses dois estados ideais (ou "princípios" – biológicos ou não). Para colocar essa afirmação em uma linguagem que soe nietzschiana: não há Homens e Mulheres, apenas diferentes graus, diferentes tons de masculinidade e feminilidade...

O que Freud diz no trecho citado anteriormente, no entanto, é algo bem diferente desse tipo de sabedoria "ninguém é perfeito"; mas algo muito mais interessante e contraintuitivo. A questão não é que, se houvesse algo como pura

---

[26] "É essencial entender claramente que os conceitos de 'masculino' e 'feminino', cujo sentido parece tão ambíguo para as pessoas comuns, estão entre os mais confusos que ocorrem na ciência."

masculinidade e pura feminilidade, estaríamos lidando com um caso ou modelo ideal e claro de diferença sexual. O argumento de Freud inclui uma afirmação muito mais paradoxal: se a masculinidade pura e a feminilidade pura existissem (se pudéssemos dizer o que são), elas – ou, melhor, suas sexualidades – seriam *uma e a mesma* ("masculina"). Mas, como *elas não existem, existe a diferença sexual.* Ou seja, a diferença sexual surge não por haver dois sexos ou duas sexualidades (ao menos em princípio), mas do fato de que não existe um "segundo sexo", e de uma *indiferença* enigmática da "coisa sexual" (um autoerotismo polimorficamente perverso) que aparece no lugar do "sexo faltante". Além disso, se o "segundo sexo" não existe, isso não significa que tenhamos apenas um "primeiro sexo" (masculinidade), já que um sexo não é, absolutamente, sinônimo de "sexo": se houver apenas um sexo, ele não é um "sexo" de forma relevante.

Para expressar tal conceito em uma fórmula única: *o que se divide em dois é a própria inexistência do um* (ou seja, daquele um que, se existisse, seria o Outro).

As afirmações paradoxais de Freud a respeito da sexualidade e da diferença sexual são alvo de um tratamento conceitual muito elaborado da parte de Lacan, que coloca a questão da sexualidade e sua divisão no próprio âmago da "ontologia" psicanalítica – na medida em que ela contém o motivo de sua própria impossibilidade. Sexualidade e diferença sexual estão absoluta e irredutivelmente ligadas à ordem significante, no entanto, isso não significa que a diferença sexual seja uma construção simbólica. O sexo é real porque marca um limite irredutível (contradição) da ordem significante (e não de algo além, ou fora, dessa ordem). Há, no entanto, uma diferença importante na concepção de tais conceitos entre os primeiros e os últimos escritos de Lacan.

Os primeiros escritos de Lacan fortalecem conceitualmente aquela que ele considera ser a posição de Freud, com a ajuda de sua teoria da ordem significante e de sua leitura (ou, antes, a leitura de Kojève) da dialética hegeliana. Seu ensaio "A significação do falo" (1958) fornece o que é indiscutivelmente a elaboração mais concisa de seu posicionamento inicial. A presença do significante leva a uma perda irredimível por parte do animal humano: uma vez articulada no significante (como "demanda"), a necessidade é irreversivelmente alienada.

> Vamos então examinar os efeitos dessa presença [do significante]. Eles incluem, em primeiro lugar, um desvio das necessidades do homem devido ao fato de que ele fala: à medida que suas necessidades são submetidas à demanda, elas retornam para ele de forma alienada […] O que é assim alienado do ponto de vista das necessidades constitui um *Urverdrängung* [recalque originário], uma vez que, hipoteticamente, não pode ser articulado na demanda; no entanto, isso aparece como um desdobramento que se apresenta no homem como desejo (*das Begehren*). A fenomenologia que emerge da experiência analítica é certamente de um tipo que demonstra a natureza paradoxal, desviante, errática, excêntrica e mesmo escandalosa do desejo, o que o diferencia da necessidade (Lacan, 2006a, p. 579).

Esse é de fato o esboço básico do posicionamento inicial de Lacan: a presença do significante leva a uma "perda pura" no – se posso dizer assim – lado não significante do complexo humano. Essa perda quase "física" abre o espaço das significações ("efeitos de sentido") e da dialética do desejo. E o falo é notoriamente definido por Lacan nessa época como designando esses "efeitos de sentido como um todo" (Lacan, 2006a, p. 579).

Mais tarde (particularmente no início da década de 1970), Lacan praticamente reverte essa análise, introduzindo (ou melhor, formalizando, visto que ele já a havia apresentado antes) uma complicação a mais na própria ordem significante: o fato de ela ser estritamente coextensiva a um menos ou a uma falta de significante. A "perda pura" agora aparece do lado do significante, que já não tem ou não mais se relaciona com o outro lado (a necessidade orgânica pura sobre a qual faria a sua operação inaugural); o que ele tem é um avesso (*l'envers*). Lacan não hesita em se referir a esse menos como o *fundamento* (do Um da ordem significante).

Ou seja, não é mais a simples presença do significante que induz toda a "dialética" humana e suas contradições, mas sim uma *ausência* no próprio seio dessa presença, especificamente, uma hiância que surge junto com a ordem significante, como se fosse incorporada nela. Isso, de fato, estilhaça a autoevidência do termo "surgimento do significante" à qual nos acostumamos dentro da perspectiva lacaniana: nos acostumamos a falar sobre a natureza como se ela fosse de alguma forma interrompida, desarticulada, pelo "surgimento do significante". Mas o que exatamente isso significa? Significa a mesma coisa que "a aparição da fala"? Especialmente no contexto da obra posterior de Lacan, parece também que poderíamos colocar as coisas em uma perspectiva "mitológica" diferente – mitológica na medida em que nenhuma narrativa sobre o Início pode evitar a construção de um mito que melhor se adapte ao real da observação de fato. Nessa perspectiva alternativa, a história humana não começa com o surgimento do significante, mas com um *significante "desaparecido"*. Poderíamos dizer que a natureza já está cheia de significantes (e ao mesmo tempo indiferente a eles); e que em algum ponto um significante "sai de cena", desaparece. E é somente daí que nasce a "lógica do significante" no sentido estrito do termo (os significantes passam a "escapar" e a se relacionar entre si, através dessa hiância). Nesse sentido, e a partir dessa perspectiva, a própria fala já é uma resposta ao significante ausente, que *não está* (aí). A fala não é simplesmente "composta de significantes", os significantes não são a condição (suficiente) da fala, a condição da fala como a conhecemos é "um significante a menos". Humanos são seres retirados da indiferença e forçados a falar (bem como a gozar, pois o gozo surge no lugar desse déficit) por um significante desaparecido. Essa forma temporal de colocar isso ("desaparecido") é uma expressão do que seria mais bem explicado como a estrutura significante emergindo não sem um significante, mas sim *com-sem* [*with-without*] um significante – uma vez que esse "buraco" tem consequências e determina o que é estruturado em torno de si mesmo.

Há algum tempo,[27] tentei elaborar essa ideia, em particular, com a ajuda de um chiste que tem sido muito usado (por mim e por outros) desde então. No entanto, vou repeti-lo aqui, pois é difícil encontrar um exemplo melhor para ilustrar o que está em jogo: "Um homem entra em um restaurante e pede ao garçom: 'Um café, sem creme, por favor'. Ao que o garçom lhe responde: 'Senhor, me desculpe, mas o creme acabou. Poder ser um café sem leite?'".

A resposta do garçom introduz uma entidade espectral paradoxal adicional na própria dimensão da negatividade. O pressuposto de sua resposta é que "sem" algo realmente significa "com falta de algo" ou com-sem esse algo. A ordem significante aparece com um significante a menos neste sentido preciso: não simplesmente sem um, mas com-sem um, especificamente.

Duas observações podem ser adicionadas. Em primeiro lugar, pode muito bem ser que esse trabalho tardio de Lacan (que não se refere mais a Hegel) seja, na verdade, em muitos aspectos, muito mais próximo de Hegel do que seus primeiros escritos, nos quais ele frequentemente se refere a Hegel.[28] Eu também diria que esse posicionamento mais recente, que parece muito mais distante de Freud e de conceitos elaborados por Freud sobre tais questões, está na verdade mais próximo de Freud. Nos *Três ensaios sobre a teoria sexual*, Freud situa a causa-chave dos desvios em relação às necessidades e aos

---

[27] Ver Zupančič (2008, p. 59-60).

[28] Isso, é claro, é um dos pontos-chave da leitura que Žižek faz de ambos. Ver, por exemplo, Žižek (2012).

instintos – o desvio constitutivo da humanidade – na excitação/satisfação a mais [*surplus excitation/satisfaction*] produzida no processo de satisfação das funções somáticas. O "prazer oral", por exemplo, que surge como subproduto da satisfação da necessidade de alimento, passa a funcionar como objeto autônomo da pulsão; ele se afasta de seu objeto primário e se deixa levar por uma série de objetos substitutos. Toda satisfação de uma necessidade permite, em princípio, que outra satisfação aconteça, que tende a se tornar independente e autoperpetuadora em sua busca e reprodução. Não há necessidade natural que possa ser absolutamente pura, isto é, desprovida desse elemento excedente que a separa por dentro. Ou seja: para Freud, o "desvio humano" começa com um *excedente* (de gozo). Em seus primeiros escritos, Lacan, cético quanto ao que parece ser a tentativa de Freud de explicar esse desvio como uma espécie de causalidade linear originada das necessidades orgânicas, substitui, como vimos, o excedente freudiano pela *perda*: o desvio começa pela "perda pura" induzida pelo significante a partir do corpo (como local de satisfação das necessidades). Algo da necessidade é irremediavelmente perdido (não pode ser articulado em uma demanda), e Lacan ainda vincula isso ao conceito/momento do recalcamento originário. Esse pedaço de satisfação originalmente perdido reaparece dentro do sistema significante (e entre os seres que o povoam) como sua condição transcendental: a causa absoluta do desejo. Em sua obra tardia, Lacan, que situa o menos (ou a perda) do lado da própria ordem significante (que emerge com-sem um significante), na verdade se aproxima de Freud, *desde que* levemos em conta a argumentação adicional na qual insisti antes: o próprio mais-de-gozar é precisamente o que emerge no lugar do déficit significante, ou buraco. Esse acréscimo topológico (em relação a Freud) é o que torna as observações freudianas bastante compatíveis com a obra tardia de Lacan. Ou seja: o passo dado por Lacan não consiste simplesmente em complementar a teoria de Freud com a teoria da "emergência do significante"; na verdade, consiste em complementá-la com a teoria (ou hipótese especulativa) da falta de um significante como o avesso (*l'envers*) do mais-de-gozar que pertence à satisfação de todas as nossas necessidades. Para entender esse mais-de-gozar (e sua lógica), precisamos entender que ele aparece no lugar de um "buraco" de significação ou um menos de significante. Outra coisa a apontar é que isso também afeta a noção de recalcamento originário (em Lacan): o recalcamento originário passa a ser concebido como pertencente à própria estrutura significante; aparece como "um com" o significante originalmente faltante ou como sinônimo da estrutura *com-sem*.

E – aqui chegamos ao argumento que é mais importante para nossa discussão – a diferença ou divisão sexual também se origina nesse déficit ontológico. Como entender isso? Existem duas concepções psicanalíticas predominantes sobre a diferença sexual. Uma reintroduz a dualidade dos sexos como o próprio fundamento (essa seria a perspectiva junguiana de dois princípios complementares, *yin-yang*); a outra parte da multiplicidade pura, conforme enfatizado por Freud. De acordo com essa leitura, o que Freud analisou como sexualidade infantil polimorficamente perversa, compartilhada por meninos e meninas, é uma multiplicidade heterogênea que posteriormente se organiza em torno de duas posições diferentes por meio de "injeções" e demandas tanto hormonais quanto culturais. A cultura, que fornece a estrutura normativa e os parâmetros de identificação da "masculinidade" e da "feminilidade", é considerada particularmente determinante nesse caso. Geralmente, toma-se o cuidado de acrescentar que a multiplicidade original e suas contradições nunca são totalmente resolvidas por assumirmos posições sexuais, e a pluralidade das fontes de satisfação nunca é totalmente absorvida na organização sexual genital...

No entanto, o que resulta das elaborações conceituais de Lacan em seus trabalhos posteriores, no que diz respeito à questão da divisão sexual, é, na verdade, outra coisa, o que de certa forma reafirma e fortalece conceitualmente a fórmula paradoxal implícita nas observações de Freud sobre o assunto. Como já havia dito: *o que se divide em dois é a própria inexistência do um* (isto é, daquele que, se existisse, seria o Outro, o radicalmente Outro). O que se divide em dois é exatamente o "um que falta", o menos, o com-sem. É assim que poderíamos ler as "fórmulas da sexuação" de Lacan: como duas maneiras como o menos constitutivo da ordem significante é inscrito e tratado nessa própria ordem. O operador que *marca* o menos constitutivo da ordem simbólica é grafado por Lacan como Φx (a "função fálica" ou a "função da castração" – expressões que são sinônimas). Nesse sentido, poderíamos dizer que a castração seja uma reiteração subjetivante do menos inaugural. E o próximo passo nos leva ao âmago do pensamento revolucionário de Lacan sobre a diferença sexual: a castração (ou a "função fálica") é uma função universal, uma prerrogativa da subjetividade como tal (independentemente do sexo), mas não há nada sexualmente neutro em seu funcionamento; ele sempre segue a *lógica* desta ou daquela posição (sexuada), e não existe como um fundamento neutro, ou como um grau zero da subjetividade. Um "grau zero" da subjetividade já envolve uma "decisão", ou seja, esta ou aquela forma do "menos um". Quer dizer, embora o operador da castração seja a prerrogativa da subjetividade, não há subjetividade que não precise lidar com ele desta ou daquela forma, nem a "castração" existe fora da forma como é operada. Trocando em miúdos: não há subjetividade além ou aquém (ou simplesmente fora) da divisão sexual. A diferença sexual não é uma distinção secundária da subjetividade, ou simplesmente uma construção cultural, uma vez que os meios de construção significante da sexualidade já são influenciados pela "paralaxe" lógica pela qual o déficit ontológico da ordem significante está inscrito (ou em ação) nessa mesma ordem. Como Guy Le Gaufey insiste persistentemente, as fórmulas da sexuação de

Lacan não são sua tentativa de "encontrar uma característica pertinente para diferenciar o homem e a mulher" (LE GAUFEY, 2006, p. 86). Ou, em outra elaboração impactante, "talvez, a diferença que separa um [sexo] do outro não pertença nem a um nem ao outro" (LE GAUFEY, 2006, p. 11). Essa foi a profunda intuição de Joan Copjec quando ela discutiu as fórmulas da sexuação em relação às antinomias kantianas da razão: diferença ou contradição não existem tanto *entre* os dois lados ou posições. Na verdade, as duas posições são configurações paralelas de uma diferença ou contradição da própria ordem significante, que elas declinam logicamente de modos diferentes (cada uma reproduzindo a contradição fundamental à sua maneira).

O que coloca essas duas proposições em uma (não) relação é que elas compartilham a mesma função (Φx), mas, ao mesmo tempo, é esse próprio compartilhamento que impede qualquer tipo de simetria ou complementaridade entre elas. A partir de uma *característica* diferenciadora (baseada na oposição presença/ausência: uns têm, outros não),[29] Lacan faz do falo o significante da *diferença como tal*. O que faz toda a diferença (para os seres de fala) é a "castração". O falo não constrói essa diferença, mas a significa, para ambos os sexos (e independentemente de alguém ser homossexual ou heterossexual). A diferença sexual é a diferença na composição daquilo que faz toda a diferença: o menos marcado pela função fálica como função da castração. (O diagrama a seguir é reproduzido de Lacan [2006a])[30]

---

[29] Para mais sobre o assunto, ver Dolar (2010).

[30] No francês, ao discutir a lógica da sexuação e a impossibilidade de determinar um universal do lado feminino, Lacan enfatiza, no *Seminário 20*, que o que se deve barrar é o artigo feminino definido "*La*". Isso se traduziria, em português, como "A̶", permanecendo o substantivo "mulher" em minúsculas e ausente da tábua, pois o importante seria barrar o marcador de universalidade presente no artigo definido, e não o substantivo em si. Na língua inglesa, entretanto, não há artigo definido generificado em masculino ou feminino, sendo o artigo "*the*" utilizado de

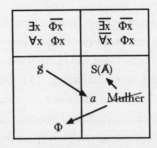

Existem muitas leituras lacanianas extremamente elaboradas dessas fórmulas, que fornecem e explicam seu complexo arcabouço lógico e que também interpretam suas consequências conceituais.[31] Não é meu objetivo aqui me envolver em uma discussão desse tipo e abrangência. Vou me limitar a algumas observações que poderiam conectar essas fórmulas à investigação ontológica específica sobre o sexual que estou procurando realizar neste livro.

O lado masculino (à esquerda) postula que existe Um que não é castrado (e tem acesso ao gozo pleno: o Pai primordial, a Mulher)[32]: $\exists x \overline{\Phi x}$. A *exclusão* desse Um – isto é, colocá-lo como exceção ou isentá-lo – é a maneira como o sujeito que emerge desse lado se apropria do, emoldura o menos envolvido na ordem significante. A exceção (do Um

---

forma universal. Para contornar esse impasse (já que não se trata de barrar um universal genérico, mas sim a universalidade no campo do feminino), os tradutores de língua inglesa construíram a solução de substituir, na escrita da tábua da sexuação, o artigo feminino francês *"La"* pela barra colocada sobre o próprio substantivo *"Woman"* (Mulher). Diante disso, optamos aqui por preservar – e fazer reverberar – os efeitos da viagem de um texto ou de uma teoria de uma língua a outra, mantendo na tábua o termo "Mulher", empregado por Zupančič. (N.R.T.)

[31] Copjec (1994), Žižek (2012), Le Gaufey (2006), Chiesa (2016) – para mencionar apenas alguns autores.

[32] Lacan insiste em que a Mulher é um dos nomes do Pai.

não castrado) funciona como *constitutiva*, ou seja, como o ponto de referência negativo, ou o limite que permite que tudo o mais se constitua como tal, ou seja, que apareça como *tudo* mais, ou como um todo: todos os x são Φx, todos os x estão sujeitos à função de castração (∀x Φx). Nesse caso, a exceção está inscrita no próprio surgimento de tudo como *todo* (como uma totalidade determinada): é assim que devem ser lidas, juntas, as duas fórmulas no canto superior esquerdo do diagrama. A lógica em jogo é bem sintetizada pelo seguinte chiste: "Não há canibais aqui, comemos o último ontem": a condição para "todos nós" sermos "civilizados" (não canibais) é o ato de exclusão que nos torna "todos". É o que está em jogo também no mito freudiano da morte do Pai primordial (como possuidor/dono de todas as mulheres), seguida do ato de *todos* renunciarem a um "gozo ilimitado" representado pela figura do Pai primordial. A exceção (o "assassinato") do Um delimita a renúncia comum a todos. Isso significa basicamente o seguinte: todos devem renunciar ao que nunca tiveram e ao que é representado pela figura mítica do Pai primordial. O Pai primordial é mítico no sentido exato de que é um pressuposto necessário (e uma imagem retrospectiva) da própria noção de renúncia. Todos têm de desistir do que nunca tiveram – no entanto, *a forma de desistir é, não obstante, essencial*. Esta talvez seja também a melhor definição de castração: renunciar ao que nunca se teve, ou seja, transformar o "menos um" que vem com a ordem significante em algo a que renunciamos; para transformar o que nunca tivemos em algo perdido. Nesse tipo de "emolduramento", a negatividade, a "quantidade negativa" *da* ordem significante adquire uma forma significante, um significante privilegiado; a falta do significante ganha um significante, e esse significante é chamado de Falo. Isso nos leva à parte inferior do lado esquerdo das fórmulas da sexuação. O que vemos é precisamente que o homem assume a castração baseando-se em seu *significante*

(Φ ou o significante-mestre, S_1 – Lacan faz essa conexão de maneira explícita) como o suporte dessa posição subjetiva, isto é, como o suporte da subjetivação "masculina".

"Assumir" essa posição por meio do significante-mestre – ou seja, dando uma moldura significante à falta no Outro – equivale a assumi-la ao recalcá-lo. Alguém deposita sua fé nas mãos do significante, mas não quer saber nada sobre o que acontece nessa troca (a saber, "castração"). O sujeito, portanto, conta com o suporte do significante da castração, Φ (podemos dizer: ele não precisa saber nada da castração porque o significante "sabe" por ele),[33] e estabelece uma relação com o Outro sob a forma do pequeno *a* no lado direito das fórmulas. O que isso significa ou implica? O Um mítico excepcional (o Um que, por estar "removido", por assim dizer, fornece a *moldura* significante do menos inaugural) também constitui a moldura ou a "janela da fantasia", como Lacan coloca, através da qual o outro pode aparecer como desejável (como objeto-causa do desejo). Ou seja: a estrutura "formal" que fornece uma moldura (significante) para a falta do significante, combinada com as circunstâncias particulares nas quais essa "troca" ocorre para um sujeito, determina as condições concretas sob as quais (e somente sob as quais) o Outro parece desejável. Daí a afirmação de Lacan de que o homem "nunca lida com nada por meio de um parceiro, mas pelo objeto *a* que está do outro lado da barra. Ele não consegue atingir seu parceiro sexual, que é o Outro, a não ser na medida em que seu parceiro seja a causa de seu desejo" (Lacan, 1999, p. 80).

Temos uma bela ilustração disso (para usarmos um dos exemplos de Žižek) no filme *Janela indiscreta*, de Hitchcock. James Stewart, imobilizado por ter sua perna inteira engessada, está passando o tempo observando as pessoas que moram no prédio em frente. Uma jovem enfermeira o visita todas as

---

[33] Isso, é claro, também é o que está em jogo no caso do fetichismo.

manhãs, e sua noiva (Grace Kelly), todas as noites. Grace Kelly é linda, rica e louca por Stewart. No entanto, ele mal parece notá-la e, com certeza, não tem pressa em se casar com ela. O relacionamento deles, portanto, não vai muito bem, e eles estão prestes a se separar. Mas tudo começa a mudar quando eles percebem que coisas estranhas estão acontecendo em um dos apartamentos em frente ao de Stewart – parece que o homem que mora lá acabou de matar sua esposa. O jovem casal começa a brincar de detetive junto, e uma mudança decisiva em seu relacionamento ocorre quando Kelly entra no apartamento que estão investigando e aparece na janela. O suposto assassino saiu, e ela está procurando pistas do crime. Stewart está observando tudo de sua janela: ele a observa enquanto ela vasculha o apartamento e é surpreendida pela volta inesperada do morador. Esse curto trecho do filme muda tudo: Stewart se comporta como se estivesse vendo Grace Kelly pela primeira vez; ela captura toda a atenção dele, e, fascinado, ele não consegue mais desviar seu olhar dela. Sem que uma palavra seja dita, nós – na condição de expectadores – podemos notar tudo: agora ele a deseja sobremaneira. Ela literalmente entrou na "janela de sua fantasia" e passa a ser o objeto de Stewart.

Vejamos agora o outro lado, o feminino (lado direito) das fórmulas da sexuação. Aqui o menos um que acompanha a ordem significante (constituindo seu real) configura-se de maneira diferente: a castração, como operador significante do menos, não depende, para o sujeito feminino, da exclusão (exceção) do Outro não castrado. Começamos com a negação de uma possível exceção, $\overline{\exists x}\ \overline{\Phi x}$: não há x que não caia sob a função fálica (ou seja, na função da castração). A castração não permite nenhuma exceção. E é precisamente isso que torna impossível qualquer afirmação universal, como lemos na segunda linha das fórmulas "femininas": não-todos os x são Φx. Não podemos falar de "todas" as mulheres ou, simplesmente, *da* mulher. Por que se exclui a possibilidade de uma exceção nesse lado feminino?

O que isso significa ou implica? Esse lado é a escrita lógica da junção das duas reivindicações a seguir. Em primeiro lugar, a mulher é "o Outro, no sentido mais radical, na relação sexual" (Lacan, 1999, p. 81). E, em segundo lugar, "não há Outro do Outro". Se a mulher é o Outro do homem, o homem não é o Outro da mulher. Não existe Outro do Outro – o Outro está incluído no Outro (como o Outro sexo). É o que expressa a seguinte elaboração paradoxal: "Por ser o Outro [...], mulher é aquilo que se relaciona com esse Outro" (Lacan, 1999, p. 81). Ou seja, a relação com o Outro está, por assim dizer, incluída no Outro; é "parte" do Outro. Enquanto um homem pode pensar no Outro como uma exceção à regra, à sua própria regra, com base em como se relaciona com as mulheres, uma mulher não pode pensar no Outro como uma exceção à sua regra, mas como parte da regra, conforme incluído na regra. Isso afeta significativamente a natureza dessa regra, tornando-a "não-toda". A inexistência do Outro é ela mesma inscrita no Outro. E é precisamente isso que é o conceito de inconsciente: o momento em que a inexistência do Outro se inscreve no Outro. E, como sugere o conceito de inconsciente, este não é um ponto de transparência autorreflexiva, mas de uma *hiância* significante constitutiva do saber. Isso implica ainda que o infame "Outro barrado" lacaniano não seja simplesmente um Outro inconsistente e faltoso, mas o Outro cuja inconsistência está inscrita nele e tem em si um marcador: Lacan o grafa como S($\cancel{A}$), significante do Outro como barrado. Mas o que é esse significante? Aqui Lacan faz uma conexão das mais surpreendentes: "por S($\cancel{A}$) eu designo nada mais que o gozo da mulher" (Lacan, 1999, p. 84). O significante em jogo é, portanto, muito peculiar. Para entender o que exatamente está em jogo, podemos relacioná-lo diretamente à seguinte afirmação crucial, feita anteriormente: a emergência da ordem significante coincide diretamente com a não emergência de um significante, e *no lugar dessa hiância aparece o gozo* como o elemento heterogêneo pertencente à estrutura significante, mas irredutível a ela. Nesse sentido exato, o gozo em jogo pertence essencialmente ao inconsciente (e à sua "hiância"): não como reprimido/recalcado, mas como a própria substância do significante faltante que, como faltante, dá forma ao inconsciente. Isso também explica a ênfase de Lacan (no *Seminário 20*, no qual discute as fórmulas da sexuação) na questão do saber e seus "limites": pode-se *saber* – e dizer – qualquer coisa que seja sobre esse outro gozo não fálico? A resposta é não: não se pode dizer nada sobre esse gozo, esse outro gozo não pode ser um objeto de saber, porque ele é um espaço reservado para o saber que não existe. Esse gozo surge no lugar da falta no saber, aparece *porque ali não há nada para saber*. Nesse sentido exato, o gozo da mulher é o significante da falta de saber (no Outro). Ele marca o ponto em que o Outro não sabe. Se existisse algo como a "relação sexual", isso equivaleria à existência de seu significante (saber) no Outro, mas, como não existe a relação sexual, existe esse outro gozo. O que isso significa é que o infame "gozo feminino" não é um obstáculo à relação sexual, mas um sintoma (ou marcador) de sua inexistência. Não é de se admirar, portanto, que tenha sido submetido a formas tão violentas de exorcismo ao longo da história.

Esse S(A̶), gozo do outro como significante do "Outro como barrado", não deve ser confundido com o significante da castração (Φ, ou a função fálica), com o qual a mulher também se conecta: "a mulher tem uma conexão com S(A̶), já nesse aspecto ela (a mulher) é duplicada, é não-toda, visto que também pode ter uma relação com Φ" (Lacan, 1999, p. 81). A conexão com Φ – ou seja, a relação com o significante – é a relação sobre a qual se funda a existência (para qualquer ser falante), enquanto a relação com S(A̶) nos coloca no caminho da "ex-sistência". Mas a questão não é simplesmente que a mulher caia apenas parcialmente sob a função fálica, que ela não seja "toda" nessa função e que parte dela permaneça de fora. Não, "ela está lá por completo" (Lacan, 1999, p. 74). Mas há algo mais (*en plus*), que vem com a posição de ser o Outro na relação sexual, e esse *suplemento* – a relação com S($\cancel{A}$) – não só a destotaliza, mas também torna sua relação com Φ diferente do que acontece no caso de um homem.

Poderíamos, talvez, explicar da seguinte forma: sendo o Outro na relação sexual, uma mulher não pode contar (para seu ser) com uma *exceção* constitutiva, mas sim com um *engano* constitutivo. Essa, pelo menos, foi a ideia notória sugerida por Joan Riviere em seu ensaio "A feminilidade como mascarada", no qual sugere que a feminilidade é essencialmente uma mascarada, um *vestir-se* de feminilidade. Desnecessário dizer que esse argumento foi muito apreciado por Lacan. Riviere procede em duas etapas. Ela parte de um estudo de caso de uma mulher que era extremamente bem-sucedida naquela que, à época, era considerada uma profissão intelectual "masculina" (que envolvia escrever e falar em público), que, especialmente após uma apresentação de sucesso em público, tinha a tendência a reagir com um comportamento de excessiva feminilidade, flertando compulsivamente e sendo "charmosa". O que a análise revelou nesse caso particular, e de acordo com Riviere, foi o seguinte:

> [Jogar charme e flertar compulsivamente] foram tentativas inconscientes de ela se afastar da angústia que se seguiria das represálias que ela supunha que viriam das figuras paternas após sua performance intelectual. A exibição pública de sua proficiência intelectual, que foi realizada com sucesso, significava uma exibição de si mesma na posse do pênis do pai, tendo-o castrado. Terminada a exibição, ela foi tomada por um pavor horrível da represália que o pai exerceria (RIVIERE, 1929, p. 305).

Para afastar essa angústia, ela agia com charme e se comportava com exibições de feminilidade, "'*disfarçando-se*' como sendo apenas *uma mulher castrada*, [para que,] sob esse disfarce, o homem não encontrasse nenhuma propriedade da qual ela se apropriara" (RIVIERE, 1929, p. 306). Isso não quer dizer, é claro, que ela estivesse apenas "se disfarçando" de castrada, mas na verdade não o fosse. Por trás de seu disfarce, não havia algo como uma subjetividade plena não castrada, mas uma *angústia* radical, que comentarei mais tarde.

É justo dizer que o relato desse caso feito por Riviere é muitas vezes interpretado como uma aplicação simplificada da teoria psicanalítica e de seus conceitos "prontos", e não uma análise propriamente dita. No entanto, crucial para nosso argumento aqui é o próximo passo dado por Riviere, que levou o artigo à sua (merecida) fama, e no qual ela chega a uma conclusão mais generalizada, não necessariamente relacionada à história e à psique dessa mulher em particular: a feminilidade (ou identificação como mulher) como tal *nada mais* é do que essa suscetibilidade de usar a feminilidade como máscara (ou seja, de usar a castração como máscara). Não há "feminilidade verdadeira" em oposição à feminilidade como disfarce: "O leitor pode estar se perguntando como eu defino feminilidade ou onde eu traço a linha entre feminilidade genuína e a 'mascarada'. Minha sugestão, entretanto, não é que exista tal diferença; seja ela radical ou superficial. Elas são a mesma coisa" (RIVIERE, 1929, p. 306)

Só é possível ser mulher se não "intrinsecamente" – em sua forma mais genuína, a feminilidade é mascarada. Nesse sentido exato, talvez não seja suficiente dizer que não há essência da feminilidade; pode-se dar um passo adiante e dizer que a essência da feminilidade *é* fingir ser uma mulher.

Alguém se torna uma mulher ao carregar a castração como uma *máscara*. A castração não é recalcada (ou é recalcada, mas em menor medida do que no caso dos homens) nem é pressuposta como algo empírico. Essa ênfase é crucial, uma vez que não se trata de revelar, expor ou "aceitar" qualquer tipo de fato empírico – por exemplo, que "ela não o tem"; não é que ela revele abertamente que é "castrada": a castração só pode ser encenada, o real da castração não é algo que possa ser exposto ou visto como tal. Ninguém o tem (a saber, o significante faltante), os homens não mais do que as mulheres; o que ambos têm é uma maneira de lidar com esse menos ontológico, ao lidar com seu marcador (a função fálica como a função da castração).

E se usá-la como uma máscara define a posição feminina, isso não impede que os homens também a utilizem como máscara: por isso uma demonstração ostensiva de virilidade (homens meticulosamente vestidos com roupas "masculinas" ou, por exemplo, em trajes de poder simbólico) sempre tem o curioso efeito de parecer feminina. A "função fálica" não é masculina: o que percebemos como "masculinidade" e "feminilidade" são formas diferentes de seu desdobramento. "Vesti-la" sugere feminilidade. Mas "vesti-la em *quê*?".

Essa questão nos remete à angústia que Riviere enfatiza em sua análise e que, como vou sugerir, vai além do medo de represálias (por figuras paternas) que ela destaca e se junta ao que poderia ser visto como uma "angústia feminina" mais ampla: angústia relacionada à feminilidade como sendo essencialmente uma mascarada. Esse caminho é indicado implicitamente pela própria Riviere: ela continua repetindo a mesma metáfora em sua descrição do pavor que obriga a mulher de sua análise a se "disfarçar de castrada" após cada conquista (pública): a metáfora de "bens roubados" ou "propriedade roubada". Sua demonstração de feminilidade, escreve Riviere, foi "quase como um ladrão que vira os bolsos do avesso e pede para ser revistado para provar que não carrega consigo itens roubados". Aqui, o que eu acrescentaria à análise de Riviere é só o seguinte: não está em jogo nesse caso apenas o medo de ser punida por roubar a propriedade do pai, mas também, e mais fundamentalmente, a angústia de literalmente *ser nada*: se seu desempenho intelectual foi atribuível à propriedade roubada, então quem, ou o que, ou onde, "ela" é/está? Ou seja, a questão realmente preocupante é: e se eu realmente não for coisa alguma, e se não houver "eu" em nada disso? Essa angústia ontológica não se resume a "Eu sou esse nome?", mas gira em torno de "Será que eu existo?". Tudo o que me resta agora é um fingimento, uma máscara. O sujeito está preso a essa máscara por um fio, e talvez não o contrário. Sob a máscara, não há nada além de pura angústia ontológica.

De acordo com Lacan, essa angústia ontológica radical é *prerrogativa da subjetividade como tal*; e, precisamente nesse sentido, a posição feminina é a que mais se aproxima da subjetividade em seu estado puro. Ser homem implica um passo em uma direção diferente – contando com o falo como seu suporte significante (como "aquilo que o sustenta", como Lacan coloca) –, ele *acredita* que *é* (existe), por isso a "angústia masculina" geralmente para na angústia de castração. Homem é o sujeito que acredita que seja homem. Masculinidade é uma questão de crença (baseada e sustentada pelo recalque da castração).

É claro que acreditar ser um homem não exclui a dolorosa angústia sobre o quanto se é homem; pelo contrário: apenas aqueles que acreditam fundamentalmente que *são* homens podem ter esse tipo de preocupação ou angústia... Isso, aliás, também esclarece por que muitas vezes acontece de, a propósito das mulheres que se destacam nas profissões "masculinas", alguém se perguntar se elas são "realmente mulheres". Concluir que elas não são realmente mulheres, mas "homens" ("masculinas" ou homossexuais), parece resultar em um alívio – alívio de quê? Da angústia (pavor) de que por trás dessas realizações não haja subjetividade substancial e que, além disso, esse possa ser um *estado geral de coisas*, sendo a masculinidade nada mais que um simulacro de uma subjetividade substancial. Quando os homens se sentem ameaçados por essas mulheres, não é apenas porque elas representam uma "ameaça de castração" para eles; efetivamente, a presença delas torna mais difícil para os homens sustentar o recalque da castração; é uma presença que enfraquece o muro que os defende da angústia. E isso explica as reações frequentemente violentas e dominadas pelo afeto diante dessas mulheres.

Portanto, é assim que a divisão sexual pode ser formulada a partir da perspectiva da questão do menos ontológico: a masculinidade é uma questão de *crença*, a feminilidade é uma questão de *simulação*. E pode-se (é de se esperar) ver a partir dessa elaboração de que forma a abordagem psicanalítica da diferença sexual não tem a ver com encontrar uma *característica* pertinente que diferencie homens e mulheres; tem a ver com a inscrição em paralaxe do menos constitutivo da ordem significante *nessa própria ordem*. E é muito provável que esse seja o motivo pelo qual Lacan nunca efetivamente emprega o termo diferença sexual, mas fala de "divisão" sexual. É também por isso que, para ele, a linguagem não é um meio neutro de comunicação entre sujeitos, mas produz sujeitos ao imergi-los em seu antagonismo inerente, em sua própria contradição e impossibilidade inerentes. Os sujeitos não são "construídos" pela linguagem; eles são produzidos como uma resposta ao seu limite inerente e ao inesperado a mais que aparece nesse limite.

Embora seja formulado de forma mais explícita muito mais tarde, esse *insight* fundamental já está implícito na perspectiva a partir da qual Lacan, em seu ensaio de 1957 "A instância da letra no inconsciente", critica a lógica geralmente associada à linguística estrutural, e particularmente ao famoso algoritmo saussuriano (S/s – significante sobre significado). O tema central da linguística estrutural é a ênfase na diferencialidade pura (como Saussure notoriamente coloca em seu *Curso de linguística geral*: na linguagem existem apenas diferenças sem termos positivos, e os significantes "fazem sentido", ou produzem sentido, apenas como partes de redes diferenciais de lugares, de oposições binárias etc.), bem como a ênfase na arbitrariedade do signo: a cadeia significante é estritamente *separada* do significado, que é o que indica a barra no algoritmo saussuriano. Esse algoritmo, argumenta Lacan, pode sustentar a ilusão de que o significante tenha a função de representar o significado e que deva justificar sua existência em termos de alguma significação. Para ilustrar essa concepção errônea, Lacan primeiramente reproduz o que chama de "a ilustração defeituosa" (reproduzida de Lacan [2006a]):

ÁRVORE

O significante "árvore" serviria (embora arbitrariamente) para representar alguma significação. Essa é a concepção que Lacan refuta como errônea. Por outro lado, ele também está bem ciente de que não basta simplesmente afirmar que não há conexão alguma entre os dois níveis do algoritmo e subtrair do algoritmo S/s apenas a noção de paralelismo de suas partes superiores e inferiores, porque assim "ela continua a ser o signo enigmático de um mistério total. O que, obviamente, não é o caso" (Lacan, 2007, p. 416). Para Lacan, existe uma conexão entre os dois níveis, mas não é a da representação nem a da significação. Então, qual é? Como pensá-la sem cair na posição (pré-saussuriana) de ver a linguagem como uma coleção de nomes para uma coleção de objetos? A resposta de Lacan é que "o significante de fato entra no significado – especificamente, de uma forma que, por não ser imaterial, levanta a questão de seu lugar na realidade" (Lacan, 2007, p. 417). Essa, então, é a conexão que procurávamos: o significante "entra no significado", e a barreira que existe entre eles não impede que isso ocorra. Mas como podemos entender isso? Acredito que seja bastante legítimo entender a conexão particular que opera nesse caso em termos de um "*com-sem*", conforme discutido anteriormente. O significante não representa um significado nem é simplesmente "um signo enigmático de um mistério total" – é *com-sem o significado* (como o significante binário). A ausência de relação simbolizada pela barra entre os dois níveis é ela própria *inerente* ao significante (e à ordem significante) como tal. Não deve ser concebida apenas como a incapacidade do significante de encontrar, chegar ao (e se relacionar com) seu significado, mas sim como o menos e a contradição *inerentes* à linguagem. Esse é o giro/volta inerente da ordem simbólica, o (mesmo) menos implicado e repetido a cada palavra que pronunciamos. O que vincula/relaciona um significante a outro (constituindo a cadeia significante) é justamente a negatividade do com-sem: essa é a hiância inerente à ordem significante na qual Lacan situa o *sujeito* (do inconsciente). E a beleza disso é, claro, que esse com-sem [*with-without*] já está lá no significante "sem" [*without*][34]: estar sem algo é ter a falta de algo. Poderíamos, então, dizer que Lacan transpôs a barra que separa o significante do significado (S/s) transformando-a na barra inerente ao próprio registro do significante. "Um significante representa o sujeito para outro significante" é sua fórmula que torna explícita essa negatividade vinculativa. E é também por isso que, para Lacan, a teoria do significante é inseparável da teoria do inconsciente – o "com-sem" (ou simplesmente sem) também poderia ser entendido como a própria fórmula (a letra) do inconsciente; não de nenhum conteúdo inconsciente, mas da própria forma (topologia, estrutura) do

---

[34] Zupančič explora aqui a palavra inglesa "*without*" (sem), na qual também estaria incluído o termo "*with*" (com). Além disso, ao dizer que se está "sem" algo, em inglês, diz-se que se está "*out of something*" (por exemplo, "*we are out of gas*" [estamos sem combustível]). Por esse motivo, a autora pode afirmar que estar "sem" (*without*) algo é estar "com" (*with*) a falta de algo (*out – of something*). (N.R.T.)

inconsciente. O significante e o inconsciente (ou o sujeito do inconsciente) são conceitos inseparáveis; a ordem significante (emergindo com-sem um significante) e a constituição (do giro) do inconsciente são uma e a mesma coisa.

Para Saussure, a linguagem funciona como um sistema de diferencialidade pura. O significado surge por meio de relações de diferença que um significante mantém quanto a outros significantes ("árvore" é árvore porque não é "carro", "mato", "trem" e assim por diante). Em termos de linguagem, portanto, tudo se baseia em relações. O argumento de Lacan, no entanto, que vai além de Saussure e da abordagem estruturalista clássica, é que essa diferencialidade relacional pura, que ele reconhece, só pode ser baseada em uma não-relação ou, se se preferir, em um *tipo diferente de diferença*. Para que a diferencialidade relacional exista e opere, deve faltar o *um* (da relação binária). E isso faz toda a diferença (a possibilidade de diferenciação só pode surgir com base nessa diferença fundamental). Esse é o acréscimo crucial de Lacan que lhe permite reintroduzir o conceito de sujeito (do inconsciente) no ponto mais alto do ataque estruturalista a essa noção.

E, como venho argumentando até agora, o real da divisão sexual está ligado exatamente a esse ponto do "um faltante". Eu ainda sugiro que é por isso que Lacan usa como exemplo-chave de seu entendimento geral do funcionamento do significante o seguinte desenho, também bastante famoso (reproduzido de Lacan [1999])[35]:

---

[35] Assim como na nota sobre a tábua da sexuação, aqui temos outra decisão por sustentar os efeitos da viagem dos termos de um texto de uma língua à outra: no francês, inscritos sobre as portas, encontramos "*Hommes*" e "*Dammes*", que, literalmente, traduzir-se-iam ao português como "Homens" e "Senhoras". A tradutora brasileira dos *Escritos* optou por "Homens" e "Mulheres", ao passo que o tradutor inglês elegeu "*Gentlemen*" e "*Ladies*" – que, historicamente, são vertidos em português como "Senhores" e "Senhoras". (N.R.T.)

| SENHORES | SENHORAS |

Esse é o desenho (ilustração) com o qual ele substitui a "ilustração defeituosa" (aquela com a árvore). O que temos aqui? Dois nomes diferentes escritos acima (da repetição) da mesma coisa, uma porta. Ou seja, temos diferencialidade (dois significantes diferentes), mas não há nada diferente nas realidades a que se referem. E ainda assim elas não são uma realidade, mas a realidade como sendo dividida. Lacan é rápido em acrescentar que seu objetivo não é apenas silenciar o debate nominalista com um golpe baixo, "mas também mostrar como o significante de fato entra no significado" (LACAN, 2007, p. 417).

Não há nada neutro nesse exemplo; pelo contrário, ele é altamente tendencioso. Pois ele não pode ser usado e compreendido fora da ênfase persistente de Lacan em como a diferença sexual é um tipo singular de diferença, que não segue a lógica do significante básica das oposições e diferenciações binárias.[36] Assim, parecemos estar enfrentando uma contradição óbvia: como pode

---

[36] Como Mladen Dolar resumiu o assunto da forma mais sucinta possível: "a diferença sexual põe em jogo o problema do dois exatamente porque não pode ser reduzida à oposição binária ou ser creditada em termos do binário numérico dois. Não é uma diferença significante, no sentido em que define os elementos da estrutura. Não deve ser descrita nos termos de suas características opostas, ou como uma relação de determinadas entidades que existiam antes da diferença [...] O dois que buscamos não é o dois binário de iguais ou diferentes, mas o dois do um e do Outro. Pode-se dizer: os corpos podem ser contados, os sexos, não. O sexo

Lacan usar, como sua ilustração-modelo do funcionamento do significante, um exemplo que, segundo sua própria teoria, não se enquadra nas regras usuais de funcionamento do significante? A resposta é que o que Lacan busca aqui – em seu debate com a linguística estrutural – não é simplesmente um exemplo do funcionamento do significante, mas também um exemplo dos *pressupostos* desse funcionamento: pressupostos deixados de lado pela linguística e colocados em foco pela psicanálise.

Ou seja, o exemplo de "Senhoras e Senhores" não é bem um exemplo da lógica do significante, é antes um exemplo que "ilustra" a hiância constitutiva e a contradição no próprio âmago da lógica do significante; não é um de muitos exemplos possíveis, mas sim um exemplo que, em certo sentido, está implícito em qualquer outro exemplo esmiuçado até o nível de seus pressupostos. O exemplo usado por Lacan nesse ponto crucial de sua teoria do significante não é, portanto, de maneira alguma acidental, o que se torna evidentemente claro quando ele substitui esse "exemplo inventado", como ele o chama (o esquema acima), de uma "experiência vivida da verdade", quer dizer, a seguinte história:

Um trem chega a uma estação. Um menino e uma menina, irmãos, estão sentados um em frente ao outro em uma cabine ao lado da janela com vista dos prédios da estação, quando o trem para. "Olha", diz o irmão, "estamos em Senhoras!" "Imbecil!", responde a irmã, "você não vê que estamos em Senhores?"

Juntamente a essa história ele faz um comentário belo e preciso:

> aqui seria preciso ser um pouco cego para se confundir quanto aos respectivos lugares do significante e do significado, e não acompanhar de que centro radiante o significante reflete sua luz na escuridão das significações incompletas.

---

representa um limite à contagem de corpos, ele os divide por dentro, e não os agrupa dentro de títulos comuns" (DOLAR, 2010, p. 88).

> Pois o significante elevará a Dissensão que é apenas animal, e destinada à névoa natural do esquecimento, ao poder incomensurável da guerra ideológica, que é impiedosa para as famílias e um tormento para os deuses. Para essas crianças, os Senhores e as Senhoras serão doravante duas pátrias para as quais cada uma de suas almas voará em asas divergentes, e sobre as quais será tanto mais impossível para elas chegarem a um acordo, já que, sendo de fato a mesma pátria, nenhum pode ceder em relação à excelência insuperável de um sem prejudicar a glória do outro (LACAN, 2007, p. 417).

Essa passagem é extremamente valiosa, porque podemos ver claramente como, para Lacan, dois tópicos (o tópico da lógica do significante e o tópico da divisão sexual) coincidem; ele os trata como inseparáveis. Não porque o significante já pressupusesse a diferença sexual, ou a construísse como tal, mas porque a diferença sexual (e toda a dialética elaborada sobre sexualidade, desejo, amor) é consequência – não simplesmente da ordem significante, mas *do fato de que algo nela está faltando* (e que, ao mesmo tempo, há algo de excessivo nela – um mais-de-gozar). Como duas perspectivas dentro da mesma configuração significante, os (não exatamente) dois sujeitos sexualizados marcam uma diferença radical, ou a diferença como tal. Essa é a diferença que não tem fundamento: ela não nasce de dois fundamentos diferentes, o que permitiria que fosse estabelecida como diferença entre duas "pátrias" (que poderiam então assinar um acordo e estabelecer uma "relação"). A pátria de ambos é uma e a mesma: ainda assim, essa unidade e mesmidade são a unidade e mesmidade da pura diferença.[37]

---

[37] A diferença entre os dois tipos de diferença, uma relacional e a outra não relacional, é o que Lacan discute em detalhes, no que diz respeito à teoria vigente, nos seus seminários tardios, e vou discutir no capítulo 4, à frente.

O exemplo de Lacan não é, portanto, simplesmente um exemplo do funcionamento do significante, mas também, e sobretudo, um exemplo de seus pressupostos ontológicos negativos; é um exemplo do que prende a dimensão da linguagem à brecha do inconsciente, a uma "heteronomia radical [...] escancarada dentro do homem" (LACAN, 2007, p. 436), como ele diz. Tal heteronomia não é, portanto, aquela entre Senhoras e Senhores, mas entre a linguagem como sistema de diferenças e o excedente do que se assemelha a um objeto (*a*) que aparece no lugar do menos constitutivo desse sistema, arruinando sua diferencialidade pura. A diferença sexual é a diferença na configuração (lógica) desse "arruinar". Esse é o outro ponto em que a psicanálise parte da linguística estrutural. Se levarmos em consideração os fenômenos da fala sobre os quais a psicanálise mais se debruça, simplesmente não é verdade que todo sentido seja produzido segundo as leis da diferencialidade pura, mas também segue dois outros mecanismos apontados por Freud: semelhanças sonoras ou homonímias, e associações que existem na memória do falante. Coisas ditas sem querer, piadas, sonhos – em tudo isso (e em outros) encontramos algo muito parecido com entidades positivas, com palavras funcionando de maneira estranhamente semelhante a objetos. Lacan achava que esse ponto freudiano era crucial.[38]

Os significantes nunca são significantes puros. Eles são carregados, por dentro, de excedentes inesperados que tendem a arruinar a lógica de sua pura diferencialidade. Por um lado – o lado estruturalista que Lacan inclui em sua teoria –, eles estão separados do significado no sentido de que não há conexão inerente que leve o significante ao seu sentido. Mas, se isso fosse tudo, o campo significante seria um sistema consistente e, como diz o lema estruturalista, uma estrutura sem sujeito. Lacan assina embaixo dessa visão na medida em que de forma convincente

---

[38] Mladen Dolar desenvolveu o assunto em mais minuciosamente em Dolar (2010).

elimina a noção de um "sujeito psicológico", de uma subjetividade intencional usando a linguagem para seus propósitos, dominando o campo da fala ou sendo sua Causa e Fonte. No entanto, ele dá um passo a mais. Se nos detivermos na cadeia significante, precisamente em sua independência e autonomia, somos obrigados a perceber que ela produz constantemente, de dentro de si, efeitos de sentido bastante inesperados, um sentido que é, a rigor, um mais-de-sentido que mancha os significantes por dentro. Esse é o lócus do sujeito (do inconsciente). E é precisamente por meio desse mais-de-sentido (conectado ao mais-de-gozar) que os significantes estão irredutível e intrinsecamente ligados à realidade a que se referem; é assim que eles "entram no significado". Podemos, assim, suplementar nossa tese segundo a qual esse "entrar no significado" poderia ser entendido em termos do com-sem que marca uma ausência no próprio âmago da presença do significante: suplementá-la com essa dimensão ou esse elemento do excedente de sentido/gozo como o avesso (*l'envers*) da negatividade implicada no com-sem. O significante entra no significado (em uma forma "que não é imaterial", como acrescenta Lacan), e assim se coloca na realidade, na forma desse excedente que cria, ao mesmo tempo que complica, as relações significantes, torcendo e "guiando" sua lógica.

Menos um/mais gozo – essa é a topologia estrutural necessariamente distorcida onde habita o sujeito do inconsciente. Esse assunto nunca é neutro; ele é sexuado, já que sexo/sexualidade não é mais do que uma configuração do menos significante e do mais-de-gozar: uma configuração que não pode escapar da contradição, sendo esta a consequência lógica do um (o Outro) que não está aí.

Je te m'athème... moi non plus

Alain Badiou e Barbara Cassin têm uma longa história de divergência intrigante sobre o papel da sofística na filosofia.

Simplificando: Badiou vê na figura do sofista o antifilósofo *por excelência*, atiçando o filósofo a descartar a noção e a busca da verdade e, em vez disso, abraçar um deslizamento lúdico na superfície da linguagem e do sentido, expondo e desfrutando de suas contradições e seus paradoxos. Ou seja, o sofista é o duplo fatal, o *alter ego* de um verdadeiro filósofo; ele é o Outro que a filosofia – embora possa aprender alguma coisa com ele – tem de abandonar no final das contas. Por outro lado, Barbara Cassin, que escreveu de forma mais convincente sobre a sofística e a figura do sofista,[39] vê nessa figura um núcleo irredutível e indispensável da filosofia: algo que não se pode eliminar da filosofia sem perder a própria filosofia. A sofística é uma filosofia genuína.

E certamente não é por acaso que essa polêmica atinge seu ápice e se cristaliza justamente em torno (da obra tardia) de Lacan, em que encontramos proliferando lado a lado, e ao mesmo tempo, o gosto pela "sofística" (jogos de palavras, equívocos, neologismos...) e rigor formal (fórmulas, matemas, topologia). Em 2010, Badiou e Cassin publicaram um pequeno livro intitulado *Não há relação sexual*, que apresenta seus respectivos comentários sobre o texto notoriamente difícil de Lacan de 1972, "O aturdito". É bastante óbvio que o título (*Não há relação sexual*) não foi escolhido simplesmente porque ambos discutem o que está em jogo nessa afirmação lacaniana e em suas fórmulas da sexuação, mas também porque acreditam que a discussão seja em si mesma uma encenação dessa afirmação, sua performance filosófica e corporificada. Na introdução do livro, assinada por ambos, lemos:

> Esses dois estudos, ou leituras, ou rupturas, feitas por uma mulher e um homem (essa observação é importante), giram em torno do saber, contemplado por ela na perspectiva de

---

[39] Começando com sua obra-prima *L'Effet sophistique* (Paris: Gallimard, 1995).

sua íntima relação com as questões da linguagem, e por ele na perspectiva do que a filosofia pretende ser capaz de dizer sobre a verdade. E é por isso que em relação a "O aturdito", de Lacan, à teoria moderna da sexuação, aos paradoxos da linguagem e do inconsciente, o filósofo acha ser possível dizer que o que se segue é um novo confronto, ou uma nova divisão [*partage*], entre a masculinidade de Platão e a feminilidade da sofística (BADIOU; CASSIN, 2010, p. 9).

Hum...

Ao ler os dois ensaios, de fato, somos imediatamente atingidos pela divergência na perspectiva fundamental e na aposta conceitual dos dois autores. Barbara Cassin coloca no centro de sua leitura a ênfase de Lacan na *equivocidade*, formulada mais diretamente na seguinte afirmação de "O aturdito": "A interpretação que – para não ser diretiva, tem de ser ambígua ou equívoca – está aqui para cavar um buraco" (LACAN, 1973, p. 48). Ou, para citar uma versão um pouco mais longa da mesma afirmação: "A intervenção psicanalítica não deve de forma alguma ser teórica, sugestiva, ou seja, imperativa. Tem de ser *equívoca*. A interpretação analítica não é feita para ser compreendida; é feita para fazer ondas..." (LACAN, 1976, p. 32).

Badiou, por outro lado, toma como ponto de partida outra afirmação bem conhecida de Lacan: "a formalização é nosso objetivo, nosso ideal" (LACAN, 1999, p. 119). Aqui, a ênfase é surpreendentemente diferente: estamos no domínio da formalização, de fórmulas, matemas, nós e outros modelos topológicos, e tudo isso (incluindo a prática clínica do passe) é baseado na ideia de uma transmissão integral, uma transmissão sem resto. O que isso implica, segundo Badiou, é uma *univocidade* absoluta. No nível do matema, não há equivocidade – o matema é apenas aquilo que é.

Há muitos anos, quando Badiou apresentou pela primeira vez sua teoria do amor, na qual fez amplo uso de formalização matemática, um jornalista achou que sua abordagem era absurdamente redutora em relação à rica experiência vivida do amor. Na tentativa de zombar de Badiou, ele apresentou uma fórmula esplêndida, muito apreciada por Badiou. Ele disse que, quando Badiou está fazendo amor com uma mulher, ele provavelmente não diz a ela: *Je t'aime*, mas sim: *Je te m'athème*.[40] E talvez uma maneira interessante de resumir o debate entre Badiou e Cassin sobre essas questões de equivocidade *versus* formalização, lançadas em termos de diferença sexual, seja parafrasear a famosa canção, e dizer que este é o *Je te m'athème... moi non plus*[41] de ambos.

No entanto, essa visão sobre a diferença sexual – como a divisão "entre a masculinidade de Platão e a feminilidade da sofística", ou entre univocidade e equivocidade – é realmente sustentável a partir de uma perspectiva lacaniana?

É desnecessário dizer que as leituras de Cassin e Badiou são baseadas em passagens apropriadas de Lacan, e pode parecer que elas testemunhem assim a inconsistência do pensamento de Lacan, ou pelo menos que ele está claramente dividido entre duas tendências opostas: o modo de formalização quase sem palavras e o modo abundantemente falante dos trocadilhos, do jogo de palavras, bem como o caminho labiríntico de formulações de som misterioso. É verdade: em Lacan encontramos ambos.

No entanto, esse contraponto, ou diferença, entre equivocidade e formalização (univocidade) no contexto da teoria de Lacan pode na verdade ser enganoso, ou simplesmente falso. Ele se baseia na oposição e na divergência entre duas orientações filosóficas, definidas por Badiou como a busca (e formalização) da verdade *versus* o "giro linguístico". No entanto, é crucial ver

---

[40] Badiou reconta esse caso em "The Scene of Two" (ver Badiou [2003, p. 43]).

[41] A autora joga aqui com o nome da canção francesa "Je t'aime... moi non plus", composta por Serge Gainsbourg e popularmente conhecida nas vozes de Jane Birkin e do próprio Serge. (N.R.T.)

como a própria noção de *linguagem* que decorre da teoria e da prática psicanalíticas não é aquela implícita no "giro linguístico" e não permite esse tipo de contraposição, mas, na verdade, torna-o insustentável. Pelo menos é isso que vou argumentar a seguir, tomando os comentários de Badiou e Cassin sobre o texto de Lacan apenas como ponto de partida, sem apresentar e fazer justiça a seus argumentos complexos e, em muitos aspectos, mais esclarecedores. A questão que nos guiará é simplesmente esta: como se configuram a equivocidade e a formalização em Lacan, e qual é a posição da verdade nessa configuração?

Voltemos brevemente às citações em que Lacan rejeita a natureza imperativa da interpretação em favor da equivocidade. A intervenção e a interpretação psicanalítica não devem ser "teóricas", "sugestivas", "diretivas", "imperativas" – o que isso significa de fato? Antes de tudo, é importante enfatizar que o que está em jogo aqui não é algum tipo de orientação antiteórica da psicanálise, como os analistas às vezes gostam de entender tais afirmações – o que Lacan critica nesse caso não é a teoria psicanalítica, mas o tipo de *prática* que leva a teoria a ser empregada no lugar errado ou da maneira errada. Ouçamos as palavras do próprio Lacan, que dessa vez deixa bem claro o que está em jogo:

> Se há uma lei principal da psicanálise, é que não devemos falar a torto e a direito, nem mesmo em nome de categorias analíticas. Nada de análise selvagem: não se devem usar palavras que façam sentido apenas para o analista. Aprendo tudo com meus analisantes; é com eles que aprendo o que é a psicanálise. Eu tomo emprestadas deles as minhas intervenções, e não do meu ensino – exceto se eu souber que eles sabem exatamente o que algo significa. Substituí a palavra "palavra" pela palavra "significante"; e isso quer dizer que a palavra se presta à equivocidade, a várias significações possíveis. E se você escolher bem suas palavras – as palavras que vão assombrar o analisante –, você

encontrará o significante preciso, aquele que funcionará (LACAN, 1976, p. 34).

Não é por modéstia (falsa ou sincera) que Lacan diz "aprendo tudo com meus analisantes", "Eu tomo emprestadas deles as minhas intervenções". Ao contrário, trata-se de um procedimento, de um método cuidadosamente pensado, e que, de fato, lembra a advertência de Hegel, no prefácio de *Fenomenologia do espírito*, contra o tipo de procedimento (filosófico) que se preocupa apenas com objetivos e resultados, com diferenciação e julgamento das coisas. Esse tipo de atividade, de acordo com Hegel, em vez de se envolver com a coisa, está já sempre além dela; em vez de se debruçar e se preocupar com isso, esse tipo de saber permanece essencialmente preocupado consigo mesmo (HEGEL, 1977, p. 3). A proximidade de Lacan como "analista praticante" e de Hegel como "filósofo especulativo" sobre essas questões de método deveria ser suficiente para evitar que se chegue a qualquer conclusão precipitada em termos de teoria *versus* prática, filosofia *versus* antifilosofia ou singular *versus* universal.

Uma psicanalista não é uma especialista em tratar pacientes com sua *expertise*, que ela aplicaria aos sintomas de um determinado caso específico. Se alguém quer mudar algo na coisa (na estrutura inconsciente), é preciso deixar que a coisa fale, pois só ela pode inventar, produzir, a palavra que eventualmente "funciona", que move as coisas. Mas alguém – nesse caso, a analista – deveria, é claro, ser capaz de reconhecer a "palavra certa". E essa não é simplesmente uma postura prática (clínica), mas também teórica.

Voltando à nossa questão central: o que essa ênfase no equívoco implica em relação ao também claramente declarado ideal de formalização, que está muito presente na obra de Lacan?

A resposta pode ser surpreendente pela sua própria simplicidade: a equivocidade em si pode funcionar *diretamente* enquanto uma fórmula, como já fica claro no exemplo de "*Je te m'athème*", assim como, por exemplo, em como as frases de duplo sentido funcionam em chistes. No caso dos chistes, jogar com a dubiedade e introduzir outro sentido com sua ajuda não tem o resultado de relativizar o sentido; é, na verdade, feito para chegarmos a um ponto isolado e muito preciso. Deixe-me repetir aqui um chiste que usei no meu livro sobre comédia. Vale a pena repeti-lo, não só porque ilustra perfeitamente esse ponto, mas também porque poderemos reconfigurá-lo e usá-lo mais adiante como exemplo de possível intervenção analítica.

> Um homem chega em casa depois de um dia exaustivo de trabalho, esparrama-se no sofá em frente à televisão e diz à esposa: "Me traz uma cerveja antes que comece".
> A esposa suspira e pega a cerveja para ele. Quinze minutos depois, ele diz: "Me traz outra cerveja antes que comece". Ela parece zangada, mas pega outra cerveja e coloca na mesa com raiva. Ele termina a cerveja e alguns minutos depois diz: "Rápido, outra cerveja, vai começar a qualquer momento". A esposa fica furiosa.
> Ela grita com ele: "Isso é tudo que você vai fazer esta noite? Beber cerveja e sentar na frente da TV? Você não passa de um preguiçoso, um bêbado, um gordo desleixado, e além do mais...".
> O homem suspira e diz: "Começou...".

A frase final é ambígua, equívoca, mas o ponto que ela transmite, não. Esse tipo de chiste ambíguo não abre uma multiplicidade de significações possíveis; na verdade, ela evoca e usa essa multiplicidade para localizar e transmitir com eficiência um *ponto singular* (ou impasse); e transmiti-lo da maneira mais econômica – não o descrevendo de forma completa e exaustiva, mas o nomeando diretamente: isto é, precisamente, para que funcione mais ou menos como uma fórmula.

Claro, é verdade que tais "fórmulas" são "universalmente transmissíveis" apenas se alguém falar a língua "das quais" são feitas. Ao contrário das fórmulas matemáticas, elas dependem das línguas vivas, das pessoas que as falam. Isso não é tanto uma limitação, mas precisamente aquilo que torna possível que essas equivocidades funcionem como fórmulas, e funcionem *tout court*: "fazer ondas", "cavar um buraco"[42] – ter consequências para a realidade que elas formalizam.

O que é um sintoma que alguém "traz" para a análise? É sempre uma solução subjetiva para alguma contradição ou impasse. E é uma solução que costuma complicar muito a vida; vem com algum grau de sofrimento. No entanto, é uma solução e envolve um sério investimento subjetivo. O trabalho de análise consiste em extrair a contradição "resolvida" pelo sintoma, em associar o sintoma à contradição específica da qual ele é solução. A psicanálise não resolve a contradição; na verdade, resolve sua solução (dada pelo sintoma). *Cavar um buraco* onde o sintoma construiu uma densa rede de significações. E a sujeita[43] precisa se "reconstruir" como parte dessa contradição, como estando diretamente implicada nela. (Esclarecendo, isso não significa que estejamos aqui no nível do particular/individual, em oposição ao geral ou comunal. A contradição que afeta um indivíduo é intrinsecamente social – os outros e nossa relação com ele, assim como as relações sociais em geral, já estão implicadas nela.)

A palavra correta (ambígua, equívoca) "cava um buraco" porque repete/nomeia o gozo que mantém ("cola") juntas as

---

[42] A expressão "*to bore a hole*", utilizada por Zupančič, poderia ser traduzida tanto como "fazer um furo" quanto como "cavar um buraco". Escolhemos aqui a segunda opção a fim de preservar o jogo que aparecerá, nas próximas páginas, com uma famosa fórmula beckettiana ("*to bore holes in language*"), cuja tradução já consolidada no português a transpõe como "cavar buracos na linguagem". (N.R.T.)

[43] Empregamos aqui o feminino genérico – "a sujeita" – de modo a acompanhar, em solo brasileiro, o gesto de Zupančič de se referir a "*the subject*" no feminino nesse ponto específico de seu livro. Na página 66 da edição em inglês, consta: "*And the subject needs to 'reconstruct' herself as part of this contradiction, as directly implied in it*". (N.R.T.)

diferentes significações de forma sintomática. Ela traz à tona a negatividade (contradição) que é compartilhada, repetida e ofuscada pelo desdobramento dessas diferentes significações, e o faz estragando/dissolvendo o gozo (a excitação a mais) que emerge no lugar dessa negatividade ou contradição (e correlaciona essas diferentes significações). A palavra certa não é a palavra certa em virtude do que significa, mas em virtude do seu efeito.

Aqui, o que está em jogo talvez não seja mais bem encenado em termos da relação (ou oposição) entre equivocidade e univocidade. Como o próprio Lacan sugere, a univocidade é, na verdade, uma característica dos símbolos da linguagem animal.

> Tudo o que parecé (*parest*) na [linguagem] de um *semblante* de comunicação é sempre sonho, lapso ou chiste. Nada a ver então com o que é imaginado ou confirmado em muitos pontos da linguagem animal. O real ali não se distancia de uma comunicação unívoca, da qual também os animais, ao nos fornecerem o modelo, nos fariam seus golfinhos: nele se exerce uma função de código [...] Além disso, alguns comportamentos vitais se organizam nessa situação com símbolos que são em todos os aspectos semelhantes aos nossos (a elevação de um objeto à categoria de significante-mestre na ordem da fuga da migração, simbolismo da exibição, tantas vezes amorosa quanto de combate, sinais de trabalho, marcas de território), exceto que esses símbolos nunca são equívocos (Lacan, 1973, p. 47).

A equivocidade, por outro lado, é a própria condição inerente à formalização, na medida em que a formalização não deve ser confundida com símbolos e códigos, da maneira como parecem funcionar entre animais. Na psicanálise, a formalização não é uma formalização deste ou daquele conteúdo, deste ou daquele sentido (como sendo "o sentido certo") – é a formalização do próprio impasse/"buraco" através do qual (e somente através do qual) esses sentidos existem como interligados em uma determinada configuração. As associações livres produzem pilhas de sentidos associados. E a palavra certa é a chave para a lógica distorcida dessa associação. Como sabemos que temos a chave certa? Porque ela funciona – funciona na direção da *dissociação*. A chave na psicanálise não é simplesmente uma chave hermenêutica, embora a hermenêutica também seja importante.

Como Slavoj Žižek elaborou sobre esse tema em relação à teoria freudiana dos sonhos e à sua tese de que "os sonhos nada mais são do que uma forma específica de pensar" (FREUD, 1988, p. 650):

> Em primeiro lugar, devemos romper com a aparência segundo a qual um sonho nada mais é do que uma confusão simples e sem sentido, uma desordem causada por processos fisiológicos e que, portanto, nada tem a ver com sentido. Ou seja, devemos ser capazes de dar um passo crucial em direção a uma abordagem hermenêutica e conceber o sonho como um fenômeno cheio de sentidos, como algo que transmite uma mensagem recalcada que deve ser descoberta através de um procedimento interpretativo.
> A seguir, devemos nos livrar do fascínio nesse núcleo de sentido, no "sentido oculto" do sonho – isto é, no conteúdo oculto por trás da forma de um sonho – e centrar nossa atenção na própria forma, no trabalho onírico ao qual os "pensamentos oníricos latentes" foram submetidos (ŽIŽEK, 1989, p. 14).

O desejo inconsciente não é o conteúdo da mensagem oculta, é o elaborador ativo da forma que os pensamentos latentes adquirem em um sonho.

É por isso que a chave em psicanálise não é a chave de um sentido oculto, mas a chave que *"desbloqueia" a própria forma* (faz o que foi associado compor um sentido oculto dissociado). E é isso o que "a palavra certa" faz.

Na verdade, poderíamos reconfigurar o chiste "Começou…" como algo que constitui uma possível intervenção psicanalítica. Um paciente reclama repetidamente com seu analista que, quando chega em casa do trabalho, tudo o que quer é deitar no sofá, beber cerveja e assistir a seu programa de TV favorito. Ele insiste, repetidas vezes, no quanto gosta de tomar umas cervejas *antes de o programa começar*, e por isso tem o hábito de pedir à esposa apenas isto: que lhe traga uma ou duas cervejas antes de o programa começar. Mas inevitavelmente, ele reclama, sua mulher explode e começa a gritar insultos para ele. – "*E então começa*", intervém o analista. O objetivo dessa intervenção não é simplesmente que o verdadeiro sentido oculto por trás da repetição que o marido faz das palavras "antes de o programa começar" seja uma referência a brigas domésticas frequentes, mas também mudar o foco para a própria forma: toda essa encenação (toda a cena interpretada com a esposa) *É seu programa favorito*. E esse argumento é elaborado não apenas para que o marido entenda o que ele está realmente dizendo, mas também para estragar para ele o gozo sintomático investido nessa cena da briga doméstica e em sua antecipação. Nesse sentido exato, poderíamos dizer que a *forma* do sintoma (o trabalho específico do inconsciente) é "desbloqueada" por essa intervenção.

A chave psicanalítica poderia, portanto, ser descrita precisamente como se encaixando no ponto em que "a verdade se agarra ao real", para usar a frase de Lacan dita em "Televisão": "Eu sempre falo a verdade. Não toda a verdade, porque não há como dizer tudo. Dizer tudo é materialmente impossível: as palavras falham. Mas é exatamente por essa impossibilidade que a verdade se agarra ao real" (LACAN, 1990, p. 3). E esse ponto no qual "a verdade se agarra ao real" é justamente o ponto envolvido na formalização. A formalização não é uma verdade sobre o Real, mas diz respeito ao ponto no qual a fala fica emaranhada (como sustentação da dimensão da verdade) com o Real.

E aqui chegamos ao cerne da diferença entre Lacan e Badiou, como visto por Badiou: o que faz de Lacan um antifilósofo (ou sofista) é sua afirmação de que não podemos falar *sobre* o Real (e que não há verdade sobre o real),[44] e que o Real não permite metalinguagem. No entanto, com base no que foi dito até agora, já podemos ver a diferença crucial que separa Lacan, por exemplo, da versão wittgensteiniana dessa afirmação. Não podemos falar do real porque a fala *está próxima demais dele*, porque ela nunca pode escapar totalmente do real, mas se apega a ele. É por isso que, no lugar da proibição do impossível, que encontramos em Wittgenstein ("do que não se pode falar, sobre isso se deve calar" – os famosos versos de seu *Tractatus logico-philosophicus*), temos em Lacan sua dupla inversão: vá em frente, fale sobre *qualquer coisa*, e com um pouco de sorte e ajuda (do analista) você mais cedo ou mais tarde tropeçará no Real, e conseguirá formalizá-lo (escrevê-lo). O Real não é um reino ou substância sobre a qual se fala, é a contradição inerente à fala, torcendo a língua, por assim dizer. E é justamente *por isso que existe a verdade* e por que, ao mesmo tempo, não é possível dizê-la em sua totalidade. "[...] é preciso aceitar que falamos da verdade como uma posição fundamental, embora de fato não a conheçamos, pois eu a determino com o fato de que só é possível dizê-la pela metade" (LACAN, 2011, p. 173).

Essa é uma citação de 1972, testemunhando o fato de que a verdade permanece uma categoria central também na obra "tardia" de Lacan. E, como também indiquei, é por conta dessa impossibilidade de dizer tudo que a verdade se agarra ao Real. Um paradoxo é outro indicador dessa impossibilidade; indica que a linguagem não pode ser facilmente separada do Real (*sobre* o qual ela supostamente falaria). E o *lugar/posição* da verdade é o ponto em que a fala "derrapa", "lapsa" no Real que ela tenta articular. Não se trata simplesmente de que esse Real possa ser "*sentido*" (experimentado ou "mostrado") apenas como limite do discurso – é possível formalizá-lo. É com isso que os matemas lacanianos têm a ver. Um matema não é apenas uma formalização de uma

---

[44] Ver Badiou; Cassin (2010, p. 109).

determinada realidade; na verdade – e como o próprio Lacan coloca –, *é a formalização do impasse da formalização*.

O que é, portanto, crucialmente importante apontar é que, para Lacan, não é simplesmente *a formalização por si só* que é interessante. O que é interessante são os impasses (paradoxos) que ela produz – como pontos de sua própria *impossibilidade* que podem ser "formalizados". E é justamente por isso que a lógica (e especialmente a lógica matemática moderna) é uma referência tão importante para ele: porque torna possível esse duplo movimento. "Essa análise da lógica não é apenas um questionamento daquilo que estabelece um limite à fala em sua apreensão do Real. Na própria estrutura desse esforço de aproximação ao Real, no próprio manejo dessa estrutura, este último mostra aquilo que, do Real, determinou a fala [*speech*]" (Lacan, 2011, p. 20).

Seria difícil ser mais preciso: a estrutura que tenta articular o Real é determinada em sua base pelo Real que ela própria tenta formular. Mas essa mesma determinação, longe de desacreditar antecipadamente todas as abordagens do Real por meio da estrutura, é precisamente o que pode torná-las críveis. É essa mesma determinação que pode eventualmente fundamentar (ou justificar) as aproximações psicanalíticas ao realismo.[45] Essa fundamentação do realismo só pode ocorrer a partir de certa torção da estrutura sobre si mesma e a partir de uma perspectiva singular ("olhando de través") sobre essa torção. A psicanálise é o que introduz essa perspectiva singular.

Desde seus primórdios a lógica avançou a partir da articulação de paradoxos. Lacan nos lembra disso em "O aturdito": "Eu simplesmente lembrarei que nenhum desenvolvimento lógico, começando antes de Sócrates ou de outro lugar para além de nossa tradição, jamais procedeu a não ser de um núcleo de paradoxos" (Lacan, 1973, p. 49). No entanto, ele não considera esses

---

[45] Lacan repete continuamente que ele é um "realista", e não um nominalista ou idealista.

paradoxos como o limite dos esforços racionalistas, como prova de como o Real é inacessível ao discurso, ou como uma prova da inutilidade e arbitrariedade do conceito de verdade; ao contrário, ele os toma como aquilo que pode fundamentar a racionalidade, o que atesta o vínculo irredutível entre o discursivo e o real, e aquilo que por si só abre o espaço da verdade como posição fundamental.

A psicanálise também não se limita a "se aliar" aos avanços científicos obtidos ao resolver esses paradoxos, mas os acompanha produzindo sobre eles uma perspectiva única; ela formaliza aquilo que torna esses avanços necessários, formaliza os impasses da formalização. É por isso que "o discurso analítico não é um discurso científico, é um discurso ao qual a ciência fornece seu material, e isso é algo consideravelmente diferente" (LACAN, 2011, p. 141).

A especificidade da noção lacaniana de formalização, que não é simplesmente formalização científica, também deve ser apontada como resposta a uma crítica ao seu método que às vezes é feita: se a formalização realmente escreve algo que não pode ser (melhor) dito de outra forma, as eventuais explicações dessas fórmulas e esquemas são, então, totalmente equivocadas? Se o que é "dito" por uma fórmula pode ser verbalizado sem perda, desvendado em simples prosa, por que usar fórmulas? Se, no entanto, não for possível fazer isso, então todas as "traduções" de fórmulas em prosa introduzem, conceitualmente falando, uma perda irreversível.

Assim como no caso da relação entre equivocidade e formalização, a resposta é que não devemos opor fórmulas e verbalização. Lacan não recorre a fórmulas para evitar as ambiguidades da fala cotidiana e certificar-se de que haja apenas um sentido possível para elas, mas vê as fórmulas como relacionadas à própria lógica (e dialética) do verbal, na medida em que o verbal é inerentemente inseparável da negatividade que lhe dá origem. É por isso que podemos ganhar tanto (ou até mais) pela verbalização do formal quanto pela formalização dos impasses do verbal. Há histórias lendárias em circulação sobre como Lacan, em seus últimos seminários, quase parou de falar – em vez disso, ele elaboraria alguns de seus famosos nós e simplesmente os jogava para o público. Isso, de fato, transmite a imagem de um homem sábio que perdeu toda a confiança nas palavras e optou por um modo de comunicação "mais elevado" e mais confiável. Ou então, como sugere Jean-Claude Milner,[46] transmite a imagem de um homem que se baseou na topologia como meio de destruir a linguagem. Mesmo assim, ambas as imagens estão de alguma forma em desacordo com a seguinte afirmação explícita, também pertencente ao repertório da obra tardia de Lacan (1975): "Eu não uso nós porque eles são não verbais. Ao contrário, procuro verbalizá-los" (LACAN, 1976, p. 35). É verdade que essa verbalização pode ser vista como uma destruição da linguagem, ou como uma forma de destruí-la – ou como um caminho para um tipo fundamentalmente diferente de linguagem. A homenagem tardia de Lacan a Joyce pode ser vista como tomando essa direção. No entanto, compartilho a convicção de muitos de meus amigos (começando com Badiou) de que Beckett é um autor mais convincente e provavelmente mais lacaniano do que Joyce. Podemos ter uma ideia muito melhor do que significa "verbalizar os nós" lendo Beckett do que lendo Joyce. Também podemos ter uma ideia melhor de como "cavar buracos" na linguagem se relaciona com a equivocidade. Comentando sobre a decisão de Beckett de escrever em francês em vez de em sua língua materna, Mladen Dolar escreveu:

> A primeira decisão que se seguiu à revelação[47] foi começar a escrever em francês e assim escapar da "exuberância e automatismos anglo-irlandeses", mas isso envolvia muito mais: escapar dos tentáculos da língua materna como o lar aparentemente natural de autoexpressão, de sua herança cultural, o território do espontâneo e do caseiro. A língua materna não é uma aliada, mas uma inimiga. Mas isso só

---

[46] Em uma palestra proferida em Ljubljana, em fevereiro de 2016.

[47] De escrever em outro idioma. (N.T.)

leva a essa afirmação mais ampla: a linguagem não é uma aliada, mas uma inimiga. Escrever em uma língua em que não se sente em casa é apenas uma consequência do fato de que nunca se está em casa em uma língua, de modo que a língua materna e, em última análise, a língua como tal é apenas um refúgio contra o que a literatura deveria fazer. *Cavar buracos na linguagem*, como ele disse na carta a Axel Kaun.[48]

Como vimos, a formulação beckettiana "cavar buracos na linguagem" de fato encontra forte ressonância em (e na obra tardia de) Lacan. A afirmação também está diretamente relacionada à questão da equivocidade: Dolar também nos lembra como, em um trocadilho maravilhoso, Beckett disse uma vez: "*En français on est si mal armé*": a pessoa está muito mal equipada em francês como um falante estrangeiro, mas lá está Mallarmé à espreita por trás até mesmo das expressões mais simples.

Esse é de fato um exemplo perfeito de equivocidade que pode funcionar como uma fórmula. Poderia até ser considerado como *a fórmula da própria indissociabilidade entre equivocidade e formalização*. Esse trocadilho beckettiano também é exatamente do mesmo tipo usado, ou praticado, por Lacan. Pois há trocadilhos e trocadilhos, e há diferentes maneiras de "usá-los". Lacan tende a usá-los como "fórmulas", e na verdade há uma proximidade muito interessante entre o uso de trocadilhos por Lacan e por Beckett.

Anteriormente sugeri que a psicanálise não resolve a contradição, mas sim sua solução (sintomática). Agora é hora de perguntar: isso é simplesmente uma espécie de resultado prático da psicanálise? Ou seja: existe uma impossibilidade ou contradição (estrutural) fundamental que é irredutível, e tudo o que podemos fazer é circunscrevê-la ou reconhecê-la

---

[48] Mladen Dolar, "Two Shades of Gray," palestra proferida na Beckett Conference, na Freie Universität Berlin, em 1º de fevereiro de 2016. Grifos da autora.

como tal e aceitá-la, para evitar que ela alimente secretamente nossas fantasias patológicas? Esta é, de fato, o limite em certo entendimento ("liberal") da psicanálise. No entanto, não acho que tenhamos de endossar essa perspectiva, mas sim insistir em que, não, esse não é o resultado final. Ao contrário: não se trata de aceitar a contradição, mas de *assumir seu lugar nela*. É isso que se pode entender como a "posição da verdade". (E não nos esqueçamos de que, em análise, a formalização se relaciona com uma mudança em nossa posição – caso contrário, ela não funciona e não é "a formalização correta", como Lacan também coloca.) No entanto, essa mudança de perspectiva não ocorre no movimento que iria da superfície rumo ao fundamento (contradição como fundamento). Em vez disso, o fundamento *aparece* (tem lugar) como uma cisão da própria superfície. Ou seja: a contradição fundamental parece ser inerente aos termos nela envolvidos. Isso, por exemplo, é exatamente o que as fórmulas lacanianas da sexuação nos obrigam a pensar: não a contradição entre sexos "opostos", mas a contradição inerente a ambos, "bloqueando" ambos a partir de seu âmago.

Quando falo de "contradição fundamental", não me refiro a alguma contradição enterrada no fundamento das coisas, e influenciando-as a partir daí. A contradição é "fundamental" no sentido de que é persistente e repetitiva – mas sempre em situações concretas, na superfície das coisas e no presente. É engajando-se com a contradição nessas situações concretas que trabalhamos com a "contradição fundamental".

A contradição não é algo que simplesmente temos de aceitar e com a qual devemos "nos contentar"; ela pode se transformar e ser "usada" como fonte de emancipação da própria lógica ditada por essa contradição. É a isso que a análise idealmente leva: a contradição não simplesmente desaparece, mas a forma como ela funciona no discurso que estrutura nossa realidade muda radicalmente. E isso acontece como resultado de nos *engajarmos plena e ativamente na contradição*, assumindo nosso lugar nela.

Capítulo 4
Ontologia desorientada pelo objeto[49]

Realismo em psicanálise

Muitas discussões filosóficas recentes foram marcadas, de uma forma ou de outra, pelo relançamento bastante espetacular da questão do realismo, desencadeado pelo livro *Après la finitude* (2006), de Quentin Meillassoux, e seguido por um movimento mais amplo, embora muito menos homogêneo, do "realismo

---

[49] O título deste capítulo ("*Object-Disoriented Ontology*") é formado por um jogo de palavras que Zupančič faz com a filosofia introduzida por Graham Harman, denominada "Ontologia Orientada a Objetos" ("*Object-Oriented Ontology*"). Apesar de não fazer menção explícita ao filósofo, o fato de Zupančič discutir Quentin Meillassoux, Ray Brassier e Levi Bryant no mesmo capítulo sugere familiaridade da autora com o movimento filosófico que os quatro (além de outros, como Iain Hamilton Grant), de maneira independente um do outro, integram. Eles são conhecidos por fazerem parte do movimento genericamente chamado – já que suas propostas filosóficas são heterogêneas – de "realismo especulativo". Para mais informações, consultar o "Posfácio".
Embora esse jogo de palavras torne a tradução intrincada, a autora nos fornece sua chave de leitura no capítulo 2. Ela sublinha, de modo divergente desse movimento filosófico, que a psicanálise lacaniana implica uma *ontologia desorientada pelo objeto*, mais especificamente pelo objeto *a*. A esse respeito, ver os termos "ontologia orientada a objetos", "realismo especulativo" e "objeto *a*" no "Glossário". (N.R.T.)

especulativo". Estamos assistindo a um poderoso ressurgimento da questão do realismo, com novas conceituações ou definições dele, bem como de seu adversário ("correlacionismo" no lugar do nominalismo tradicional). As "ontologias realistas" estão surgindo mais rapidamente do que podemos acompanhá-las, e podemos aproveitar essa aceleração do realismo como uma oportunidade para levantar a questão de se – e como – o campo conceitual da psicanálise lacaniana está envolvido nesse debate, considerando que o conceito de Real é um dos conceitos centrais da teoria lacaniana.

Fazendo um rápido mapeamento geral dos parâmetros dessa discussão, gostaria apenas de relembrar brevemente o argumento básico de Meillassoux. Ele consiste em mostrar como a filosofia pós-cartesiana (começando com Kant) rejeitou ou desqualificou a possibilidade de termos qualquer acesso ao ser fora de sua correlação com o pensamento. Não apenas nunca estamos lidando com um objeto em si, separadamente de sua relação com o sujeito, como também não há sujeito que não esteja sempre já em relação com um objeto. A relação, portanto, precede qualquer objeto ou sujeito; a relação é anterior aos termos que ela relaciona e torna-se ela mesma o objeto principal da investigação filosófica. Todas as filosofias contemporâneas (pós-cartesianas) são variações de filosofias de correlação. Como diz Meillassoux:

> De um modo geral, o "passo de dança" do filósofo moderno consiste nessa crença na primazia da relação sobre os termos relacionados; uma crença no poder constitutivo da relação recíproca. O "co-" (da codoação, da correlação, do co-originário, da copresença etc.) é a partícula gramatical que domina a filosofia moderna, sua verdadeira "fórmula química". Assim, pode-se dizer que, até Kant, um dos principais problemas da filosofia era pensar a substância, enquanto, desde Kant, consistia em tentar pensar a correlação. Antes do advento do transcendentalismo, uma das

questões que dividiam mais decisivamente os filósofos rivais era "Quem compreende a verdadeira natureza da substância? Aquele que pensa a Ideia, o indivíduo, o átomo, o Deus? Qual Deus?". Mas, desde Kant, descobrir o que divide filósofos rivais não é mais perguntar quem compreendeu a verdadeira natureza da substancialidade, mas sim perguntar quem compreendeu a verdadeira natureza da correlação: é o pensador da correlação sujeito-objeto, da correlação noético-noemática ou da correlação linguagem-referente? (MEILLASSOUX, 2008, p. 5-6).

A inadequação dessa posição se revela, segundo Meillassoux, quando ela é confrontada com "enunciados ancestrais" ou "arquefósseis": afirmações produzidas hoje pela ciência experimental sobre eventos anteriores ao surgimento da vida e da consciência (por exemplo: "A Terra foi formada há 4,56 bilhões de anos"). Eles levantam um problema simples e ainda, de acordo com Meillassoux, insolúvel para um correlacionista: como podemos apreender o sentido de afirmações científicas que se referem explicitamente a uma manifestação do mundo que é colocada como anterior ao surgimento do pensamento, e mesmo da vida – colocada, ou seja, como anterior a toda forma de *relação* humana com aquele mundo? Do ponto de vista correlacionista, essas afirmações são, estritamente falando, sem sentido.

Um dos grandes méritos do livro de Meillassoux é que ele (re)abriu não tanto a questão da relação entre filosofia e ciência, mas sim a questão de saber *se estão falando sobre o mesmo mundo*. Alain Badiou elaborou recentemente – ou melhor, respondeu a – uma pergunta semelhante no contexto da política: "Existe apenas um mundo". No entanto, essa questão também é pertinente ao problema da relação da epistemologia, ou da ciência, com a ontologia. De fato, pode parecer que a ciência e a filosofia vêm se desenvolvendo há algum tempo em mundos paralelos: em um é possível falar do Real em si, independentemente de sua relação com o sujeito; enquanto no outro esse tipo de discurso não faz sentido. Então, o que obtemos se aplicarmos o axioma "Existe apenas um mundo" a essa situação? Em vez de tomar o caminho – do lado da filosofia – mais comum, criticando a ciência por sua falta de reflexão sobre seu próprio discurso, Meillassoux toma outro caminho: o fato de certos enunciados científicos escaparem de seu "horizonte de sentido" indica que haja algo errado com a filosofia. Isso indica que, para garantir sua própria sobrevivência como prática discursiva (pode-se dizer também: para garantir a continuação da metafísica por outros meios), a filosofia sacrificou demais, a saber, o Real em seu sentido absoluto.

Deve-se talvez salientar, no entanto, que esse caminho menos comum está se tornando uma espécie de tendência na filosofia contemporânea, e Meillassoux o compartilha com vários autores, autores muito diferentes em termos de teoria. Tomemos como exemplo Catherine Malabou e seu materialismo filosófico, que – na época em que escreveu seu livro *Les Nouveaux blessés* – visava desenvolver uma nova teoria da subjetividade baseada nas ciências cognitivas. Em suas polêmicas com a psicanálise freudiana e lacaniana, ela opõe ao "inconsciente libidinal", como já-sempre mediado discursivamente, o "inconsciente cerebral" (autoafecção do cérebro) como o verdadeiro inconsciente materialista (MALABOU, 2007). Mas, se o materialismo de Malabou caminha na direção de uma "naturalização do discursivo", ou, mais precisamente, se representa uma tentativa de diminuir a distância entre o orgânico e o sujeito por meio da descoberta das causas orgânicas do sujeito,[50] Meillassoux toma o mesmo

---

[50] É por isso que Slavoj Žižek está certo ao destacar que o custo desse tipo de materialismo pode muito bem ser a re-espiritualização da matéria (ver Žižek [2010, p. 303]), assim como é o caso da noção de Jane Bennett de "matéria vibrante". Não é preciso mencionar, no entanto, que minha breve referência a Malabou aqui não faz justiça ao seu argumento em sua totalidade, assim como a vários argumentos valorosos que ela faz ao apresentá-lo.

caminho (de redução dessa lacuna) na direção oposta, através da discursividade da natureza, embora não vá até o fim. Sua ontologia realista, diferenciando entre qualidades primárias e secundárias do ser, não afirma que o ser seja inerentemente matemático; ela alega que seja absoluto, que seja independente de qualquer relação com o sujeito, embora apenas no segmento que pode ser formulado matematicamente. Meillassoux preserva assim certa lacuna ou salto (entre o ser e sua matematização), sem abordá-la. A suscetibilidade de certas qualidades de serem formuladas matematicamente é a garantia de seu caráter absoluto (de serem reais no sentido forte do termo). O realismo de Meillassoux não é, portanto, o realismo dos universais, mas – e paradoxalmente – o realismo do *correlato* dos universais, que ele também chama de referente:

> De maneira geral, os enunciados são ideais na medida em que são uma realidade com significação. Mas seus referentes, por sua vez, não são necessariamente ideais (o gato no tapete é real, embora a afirmação "o gato está no tapete" seja ideal). Nesse caso específico, seria necessário especificar: os *referentes* das declarações sobre datas, volumes etc. existiam há 4,56 bilhões de anos, conforme descrito por essas declarações – mas elas próprias não existiam, pois são contemporâneos a nós (MEILLASSOUX, 2008, p. 12).

Parece não haver maneira de evitar o fato de que o critério do absoluto nada mais é do que sua correlação com a matemática. Não que isso implique algo necessariamente subjetivo ou mediado subjetivamente, mas certamente implica algo discursivo. E aqui chegamos ao problema central das conceituações de Meillassoux, que é ao mesmo tempo o que há de mais interessante nelas. Enfatizo-o em oposição a outra dimensão de sua abordagem, uma dimensão abraçada com entusiasmo pelo nosso *Zeitgeist*, embora tenha pouco valor filosófico (ou científico) e seja, na verdade, fundada em associações livres relacionadas a alguns sentimentos mais ou menos obscuros do atual "mal-estar na cultura", para usar o termo freudiano. Vamos chamá-la de dimensão psicológica, resumida pela seguinte narrativa: desde Descartes, perdemos o *Grande Lá-Fora*,[51] o exterior absoluto, o Real, e nos tornamos prisioneiros de nossa própria *jaula discursiva* ou subjetiva. O único exterior com o qual estamos lidando é o exterior posto ou constituído por nós mesmos ou por diferentes práticas discursivas. E há um crescente desconforto, claustrofobia, nesse aprisionamento, nessa constante obsessão conosco mesmos, essa incapacidade de jamais sair do interior externo que consequentemente construímos. Há também um mal-estar político que entra em jogo aqui: aquele sentimento de impotência frustrante, a impossibilidade de realmente mudar alguma coisa, de absorver as pequenas e grandes decepções da história recente e não tão recente. Daí vem o certo encanto de redenção adicional de um projeto que promete novamente irromper no Grande Lá-Fora, reinstalar o Real em sua dimensão absoluta e fundamentar ontologicamente a possibilidade de uma mudança radical.

Deve-se insistir, no entanto, em que o aspecto crucial de Meillassoux está inteiramente fora dessa narrativa, que detectou nele (talvez não completamente sem sua cumplicidade) o suporte

---

[51] Embora a tradução do livro de Meillassoux para o português, publicado recentemente, tenha traduzido "*Grand Dehors*" (da versão em francês; "*great Outside*", na versão em inglês), por "Grande Fora", optamos por transpor esse termo por "Grande Lá-Fora" pelo seguinte motivo. Tendo em vista que a literatura acerca do realismo especulativo no Brasil alterna a tradução entre "Grande Fora" e "Grande Lá-Fora", adotamos a segunda opção, por conotar que o "fora" está distante, resguardando a noção de "lado de fora" contida em "*outside*" e "*dehors*". Isso não acontece com o primeiro caso, que pode sugerir um "fora" aumentado. Todavia, as ocorrências de "*outside*" em minúsculo (i.e., um uso não conceitual, apesar de fazer clara referência ao termo) foram todas traduzidas por "exterior" para preservar a cadência da leitura. (N.R.T.)

de certa fantasia, específica e precisamente a fantasia do "Grande Lá-Fora" que nos salvará – de quê, no fim das contas? Daquele pedacinho pequeno, mas irritante do exterior, que está agindo aqui e agora, persistentemente importunando, impedindo que qualquer tipo de "jaula discursiva" se feche com segurança sobre si mesma. Em outras palavras, dizer que o Grande Lá-Fora é uma fantasia não implica que seja uma fantasia de um Real que não existe efetivamente; na verdade, implica que seja uma fantasia no sentido estritamente psicanalítico: uma tela que oculta o fato de que a própria realidade discursiva é vazada, contraditória e emaranhada com o Real como seu outro lado irredutível. Ou seja: o Grande Lá-Fora é a fantasia que oculta o Real que *já está aqui*.

O núcleo filosófico do projeto de Meillassoux, no entanto, não consiste em opor o real ao discursivo e sonhar com a inovação para além do discursivo; ao contrário, o núcleo de seu projeto são as articulações conjuntas, que escapariam à lógica da constituição transcendental e, portanto, de sua codependência. Essa articulação conjunta está apoiada em duas afirmações fundamentais: a tese (mencionada anteriormente) sobre a possível matematização das qualidades primárias e a tese sobre a necessidade absoluta do contingente. Nem é preciso dizer que ambas as teses são *filosóficas* e visam lançar as bases para o que a ciência moderna parece simplesmente pressupor: a saber, e precisamente, uma articulação compartilhada do discursivo e do real. Parece, portanto, que há uma tentativa de ajustar o realismo ingênuo da ciência, substituindo-o por um realismo "especulativo" reflexivo, fundamentado filosoficamente.

No entanto, a primeira questão realmente interessante já está clara aqui: qual é de fato o status do realismo que as operações da ciência pressupõem? É simplesmente uma forma de realismo ingênuo, uma crença direta de que a natureza que ele descreve seja absoluta e exista "lá fora", independentemente de nós? O pressuposto inaugural de Meillassoux, de fato, parece ser que a ciência opera da maneira correta, mas carece de uma teoria ontológica própria que corresponderia à sua práxis. Considerando a estrutura de seu projeto, é de fato surpreendente o pouco tempo que Meillassoux dedica à discussão da ciência moderna, seu gesto fundamental ou inaugural, seus pressupostos e suas consequências – ou seja, à discussão do que a ciência está realmente fazendo. Em contraposição a isso, podemos dizer que Lacan tem uma teoria extraordinariamente bem elaborada da ciência moderna e de seu gesto inaugural (em certa medida, essa teoria é parte de uma teoria estruturalista da ciência em um sentido mais amplo), em relação à qual ele situa seu próprio discurso psicanalítico. E é aqui que está o ponto de partida. A relação entre discurso psicanalítico e ciência é uma questão crucial para Lacan ao longo de sua obra, ainda que não seja simples. Se, por um lado, ela pressupõe seu parentesco e sua cotemporalidade absolutos (marcados por inúmeras afirmações explícitas, como "o sujeito do inconsciente é o sujeito da ciência moderna", "a psicanálise só é possível após a mesma ruptura que também inaugura a ciência moderna"...), por outro lado, há também a não menos notável diferença e dissonância entre a psicanálise e a ciência, tendo o conceito de verdade como seu marcador mais saliente, o que envolve a diferença em seus respectivos "objetos". Resumindo: o solo comum compartilhado pela psicanálise e pela ciência nada mais é do que o Real em sua dimensão absoluta, mas elas têm diferentes formas de perseguir esse Real.

O que é a teoria lacaniana da ciência? No contexto de um debate semelhante, e valendo-se do trabalho de Jean-Claude Milner, essa questão foi recentemente reaberta, com toda a sua significância, por Lorenzo Chiesa,[52] a quem devo esta parte da discussão. De acordo com essa teoria, o galileísmo substituiu a antiga noção de natureza pela noção moderna segundo a qual a natureza nada é senão o objeto empírico da ciência. A precondição formal dessa mudança está na matematização completa da

---

[52] Ver Chiesa (2010, p. 159-177).

ciência. Em outras palavras, depois de Galileu, "a natureza não tem outra substância sensata além daquela necessária ao correto funcionamento das fórmulas matemáticas da ciência" (MILNER, 2008, p. 287-288). Para dizer de maneira ainda mais enfática: a revolução da ciência galileana consiste em produzir seu objeto ("natureza") como seu próprio correlato *objetivo*. Na obra de Lacan, encontramos toda uma série de afirmações muito fortes da mesma ordem, por exemplo: "A energia não é uma substância [...], é uma constante numérica que um físico tem de encontrar em seus cálculos, para poder trabalhar" (LACAN, 1990, p. 18). O fato de a ciência falar desta ou daquela lei da natureza, e do universo, não significa que ela mantenha a perspectiva do Grande Lá-Fora (como não constituído discursivamente de uma maneira ou de outra), muito antes pelo contrário. A ciência moderna começa quando produz seu objeto. Isso não deve ser entendido no sentido kantiano da constituição transcendental dos fenômenos, mas em um sentido ligeiramente diferente e mais forte. A ciência moderna literalmente cria um novo real(idade): não é que o objeto da ciência seja "mediado" por suas fórmulas; na verdade é indistinguível delas, não existe fora delas, *mas é real*. Ela tem consequências reais ou consequências no Real. Mais precisamente: o novo Real que surge com a revolução científica galileana (a completa matematização da ciência) é um Real no qual – e isso é decisivo – o discurso (científico) *tem consequências*. Por exemplo, pousar na Lua. Mas o fato de esse discurso ter consequências no Real não vale para a natureza no sentido amplo da palavra, vale apenas para a natureza como física ou para a natureza física. Mas é claro que sempre há, diz Lacan,

> o argumento realista. Não podemos resistir à ideia de que a natureza sempre está presente, estejamos lá ou não, nós e nossa ciência, como se a ciência fosse realmente nossa e como se não fôssemos determinados por ela. Claro que eu não vou contestar isso. A natureza está lá. Mas o que a distingue da física é que vale a pena dizer algo sobre a física,

e que o discurso tem consequências nela, enquanto todo mundo sabe que nenhum discurso tem consequências na natureza, por isso tendemos a amá-la tanto. Ser um filósofo da natureza nunca foi considerado uma prova de materialismo nem de qualidade científica (LACAN, 2006b, p. 33).

Três aspectos são cruciais nesse denso e decisivo trecho citado. (1) A mudança de ênfase de um estudo discursivo do Real para as *consequências* do discurso no Real; relacionado a isso, (2) a definição da realidade recém-emergida; e (3) o problema do materialismo. Vamos nos deter brevemente no terceiro ponto, que já abordamos de passagem com a questão do "inconsciente cerebral". O que está em jogo é uma dimensão-chave de uma possível definição de materialismo, que poderia ser elaborada da seguinte forma: o materialismo não é garantido por nenhuma matéria. Não é a referência à matéria como a substância última da qual tudo é feito (e que, nessa perspectiva conceitual, muitas vezes é altamente espiritualizada) que leva ao verdadeiro materialismo. O verdadeiro materialismo, que – como Lacan coloca com incisiva franqueza em outra passagem significativa – só pode ser um materialismo dialético,[53] não se fundamenta na primazia da matéria nem na matéria como primeiro princípio, mas no princípio de conflito ou contradição, de cisão, e da "paralaxe do Real" nele produzido. Ou seja, o axioma fundamental do

---

[53] "Se sou algo, fica claro que não sou um nominalista. Quero dizer que meu ponto de partida não é que o nome seja algo que adere, como aqui, no real. E é preciso escolher. Se somos nominalistas, devemos renunciar completamente ao materialismo dialético, para que, resumidamente, a tradição nominalista, que é, estritamente falando, a única ameaça de idealismo que pode ocorrer em um discurso como o meu, seja obviamente descartada. Isso não tem a ver com ser realista no sentido do que era ser realista na Idade Média, ou seja, no sentido do realismo dos universais; o que está em jogo é delimitar o fato de que nosso discurso, nosso discurso científico, encontra o real naquilo em que ele depende da função do semblante" (LACAN, 2006c, p. 28).

materialismo não é "a matéria é tudo" ou "a matéria é primária", mas se relaciona com a primazia de um corte. E, claro, isso não fica sem consequências para o tipo de realismo que se conecta a esse materialismo.

Isso nos leva aos itens (1) e (2) do trecho citado anteriormente, que podemos analisar em conjunto, uma vez que se referem a dois aspectos desse novo realismo "dialeticamente materialista". A diferenciação entre natureza e física estabelecida por Lacan não segue a lógica de distinguir entre a natureza como uma coisa inacessível em si e a física como uma natureza estruturada transcendentalmente, acessível ao nosso conhecimento. A tese é diferente, e de certa forma mais radical. A ciência moderna – que é, afinal, um evento historicamente identificável – cria um novo espaço do Real ou o Real como uma nova dimensão do espaço ("natural"). A física não "recobre" a natureza (ou a reduplica simbolicamente), mas se soma a ela, e a natureza permanece onde sempre esteve. "A física não é algo que se estende, como a bondade de Deus, por toda a natureza" (LACAN, 2006b, p. 34). A natureza permanece ali não como um Real impenetrável em si mesma, mas como o Imaginário, que podemos ver, gostar e amar, mas que é, ao mesmo tempo, um tanto quanto irrelevante. Há uma história divertida sobre como alguns amigos de Hegel o arrastaram para os Alpes, para que ele se desse conta da e admirasse a beleza estonteante da paisagem do lugar. Tudo o que Hegel disse sobre o espetáculo sublime que lhe foi revelado é relatado como: *Es ist so* (É assim; é o que é). Lacan teria apreciado muito essa atitude. *Es ist so*; não há mais nada a dizer sobre essas belas montanhas. Isso não é porque não podemos conhecê-las realmente, mas porque não há nada para saber. (Se dizemos que uma pedra que vemos é desta ou daquela idade, estamos falando de outra realidade – uma na qual existem consequências do discurso.)

A definição de Lacan dessa diferença é de fato extremamente concisa e precisa. O que está em jogo não é que a natureza como objeto científico (isto é, como física) seja apenas um efeito do discurso, sua consequência – e que, nesse sentido, a física não lida realmente com o Real, mas apenas com suas próprias construções. O que está em jogo é, na verdade, que o discurso da ciência cria, abre um espaço no qual esse discurso possui consequências (reais). E isso está longe de ser a mesma coisa. Estamos lidando com algo que, da forma mais literal e a partir de dentro, cinde o mundo em dois.

O fato de o discurso da ciência criar, abrir um espaço no qual esse discurso tenha consequências (reais) significa também que ele pode produzir algo que não apenas se torna parte da realidade, mas também pode mudá-la. "O discurso científico foi capaz de levar ao pouso na Lua, onde o pensamento se torna testemunha de uma erupção de um real, e com a matemática usando um aparato que não é nada além de uma forma de linguagem" (LACAN, 1990, p. 36). A isso Lacan acrescenta que a já mencionada erupção de um real se deu "sem que o filósofo se preocupasse com isso". Talvez possamos ver nesse comentário uma problematização de certo aspecto da filosofia moderna (continental), que tende a não levar em consideração uma dimensão crucial da ciência justamente nesse ponto do Real, e continua reduzindo-a à lógica da "razão instrumental", do "tecnicismo" e assim por diante. Poderíamos também ver nesse discurso um indício da ligação contemporânea entre filosofia e "discurso universitário", cuja definição mínima seria precisamente: o laço social no qual o discurso não tem consequências.

Voltando ao ponto de partida desta digressão: no que diz respeito à questão do realismo na ciência, o diagnóstico de Lacan poderia ser resumido da seguinte forma: embora possa ser verdade que o realismo ingênuo constitua a ideologia espontânea de muitos cientistas, ele é totalmente irrelevante para a formação do discurso científico, sua eficácia e seu modo de funcionamento. Como já vimos, isso significa: a ciência moderna não chegou ao caráter absoluto de seu referente apoiando-se nos pressupostos do realismo ingênuo, ou seja, ingenuamente pressupondo a existência de seu referente "na natureza", mas reduzindo-o a uma letra, que por si só abre o espaço das consequências reais do discurso (científico). E a palavra "reduzir" não deve ser tomada no sentido de reduzir a riqueza das qualidades sensíveis a um mínimo absoluto, mas um mínimo no qual estaríamos lidando com a continuação da mesma substância; ela deve ser interpretada no sentido de um corte, e de substituição. O que está em jogo tampouco é a lógica clássica da representação: a letra não representa algum aspecto da natureza sensível, mas o substitui literalmente. Ela o substitui por algo que pertence ao discurso (ao semblante), mas algo que pode ser – precisamente porque pertence ao discurso – elaborado na direção do Real. Isso nos traz de volta ao ponto elaborado anteriormente: "Não vale a pena falar de nada além do real em que o próprio discurso tem consequências" (LACAN, 2006b, p. 31). Essa não é uma alegação de que o Real seria apenas o efeito do discurso. A ligação entre a discursividade e o Real (que é, afinal, também o que Meillassoux aborda em sua polêmica sobre o obscurantismo contemporâneo)[54] encontra aqui uma fundamentação muito mais sólida do que no caso de simplesmente afirmar que o referente (um "objeto natural") seja absoluto em, e somente em, seu aspecto matematizável. Meillassoux (e esse é um aspecto fraco de sua argumentação) não vê a matematização da ciência como um corte na realidade que (apenas) produz a dimensão do Real, mas como o ponto mais extremo de um *continuum*, de um contínuo aguçamento das formas através das quais os cientistas falam sobre a realidade; e o Real refere-se ao segmento puramente formal/formalizável de uma coisa que fica, no fim

---

[54] A sua argumentação a esse respeito é que a filosofia correlacionista, exatamente por alegar que não podemos saber nada sobre as coisas em si, força-nos a admitir que até mesmo a fala *nonsense* obscurantista mais irracional sobre as coisas em si é, pelo menos, possível.

das contas, na rede dessa forma aguçada de discurso científico. Vamos refrescar a memória: "os referentes das declarações sobre datas, volumes etc. existiam há 4,56 bilhões de anos, conforme descrito por essas declarações – mas elas próprias não existiam, pois são contemporâneos a nós". O aspecto ideal de uma fórmula científica captura em sua rede, aqui e agora, um fragmento da coisa que é em si absoluta (isto é, que existia em si mesma, e independentemente dessa rede, há 4,5 bilhões de anos). Ou, em outras palavras: o Real é aquela parte de uma substância que não vaza pela teia da ciência matematizável, mas que permanece preso a ela. A metáfora de Lacan, e com ela toda a perspectiva lacaniana, é bem diferente nesse aspecto: o Real é garantido não pela consistência dos números (ou letras), mas pelo "impossível", ou seja, pelo limite de suas consistências. Se não vale a pena falar do Real (ou da Natureza) *fora* do discurso, a razão é que ficamos necessariamente no nível do semblante, o que significa que podemos dizer qualquer coisa que quisermos. O Real, por outro lado, é indicado pelo fato de que nem tudo é possível. Aqui chegamos ao outro componente crucial do Real lacaniano, vinculando o realismo das consequências à modalidade do impossível. Juntos, eles poderiam ser elaborados da seguinte forma: algo terá consequências se não puder ser coisa alguma (ou seja, se for impossível em um de seus próprios segmentos).

> A articulação, e me refiro à articulação algébrica, do semblante – que, como tal, só envolve letras – e seus efeitos são a única ferramenta pela qual designamos o que é real. O que é real é aquilo que faz/constitui um buraco [*fait trou*] nesse semblante, nesse semblante articulado que é o discurso científico. O discurso científico avança sem sequer se preocupar se é um semblante ou não. O que está em jogo é simplesmente que sua rede, suas conexões, sua treliça, como a chamamos, faça os buracos certos aparecerem nos lugares certos. Ele (o discurso) não tem outra referência senão o impossível a que chegam suas

deduções. Esse impossível é o real. Na física só miramos no real por meio de uma ferramenta discursiva, na medida em que esta, em seu próprio rigor, encontra os limites de sua consistência.
Mas o que *nos* interessa é o campo da verdade (LACAN, 2006c, p. 28).

Antes de abordar essa última questão da verdade, e suas consequências para a relação entre psicanálise e ciência, voltemos ao início de nossas considerações. Não seria apropriado chegar a uma conclusão sem aceitar o desafio da pergunta inicial de Meillassoux, em toda a sua apreciável franqueza e simplicidade. Ou seja: o que o realismo lacaniano das consequências, combinado com o impossível, implica para o estado dos ditos enunciados ancestrais? A afirmação "a Terra foi formada há 4,5 bilhões de anos" faz algum sentido independentemente de nós; ou seja: refere-se a um objeto específico que de fato existiu (a despeito nossa forma de contar e com base na datação radiométrica) há 4,5 bilhões de anos?

Por que não arriscar uma resposta? Para elaborá-la, vou fazer referência a uma história bastante fascinante, que gira precisamente em torno dos fósseis e que – se encarada em sua dimensão especulativa – pode dar à noção de arquefóssil uma reviravolta lacaniana bastante intrigante. Em seu livro, Meillassoux de fato, em algum momento, sugere essa história – mas continua sendo uma sugestão completamente superficial, servindo apenas como um argumento retórico para zombar dos absurdos com os quais o correlacionismo parece ser compatível, e perde exatamente o potencial especulativo da história em questão.

Em um de seus soberbos ensaios, intitulado "O umbigo de Adão", Stephen Jay Gould chama a nossa atenção para uma teoria surpreendente, "ridícula", mas extremamente elegante, sugerida pelo renomado naturalista britânico Philip Henry Gosse (GOULD, 1985). Gosse foi contemporâneo de Darwin e publicou a obra que nos interessa (*Omphalos* [Ônfalo/Umbigo]) em 1857, ou seja, apenas dois anos antes da publicação de *A origem das espécies*, de Darwin. Ele era um naturalista ferrenho, e uma de suas maiores paixões eram os fósseis, que estudava e descrevia com particular devoção. Naquela época, a nascente ciência da geologia já havia reunido evidências da enorme antiguidade da Terra, que contradizia abertamente a idade que a Terra teria de acordo com o livro do *Gênesis* (6 mil anos). E esse era o principal dilema de Gosse – pois ele não era apenas um naturalista dedicado, mas também um homem profundamente religioso. O cerne de sua teoria consistia, portanto, em uma tentativa de resolver a contradição entre a criação (relativamente recente, segundo a *Bíblia*) *ab nihilo*[55] e a existência real de fósseis de uma idade muito mais remota. Ele elaborou uma teoria bastante habilidosa segundo a qual Deus realmente teria criado a Terra cerca de 6 mil anos atrás, mas ele não a criou apenas para o futuro, como também retroativamente, "para o passado" – no momento de criar a Terra, ele também colocou os fósseis nela. Não devemos deixar passar despercebida a beleza desse gesto de autoapagamento: Deus cria o mundo apagando os traços de sua própria criação e, portanto, de sua própria existência, em benefício da exploração científica. E provavelmente não é coincidência que o mundo teológico tenha rejeitado essa teoria de maneira ainda mais enfática do que o mundo científico. O reverendo Charles Kingsley, autor de *The Water-Babies* e amigo de Gosse, foi convidado a revisar o livro de Gosse. Recusando-se, ele escreveu a Gosse:

> Devo dizer-lhe a verdade? É melhor. Seu livro é o primeiro que me fez duvidar, e temo que faça centenas de pessoas duvidarem. Seu livro tende a provar isso – que, se aceitarmos o fato da criação absoluta, Deus se torna *Deus quidam deceptor* ["Deus que às vezes é um enganador"]. Não me refiro apenas ao caso de fósseis que fingem ser ossos de animais mortos;

---

[55] A criação a partir de um ato divino. (N.T.)

> mas ao caso único de suas cicatrizes recém-criadas no tronco do pandanus,[56] seu recém-criado umbigo de Adão, você faz Deus mentir. Não é minha razão, mas minha *consciência* que se revolta aqui. [...] Não posso [...] acreditar que Deus tenha escrito nas rochas uma mentira enorme e supérflua para toda a humanidade (Kingsley *apud* Hardin, 1982).

De fato, o consenso opinou que Deus não poderia ter "escrito nas rochas uma mentira enorme e supérflua". De acordo com Gould, os criacionistas estadunidenses modernos também rejeitam essa teoria, com veemência e, principalmente por "imputar um caráter moral duvidoso a Deus".

O interesse da teoria de Gosse para nossa discussão consiste, sobretudo, em apontar a insuficiência de uma teoria do tempo candidamente linear com relação à questão do Real. Além disso, o verniz de bizarrice que envolve a história de Gosse não deve nos cegar para o fato de que, estruturalmente falando, seu dilema é exatamente o mesmo de Meillassoux. Basta substituir a criação divina pela criação humana (a natureza como constituída subjetiva/discursivamente), e nos deparamos com uma pergunta curiosamente semelhante: a ciência estuda apenas algo que nós mesmos elaboramos como tal, declarado (como externo), ou essa exterioridade é independente de nós e existe precisamente como é desde muito antes de nós? A resposta lacaniana seria: ela é independente, mas só *se torna* tal no momento exato de sua "criação" discursiva. Ou seja: com o advento – *ex nihilo*,[57] por que não? – do significante puro e, com ele, da realidade na qual o discurso tem consequências, chegamos a uma realidade física independente de nós mesmos. (O que, com certeza, não quer dizer que não tenhamos nenhuma influência sobre ela.) E, claro, essa independência também é conquistada para o tempo "antes

---

[56] Gênero de árvores frutíferas do Velho Mundo, com aparência similar às palmeiras. (N.T.)

[57] Criação a partir do nada. (N.T.)

de nós". A realidade dos arquefósseis ou objetos de enunciados ancestrais não difere da realidade dos objetos contemporâneos a nós – e isso porque nem os primeiros nem os últimos são correlatos de nosso pensamento, mas sim *correlatos objetivos do surgimento de uma ruptura na realidade como um* continuum *homogêneo* (que é precisamente a ruptura da ciência moderna, bem como a ruptura do surgimento do significante como tal). Esse é exatamente o motivo pelo qual a teoria de Lacan é, de fato, "dialeticamente materialista": a ruptura não implica nada além de uma identidade especulativa do absoluto e do tornar-se. Esses princípios não se opõem, mas precisam ser pensados juntos. Algo pode (no tempo) *tornar-se absoluto* (ou seja, atemporal). O absoluto é *ao mesmo tempo* necessário e contingente: não há absoluto sem uma ruptura/corte no qual ele se constitui como absoluto (ou seja, como "necessariamente necessário" – em que essa duplicidade é justamente o espaço em que o discurso tem consequências), mas essa ruptura por si só é contingente.

O gesto de Meillassoux, por outro lado, consiste em absolutizar a contingência como a única necessidade. Dessa forma, ele acaba subscrevendo a lógica da exceção constitutiva que totaliza alguns "todos": tudo é contingente, tudo menos a necessidade dessa contingência. Diferentemente dessa lógica da exceção constitutiva, o axioma de Lacan poderia ser escrito como "o necessário é o não-todo". O necessário não absolutiza a contingência, mas sugere que a contradição seja o ponto de *verdade* da necessidade absoluta: o absoluto é ao mesmo tempo necessário e contingente.

E isso finalmente nos leva à diferença crucial que, no entanto, existe entre psicanálise e ciência, e que Lacan continua relacionando com a questão da verdade, a partir de seu famoso ensaio de 1965, "Ciência e verdade", no qual lemos: "O fato é que a ciência, se olharmos de perto, não tem memória. Uma vez constituída, ela esquece o caminho tortuoso pela qual surgiu; dito de outra maneira, esquece uma dimensão de verdade que a psicanálise põe decisivamente em marcha" (Lacan, 2006a, p. 738).

Como ele especifica uma vez mais, não se trata apenas de estruturas passadas, acidentes ou mesmo erros que muitas vezes abrem caminho para grandes descobertas científicas (resolver uma "crise"), trata-se do custo subjetivo (*le drame subjectif*) a que cada uma dessas crises leva (Lacan menciona J. R. Mayer e Cantor). No entanto, o sujeito aqui não é simplesmente aquele que surge com esta ou aquela nova ideia, é o que emerge na *descontinuidade* que define os avanços científicos. Se a ciência não tem memória, não tem memória daquilo a partir de onde aflora o status objetivo de suas enunciações. Novamente, não se trata de verdades científicas serem necessariamente subjetivas (ou de ir contra a alegação de que enunciados científicos se sustentam independentemente de quem, por que ou como elas são enunciadas): esse "custo subjetivo" não é algo que – se não tivesse sido esquecido – teria de alguma forma mudado ou influenciado o status *objetivo* das alegações. O que escapa (da memória) é simplesmente isto: no cerne de cada descoberta científica relevante, há uma *descontinuidade* radical que estabelece o status absoluto ("eterno" ou atemporal) de seus objetos; e o sujeito é o nome dessa descontinuidade. Como Lacan afirmou no mesmo ensaio, "o sujeito é, por assim dizer, internamente excluído de seu objeto" (Lacan, 2006a, p. 731). Esse é justamente o sujeito que carrega a dimensão de verdade que a psicanálise "põe em marcha".

E é isso que fica bem capturado na história de Gosse se mudarmos um pouco a imagem: a ciência é o Deus que, ao criar a realidade, não pode deixar de apagar os traços de sua própria criação, o Deus que "não tem memória". É isso que significa a afirmação de que "o sujeito do inconsciente é o sujeito da ciência moderna". O que está escrito nas rochas não é uma mentira enorme; o fato de que a ciência cria seu objeto não significa que esse objeto não existisse antes dessa criação, e que, portanto, os "enunciados ancestrais" ou "arquefósseis" sejam simplesmente sem sentido; significa que o caráter absoluto da existência dos "arquefósseis" é a *própria forma* da contingência absoluta. A psicanálise afirma que a realidade da criação (significante) vem com um acréscimo inesperado: o inconsciente. O inconsciente é a prova da existência do contingente; é onde algo do qual não temos memória continua a operar como verdade. O que essa verdade testemunha em primeiro lugar é o *corte* através do qual tudo que é "significativo" [*meaningful*], ou que é tido como sendo "verdadeiro" ou "falso", é criado. Por exemplo – e se voltarmos à ciência –, isso também implica que nenhuma quantidade de "plasticidade do cérebro" pode suavizar ou evitar o corte infringido aos significantes capazes de produzir uma teoria científica plausível dessa mesma "plasticidade". A verdade não pode eliminar esse corte sem perder seu próprio *real* e cair diretamente em mais uma *Weltanschauung* ou "visão de mundo". Pois o cérebro, como um referente relevante da ciência, não é o pedaço de carne em nossas cabeças, mas um objeto para o qual (e no qual) o arcabouço científico tem consequências. Isso é o que as "ciências do cérebro" costumam esquecer, e o que os sujeitos do inconsciente nos fazem recordar.

Humano, animal

Continuemos agora nossa investigação, voltando nossa atenção para a categoria filosófica do "animal humano" e interrogando o tipo de mapeamento diferenciador que ela implica. Filosoficamente falando, a questão do animal humano sempre se baseou na dupla diferença. Há, em primeiro lugar, a diferença que supostamente nos distingue como humanos (seja a razão, a linguagem, o uso de ferramentas...). Inicialmente, essa diferença pode ser tomada como qualquer outra diferença que diferencie uma espécie animal de outras. Nessa perspectiva, os humanos têm um lugar (adequadamente diferenciado) dentro do reino animal; podemos colocar os seres humanos lá, na árvore evolutiva, junto a outros animais, em toda a sua especificidade (e apesar dela). Essa é uma diferença de primeiro nível, que poderíamos chamar de inclusiva, no sentido de que *aloca* nosso próprio lugar dentro de uma estrutura diferencial (animal). Somos um tipo específico de animal chamado "humanos" (ou animais humanos).

A questão capciosa (e controversa) só começa aqui e pode ser formulada da seguinte forma: a diferença humana é um tipo diferente de diferença? Essa é a questão da "exceção humana", que geralmente é posta em termos autorreferenciais (autodiferenciais), e não simplesmente diferenciais. A questão de saber se também somos algo mais do que apenas outro tipo de animal sempre parece mobilizar a divisão, não simplesmente entre nós e os animais, mas também entre nós mesmos como animais e nós mesmos como outra coisa: entre nós como "animais humanos" (digamos, como funcionando no nível das necessidades "animais" básicas) e nós mesmos como algo mais, ou outro. Ou seja: como seres humanos, não somos diferentes dos animais como "seres inteiros"; somos em parte animais e em parte algo muito diferente, até mesmo completamente diferente. A diferença corpo/espírito é o protótipo dessa situação, também em sua versão laica. Nesse enquadramento, a distinção e a superioridade do segundo termo geralmente são testemunhadas por sua capacidade de ignorar, ou mesmo de se voltar ativamente contra o primeiro termo, que nos conecta à animalidade.

Dentro desse quadro geral, parece haver duas maneiras dominantes de conceber o que seria a "animalidade" humana. Na primeira, o animal (como em "animal humano") é retratado como a figura de um *excesso indomado*. Essa noção está enraizada sobretudo em um aspecto específico do imaginário cristão que, ao mesmo tempo, inventava a autonomia do excesso e a preconizava como pecado, "terceirizando-a", por assim dizer, ao outro em nós (o animal). Não que tal comportamento tenha muito a ver com o dos animais; "comportar-se como um animal" pode ser encarado aqui como qualquer tipo de "fraqueza" humana entendida como uma incapacidade de controlar, domar ou suprimir esse excesso. Essa é a imagem de um gozo desenfreado e excessivo.

Um pouco diretamente oposta à figura de um excesso indomado é a figura da animalidade *como desprovida de qualquer excesso* (*real*). Eu diria que essa é uma figura predominantemente moderna do animal humano: um sistema orgânico (e/ou simbólico) fechado sobre si mesmo, inteiramente "regrado", incapaz de fazer algo mais do que ser uma extensão da "causalidade natural", não sendo eliminado por uma espécie de inquietação excessiva, ser-para-a-morte (Heidegger), gozo (Lacan), capacidade de verdade baseada no *excès errant* (Badiou)...

O primeiro exemplo dessa figura moderna que nos vem à mente é, claro, Kant. O que ele chama em sua filosofia prática de ações "patológicas", não éticas, são simplesmente ações do "animal humano". Tais ações não implicam nenhum tipo de crime espetacular, excessivo ou "bestial"; seu "crime" básico é que não fazem nada além de *se adaptar à lei* (da causalidade natural, isto é, do "animal humano"). Por exemplo – e esse princípio é bem conhecido: se fazemos algo certo, mas por medo, inclusive o temor de Deus, agimos como animais humanos, não como sujeitos éticos. Para nos qualificarmos como sujeitos éticos, não basta agir de acordo com a lei moral – o que é necessário é aquele adicional, excedente "somente por causa da lei", que por si só indica para Kant que algo além da causalidade natural poderia de fato estar ocorrendo. Refraseando, o propriamente humano, o "humano humano", está do lado do excesso, inclusive do excesso da própria lei moral, interrompendo a causalidade natural.

Provavelmente não é surpreendente que Nietzsche sugira outra perspectiva que, pelo menos até certo ponto, aproxima-se do que Freud e Lacan parecem propor: a saber, que o problema com o "animal humano" é que ele não é "completamente" aquilo que supostamente deveria ser. Ou seja, o problema com os humanos não é que eles sejam metade animais e metade outra coisa, mas que sejam metade animais, ponto final. Não apenas existe somente a parte animal, mas mesmo essa parte não é "inteira", falta-lhe algo. E a diferença (toda a "superestrutura" da humanidade) é gerada no lugar dessa falta. Ela é gerada como disfarce, como roupa para essa falta, para esse fracasso de ser totalmente animal.

Vejamos algumas passagens do parágrafo intitulado "Em que medida a moral é dificilmente dispensável", de *A gaia ciência*:

> Um ser humano nu é geralmente uma visão vergonhosa [...] Suponha que, devido à malícia de algum mágico, o comensal mais alegre à mesa de repente se visse sem panos e despido; acredito que [...] sua alegria desapareceria e que o apetite mais forte seria desencorajado – parece que nós, europeus, simplesmente não podemos prescindir daquele disfarce que chamamos de roupas.
>
> Agora considere a maneira como o "homem moral" está vestido, como ele está velado por trás de fórmulas morais e conceitos de decência – a maneira como nossas ações são benevolentemente ocultas pelos conceitos de dever, virtude, senso de comunidade, honra, abnegação – deveria o motivo de tudo isso não ser igualmente bom? Não estou sugerindo que tudo isso pretenda mascarar a malícia e a vilania humanas – o animal selvagem em nós; minha ideia é, ao contrário, que é justamente como *animais domados* que somos uma visão vergonhosa e necessitada de disfarce moral [...] O europeu se disfarça *de moralidade* porque se tornou um animal doente, enfermo, aleijado [...]; pois ele é quase um aborto, quase uma metade [*etwas Halbes*], fraco, desajeitado (NIETZSCHE, 1974, p. 259).

Nietzsche fala do homem *tornando-se* tal, e de tornar-se tal em uma localização geográfica específica (Europa), o que parece sugerir que – em algum lugar, não aqui, em algum momento, não agora – aqui existiu um Animal real, (humano) "completo"... Sem endossar essa perspectiva, gostaria simplesmente de manter a poderosa imagem do "homem" como *etwas Halbes*, como um animal abortado antes de ser "acabado". E da cultura e da moralidade como ocorrendo, ou como ancoradas, precisamente nesse ponto de incompletude ontológica do ser-animal, no lugar de algo que existe com o propósito de "domar" ou esconder o animal selvagem em nós. Essa não é a imagem do homem como meio animal e meio outra coisa, mas do homem como um ser a cuja parte animal falta algo, e da "humanidade" aparecendo como o vestido (disfarce) para encobrir essa falta, essa parte faltante. A imagem é interessante porque não sugere simplesmente uma espécie de noção evolucionista (vulgar) do que é propriamente humano como uma prótese, complementando uma deficiência/fraqueza, compensando-a, como uma perna artificial substituindo uma perna orgânica perdida, por exemplo. A imagem sugere algo diferente: cobrir, vestir a parte faltante, ou seja: inventar/produzir "humanidade" *sobre e em torno* desse vazio (em torno da inexistência do Animal), sem eliminá-lo ou preenchê-lo (como faria um membro ou órgão artificial). Um meio-animal é enfeitado (não há continuidade direta entre ele e o vestido, mas uma hiância irredutível), e agora esse mesmo vestido torna-se o *local* do desenvolvimento (ulterior), da invenção da humanidade e do eventual excesso.

O que a psicanálise (lacaniana) traz para esse debate sobre o animal humano tem algo em comum com a sugestão nietzschiana: não há nenhum "animal humano" entendido como uma entidade animal plenamente operativa e autossustentável no homem. *Não existe* animal, nível zero de humanidade ("animal humano") que, entregue à própria sorte, funcionaria numa espécie de piloto automático de sobrevivência ou autopreservação. Não existe um nível zero do humano (animal), como uma base quase neutra, a partir do qual um ser humano no fim das contas acabaria por divergir e ascender em direção a aspirações e realizações mais nobres e propriamente humanas. O animal humano é um animal inacabado, ou seja, um animal que não opera/funciona como deveria. O mais (o que no humano é mais do que animal) toma o lugar do menos (o que no humano é menos do que animal).

Em seu nível mais geral, a teoria psicanalítica das pulsões (como diferentes dos instintos) é exatamente uma conceituação dos desvios em atuação já nesse suposto nível zero de funções orgânicas, necessidades e suas satisfações. Como enfatizei em capítulos anteriores (e elaborei mais detalhadamente alhures),[58] o conceito de pulsão (e de seu objeto) não é simplesmente um conceito de desvio de uma necessidade natural, mas algo que lança uma nova e surpreendente luz sobre a natureza da necessidade humana como tal: nos seres humanos, qualquer satisfação de uma necessidade permite, em princípio, que ocorra outra satisfação, uma satisfação que tende a se tornar independente e a se autoperpetuar na busca e reprodução de si mesma. Não há necessidade natural que seja absolutamente pura, isto é, desprovida desse elemento a mais que a cinde por dentro. A pulsão não pode ser completamente separada das necessidades e funções biológicas, orgânicas (uma vez que ela se origina em seu domínio, começa por habitá-las), tampouco ser reduzida a elas.

Essa vida das pulsões, que é independente, e sua própria lógica autônoma, que além do mais se combina com coisas, ideias e objetos diferentes, essa satisfação para além da necessidade, ou prazer além do prazer, é o que Lacan chama de gozo (*jouissance*). E é aqui que ele situa a diferença entre "animal" e "humano". Ele diz, por exemplo: "Se um animal come regularmente, é claramente porque que não conhece o gozo da fome" (LACAN, 2011, p. 54).

Esse é também o argumento de Lacan em relação a Heidegger e seu *Sein-zum-Tode*, ser-para-a-morte, que define para ele (Heidegger) a diferença humana. Isso poderia ser considerado como uma intervenção propriamente lacaniana em um significativo debate filosófico contemporâneo. Qual é o status da morte

---

[58] ZUPANČIČ, 2008.

no ser-para-a-morte de Heidegger? Se a morte não é exatamente trivial, isso ocorre pela simples razão de que nossa consciência e nosso relacionamento/atitude em relação a ela fazem toda a diferença e abrem a dimensão metafísica propriamente dita. Sendo bem objetiva: por causa da morte, importa como somos e vivemos, o que fazemos. Žižek estava certo ao apontar, nesse contexto, como seria errado ler o "ser-para-a-morte" e, de maneira mais geral, o tema da finitude humana na filosofia contemporânea simplesmente como uma obsessão mórbida com aquilo que torna o homem igual, e portanto reduzido, a um mero animal; ou seja, interpretar esse princípio como uma cegueira em relação àquela dimensão propriamente metafísica que no fim das contas permite ao homem ganhar a "imortalidade" de uma forma particularmente humana. Esse tipo de leitura ignora uma observação crucial feita por Heidegger a propósito da ruptura crítica de Kant: o próprio espaço para a "imortalidade" específica da qual os seres humanos podem finalmente participar é aberto pela relação única do homem com sua finitude e a possibilidade da morte. O que está, portanto, em jogo (com relação a esse tema da "finitude" e do ser-para-a-morte) não é que ele negue o modo particularmente humano da "imortalidade"; ao contrário, o tema nos lembra que essa "imortalidade" é baseada exatamente no modelo específico da finitude humana (Žižek, 1999, p. 163).

No que diz respeito a essa questão, não há dúvida de que Lacan pertença à perspectiva pós-kantiana formulada por Heidegger. A mudança (e com ela uma diferença muito importante em relação a Heidegger) ocorre em outro momento, e a maneira mais simples de elaborá-la talvez seja a seguinte: o lugar estrutural ocupado, para Heidegger, pela *morte* (como o próprio modo da finitude humana que fundamenta a imortalidade humana em particular) torna-se, para Lacan, o real do gozo. O argumento de Lacan aqui é extremamente preciso e ao mesmo tempo abrangente: não é apenas nossa atitude em relação à (possibilidade da) morte que abre o espaço da dimensão especificamente humana (por exemplo, a possibilidade de ações que não são redutíveis à causalidade da ordem positiva do Ser, a este ou aquele cálculo dos prazeres); na verdade, é o fato de estarmos situados dentro de uma porção (não buscada) de gozo que torna possíveis diferentes atitudes em relação à morte, antes de tudo. A morte como tal, em si, ainda não envolve a possibilidade de uma relação "dramática" consigo mesma; essa relação só se torna "dramática" quando intervém o gozo: "O diálogo da vida e da morte […] torna-se dramático apenas a partir daquele momento em que o gozo intervém no equilíbrio da vida e da morte. O ponto vital, o ponto em que […] um ser falante surge nessa relação perturbada [*dérangé*] com o próprio corpo cujo nome é gozo" (LACAN, 2011, p. 43).

O argumento de Lacan aqui poderia ser resumido da seguinte forma: a relação entre vida e morte é de fato trivial, ou seria de fato trivial se não fosse sempre-já interrompida, complicada em sua origem. Em um nível mais básico, o gozo como "uma relação perturbada com o próprio corpo" refere-se ao fato de que o gozo, ao contaminar e temperar com o gozo a satisfação de todas as necessidades básicas do corpo, introduz no (suposto) imediatismo do viver e satisfazer as próprias necessidades uma hiância crucial, *décalage*, devido à qual as coisas podem tomar um rumo diferente do que se supõe ser normal ou natural. (Lembre-se: "Se um animal come regularmente, é claramente porque não conhece o gozo da fome.") O gozo é o que rompe o (suposto) círculo da vida animal e nos desperta para a metafísica…

Assim, o importante, nesse ponto específico, não é simplesmente que com os seres humanos o gozo pode ser *mais forte* do que a necessidade "natural" e a busca da autoconservação; o ponto é que o gozo modifica fundamentalmente a própria natureza da necessidade natural, cinde-a a partir de dentro. Não estamos mais lidando com a imagem de algum núcleo básico (natural) e um desvio dele – os desvios (e seu suporte significante) são a *natureza* do homem. É isso que mina a clássica divisão corpo/espírito – não simplesmente negando a existência do espírito nem sugerindo que ele possa ser deduzido do corpo (de forma linear), mas sugerindo que ele possa ser deduzido de algo no corpo que não está totalmente lá.

Nessa concepção – e diferentemente da perspectiva de Lacan em seus primeiros trabalhos –, o gozo que "se infiltra" dessa forma não é nada espetacular, não se refere a nenhum tipo de transgressão extravagante. Foi para enfatizar esse último ponto que Lacan cunhou a noção de mais-de-gozar (*plus-de-jouir*):

> É por isso que descrevo o que aparece aqui como "*mais-de-gozar*" e não forçando nada nem cometendo nenhuma transgressão. Eu imploro que você morda a sua língua por conta dessa bobagem. O que a análise mostra, se é que mostra alguma coisa [...] é precisamente o fato de que nunca transgredimos. Esgueirar-se não é uma transgressão. Ver uma porta entreaberta não é o mesmo que passar por ela [...] Não há transgressão nesse caso, mas sim uma irrupção, uma queda no campo, de algo não muito diferente do *gozo* – um excedente (LACAN, 2007, p. 19-20).

Mesmo nessa versão "modesta", porém, o gozo não é a finitude no sentido de encerramento, atrelando-nos irrevogavelmente ao registro do "animal humano" – aqui a perspectiva lacaniana difere, por exemplo, da perspectiva de Badiou, que fala a esse respeito de "nossa exposição carnal ao gozo, sofrimento e morte" (BADIOU, 2009, p. 1). Pelo contrário – e precisamente como algo inesperadamente "caindo no campo" (do nosso corpo) –, o gozo é o que perturba esse animal, desperta-o para uma realidade diferente, desperta-o para a metafísica (ou política), faz com que ele faça todo tipo de coisas estranhas, "humanas" ou inumanas. Aqui está outra passagem de Lacan que afirma exatamente isso:

> O que, de fato, significa dormir? Significa suspender o que há no meu tetrágono, o semblante, a verdade, o gozo e o

mais-de-gozar. É para isso que o sono é feito, quem já viu um animal dormindo pode verificar – o que está em jogo é suspender a ambiguidade presente na relação do corpo consigo mesmo, ou seja, o gozo (*le jouir*) [...] Quando estamos dormindo, o corpo se enrola, fecha-se em uma bola. Dormir é não ser perturbado. E o gozo é perturbador. Um sujeito geralmente está perturbado, mas, quando está dormindo, tem a expectativa de não ser perturbado. É por isso que, a partir daqui, o resto desaparece. Não se trata mais do semblante, nem da verdade, nem do mais-de-gozar – uma vez que tudo isso está relacionado, é a mesma coisa. No entanto, como Freud nos diz, o significante continua trabalhando durante o sono também (LACAN, 2011, p. 217).

E aqui, com essa última observação, elaboramos, é claro, a questão propriamente freudiana dos sonhos e desse gozo que o funcionamento do significante infiltra em um sonho, que no fim das contas nos perturba – mesmo quando estamos profundamente adormecidos, enrolados em uma bola –, despertando-nos de dentro do sonho. O ponto em jogo aqui é o próprio "enrosco" sobre o qual o famoso solilóquio de Hamlet se concentra:

                          Morrer, dormir –
Não mais – e ao dormir dizer que acabamos com
A mágoa e os mil choques naturais
Dos quais a carne é herdeira. É um desfecho
A ser devotamente desejado. Morrer, dormir –
Dormir – talvez sonhar: sim, aí está o enrosco,
Pois nesse sono da morte que sonhos possam vir
Quando tivermos descartado este lamento mortal,
Deve nos dar uma pausa. Aí está a questão
Que faz a calamidade tão duradoura.

O que constitui o problema, o que nos faz estremecer e hesitar, não é (o pensamento sobre) a morte, mas (o pensamento sobre) aquilo que – da mesma forma como nos assombra no sono da vida – pode nos assombrar no sono da morte. O que nos assusta é que mesmo no sono da morte algo possa vir e nos perturbar, assombrar-nos e não nos deixar (não) ser... Exatamente nesse sentido, a "pulsão de morte" (que, na psicanálise, é o nome conceitual dessa dimensão) não é tanto algo que visa à morte, mas um estranho desvio da suposta homeostase da própria morte. É isso que torna o termo "*morto-vivo*" [*undead*], usado por Žižek, tão apropriado para falar da noção de pulsão. Poderíamos dizer também que, em si mesmas, a vida e a morte são apenas partes do mesmo ciclo: a vida como vida ainda não é um desvio da morte ou o oposto da morte; na verdade, é sua continuação por outros meios.[59] Ou, se a vida é um desvio da morte, é um simples desvio; um desvio mais importante ocorre como desvio do desvio, que produz um terceiro processo: desvio da vida, a partir da vida, não produz simplesmente a morte, mas a "pulsão de morte" como algo morto-vivo que assombra tanto a vida quanto a morte. A vida seria, de fato, apenas uma curiosa extensão da morte, sua própria curiosa variante, se não houvesse outra variante surgindo dentro dessa variante, outro desvio que perturba o sono da própria vida: o gozo ou a pulsão.

No entanto, todas essas ênfases importantes ainda trazem consigo certo problema, ou ambiguidade. Pois parece que, com o postulado da pulsão (e de seu desvio constitutivo) como aquilo que constitui a exceção humana, perdemos também algo de essencial no conceito de pulsão. Para definir melhor esse problema, podemos recorrer às primeiras traduções, de outra forma altamente problemáticas, do termo freudiano "*Trieb*": "*instinct*", em inglês, "*instinct*", em francês, posteriormente substituído por "*drive*" e "*pulsion*". Apesar de seu caráter problemático, essas

---

[59] E efetivamente encontramos essa ideia em Nietzsche, quando ele diz: "Tenhamos cuidado ao falar que a morte é o oposto da vida. Viver é meramente uma forma do que está morto, e uma forma muito rara" (NIETZSCHE, 1974, p. 168). Encontramos uma ideia semelhante (e com uma reviravolta a mais) em Freud, e retornaremos a isso na conclusão.

primeiras traduções indicam um problema real. E, como era de se esperar, Lacan estava bem ciente disso. "Observe a ambiguidade que a palavra '*Trieb*' assumiu na estupidez psicanalítica [...] Sua utilidade no discurso analítico mereceria que não nos apressássemos em traduzi-la como 'instinto'. Mas, afinal, esses deslizes não ocorrem à toa. E, embora há muito tempo eu enfatize o caráter aberrante dessa tradução, mesmo assim temos o direito de nos beneficiar dela" (LACAN, 2007, p. 16).

Poderíamos dizer que essas primeiras traduções ("errôneas") não são simplesmente ou apenas o resultado de uma má compreensão de Freud, mas também o resultado de uma dificuldade real. Parece, de fato, que algo está irremediavelmente perdido em ambas as traduções, "*instinct*" (instinto) e "*drive*" (pulsão). Não há dúvida de que o que Freud descobriu e nomeou de *Trieb* não é "instinto" no sentido em que costumamos falar de "instintos animais" – como uma espécie de piloto automático de sobrevivência inata visando à autopreservação. E é importante ressaltar essa diferença. Mas, por outro lado, também corremos o risco de perder o fio da meada se simplesmente dissermos que a pulsão é algo *completamente diferente*, que nada tem a ver com "natureza" ou "animal", e se transformamos esse termo no portador (psicanalítico) da "exceção humana". Pois isso implicaria ir longe demais e pular o ponto mais difícil e crucial. Qual é esse ponto? É o fato de que *Trieb* (ou *jouissance*) não é precisamente nem um nem outro, nem (o) Animal nem simplesmente (o) Humano.

A topologia da pulsão pode, de fato, ser entendida de duas maneiras. Poderia ser entendida como postulando que *com os humanos* o desvio da necessidade orgânica (pilotar o Animal) é original, e que é esse desvio como original que constitui a Diferença, a Exceção humana. Essa seria a leitura-padrão. No entanto, há também outra leitura possível, que vai mais longe e radicaliza essa interpretação. Essa outra leitura sugere que – como um ser de pulsão – o homem não é parte da natureza (orgânica) nem sua exceção (nem entre uma e outra), mas *o ponto no qual a própria impossibilidade ou impasse inerente à natureza se articula como tal.* Nessa perspectiva, a diferença entre humano e animal torna-se muito peculiar: a "diferença humana" (ou singularidade) é o que testemunha o fato de que seu Outro (o Animal) não existe (que ele próprio é inconsistente, irredutível a uma espécie de pura força de sobrevivência que age em piloto automático). Lorenzo Chiesa[60] recentemente chamou a nossa atenção para uma mudança significativa que ocorre entre o trabalho inicial e o tardio de Lacan no que diz respeito à questão da "sexualidade animal". No *Seminário 1*, Lacan não hesita em defini-la como a correspondência eficientemente adequada de uma chave com um buraco de fechadura, implicando exatamente que o Animal existe. Por outro lado, o *Seminário 19* nos adverte que o "suposto modelo animal" de complementaridade reprodutiva perfeitamente biunívoca – "a imagem animal da cópula [que] nos parece ser um modelo suficiente do que está em jogo na relação sexual" – da qual nos desviaríamos como exceção biológica não é em si nada mais que um efeito colateral da "fantasia anímica" [*fantasme animique*] através da qual imaginariamente "observamos" o animal (LACAN, 2011, p. 96-98).

No entanto, isso significa que a diferença entre (sexualidade) humana e animal simplesmente desmorone? Não necessariamente. Podemos ainda sustentar que o gozo nomeia algo particularmente humano. No entanto, essa coisa particularmente humana é mais uma singularização de uma inconsistência geral que age na vida animal. É um *singleton* (no sentido matemático)[61] dessa inconsistência. Poderíamos dizer: enquanto a sexualidade animal é simplesmente inconsistente (e é isso que ela compartilha

---

[60] Ver Chiesa (2016).

[61] O *singleton* (ou singleto, ou conjunto unitário), na teoria dos conjuntos, é um conjunto com exatamente um elemento. Em outras palavras, um conjunto é um *singleton* se, e somente se, sua cardinalidade for 1. (N.R.T.)

com a sexualidade humana), o gozo é algo como um conjunto que contém essa inconsistência como seu único elemento. Ou seja, o que nos diferencia dos animais é destacar a negatividade que podemos *ter em comum*. Isso é o que faz toda a diferença. E essa singularização ocorre com o significante e sua lógica. Sob essa perspectiva, os humanos não são exceções ao animal nem são simplesmente animais; na verdade, eles são o ponto de interrogação para a própria noção do animal como uma entidade consistente. Os humanos são, literalmente, a prova viva de que o Animal não existe.

Mas se pode ir ainda mais longe e radicalizar tais postulados, estendendo-os à "natureza" ou à realidade material em si e sugerindo que o desvio do curso das leis naturais (ou da norma) não seja coextensivo com a humanidade (originada nela), mas se constitua da realidade e da norma como tais, e sinônimo do que Žižek chama de "constituição ontológica incompleta da realidade". O ser falante não é parte da natureza (orgânica) nem sua exceção (nem algo intermediário), mas seu *Real* (o ponto de sua própria impossibilidade, impasse). O ser falante é a existência real de um impasse ontológico. Assim, o que está em jogo não é que o homem se distinga por se desviar da natureza e suas leis; o homem não é uma exceção (constituindo o todo do resto da natureza), mas o ponto em que a natureza *existe* (apenas) pela inclusão de sua própria impossibilidade.

Daqui se poderia interpretar que a "norma natural" (por exemplo, o instinto não problemático, a homogeneidade da necessidade e sua satisfação e, de maneira mais ampla, as leis biológicas, químicas, físicas) é secundária em relação à "constituição ontológica incompleta" da natureza. No entanto, isso não significa que a norma ou as leis de fato não existam e que sejam simplesmente maneiras como o homem domestica e pensa o que é em si uma natureza caótica e incompleta. A constituição ontológica incompleta não é sinônimo de caos. O argumento que estou tentando defender seria outro: a natureza em si não é caótica, é "legal" [*lawful*] (no sentido científico),[62] mas essa "legalidade" nada mais é do que a própria estruturação de seu antagonismo interno, contradição ou "incompletude". *Ela é a sua própria forma.* Nesse sentido, as leis naturais existem precisamente pela inexistência da Natureza. – E nessa perspectiva não é por acaso que a física galileana efetivamente começa com uma afirmação que poderia ser elaborada da seguinte forma: "A natureza não existe" (ou seja: a Natureza como um todo significativo não existe). A legalidade da Natureza (incluindo as leis biológicas) não é o outro da natureza como inconsistente, mas é una, estritamente falando, com a inexistência da Natureza.

A introdução da noção de pulsão nos levou, consequentemente, a algumas especulações bastante ousadas, e certamente não é coincidência que a noção psicanalítica de pulsão (e particularmente de "pulsão de morte") tenha, sem dúvida, o destino filosófico mais amplo – não apenas entre filósofos lacanianos, mas também, por exemplo, para alguém como Deleuze. É exatamente a partir da noção de pulsão que o sexo aprofunda as interrogações ontológicas e trabalha para reformulá-las de maneira significativa. Quando Freud introduziu pela primeira vez a noção de pulsão de morte, em seu ensaio "Além do princípio de prazer", ele já estava se aventurando naquilo que é amplamente considerado como especulações selvagens e altamente controversas: especulações que, por isso mesmo, merecem nossa atenção e consideração.

Pulsão de morte I: Freud

Entre os filósofos lacanianos, a noção da pulsão de morte desempenha um papel muito importante e persistente,

---

[62] O termo "legal" (*lawful*) se apresenta aqui em sua vertente de algo regrado, composto por leis cientificamente formuláveis, em oposição à ideia de desordem ou de uma pura dispersão. O mesmo vale para a expressão "legalidade" (*lawfulness*), logo adiante, no sentido de "regramento". (N.R.T.)

geralmente aparecendo em momentos cruciais de vários argumentos conceituais. Apesar de muitos esclarecimentos (e exemplos) sobre a que essa noção se refere e o que nomeia, ainda há muita confusão em torno dela. Pode ser que essa confusão venha principalmente do fato de que, no que diz respeito à psicanálise, essa noção é e continua sendo uma espécie de canteiro de obras. Não que outras noções freudianas sejam estabelecidas e fixadas, sem possibilidade de uma vida conceitual ulterior, mas a pulsão de morte parece, em particular, carecer de algum tipo de ancoragem inicial ou fundamental. O motivo é muito simples: o que Freud, em "Além do princípio de prazer", introduz pela primeira vez sob o termo "pulsão de morte" (*Todestrieb*) não é exatamente aquilo que "nós" (eu me incluo entre os lacanianos que frequentemente trabalham com essa noção) entendemos por isso.

Como exemplo, aqui está Freud especulando sobre as possíveis origens do que ele chamará de pulsão de morte: "Os atributos da vida foram, em algum momento, relembrados na matéria inanimada pela ação de uma força de cuja natureza não podemos formar nenhuma concepção [...] A tensão que, por consequência, surgiu no que até então era uma substância inanimada tentou se anular. Assim nasceu a primeira pulsão (*Trieb*): a pulsão de retornar ao estado inanimado" (FREUD, 2001a, p. 39).

Essa pulsão de recuperar o suposto estado homeostático original, sem tensão, é o que ele chamará de pulsão de morte. E aqui está o que escreve Žižek sobre a pulsão de morte: "A pulsão de morte significa exatamente que a tendência mais radical de um organismo vivo é manter um estado de tensão, evitar o 'relaxamento' final na chegada a um estado de plena homeostase. A 'pulsão de morte' como 'além do princípio de prazer' é a própria insistência de um organismo em repetir interminavelmente o estado de tensão" (ŽIŽEK, 2004, p. 24).

É crucial insistir, no entanto, em que isso não é simplesmente um "mal-entendido" (na melhor das hipóteses) ou uma "formulação deliberada" (na pior), mas que realmente existe uma lógica psicanalítica (freudiana) que conduz a ambas as interpretações. Neste capítulo, proponho esboçar essa lógica e fazê-lo por meio de uma leitura atenta de algumas partes de "Além do princípio de prazer", que é um dos ensaios mais intrigantes e complexos de Freud (escrito em 1920). O ensaio não é de forma alguma "linear", mas, certamente, aponta várias mudanças significativas no posicionamento de Freud. Começaremos pelo meio, em que Freud se lança em algumas das mais espantosas reflexões especulativas por meio das quais introduz a noção de pulsão de morte. Essas poucas páginas merecem séria consideração não apenas porque introduzem essa noção pela primeira vez, mas também porque efetuam uma intrigante "desconstrução" de nossa compreensão espontânea da vida (e do vitalismo), privando a noção de vida de qualquer tipo de consistência ontológica ou fundamento. A partir daí, vou destacar e acompanhar várias mudanças de posicionamento e contradições no ensaio de Freud, a fim de propor a construção de uma noção diferente de pulsão de morte, mas que está implícita no ensaio em diferentes partes, e particularmente nas mudanças de posição e nas dúvidas às quais ele continua voltando. Argumentarei que o conceito psicanalítico genuíno da pulsão de morte está de fato relacionado a fenômenos que Freud vê principalmente em oposição à sua noção de pulsão de morte, a saber, sexualidade ("pulsões sexuais", que ele vê como "pulsões de vida"), e que é justamente no terreno da sexualidade que encontramos a chave da lógica da transição do conceito original de Freud para o conceito lacaniano de pulsão de morte.

Vamos começar *in medias res* e considerar esta longa e intrigante passagem de "Além do princípio de prazer":

> Se partirmos do princípio de que é uma verdade sem exceção que tudo que vive morre por razões internas – torna-se novamente inorgânico –, então seremos obrigados a dizer que "*a meta de toda vida é a morte*" e, em

retrospectiva, que "*as coisas inanimadas existiam antes das coisas vivas*".

Os atributos da vida foram em algum momento evocados na matéria inanimada pela ação de uma força de cuja natureza não podemos formar nenhuma concepção [...] A tensão que então surgiu no que era até o momento uma substância inanimada tentou se anular. Assim surgiu a primeira pulsão: a pulsão de retornar ao estado inanimado. Naquela época ainda era fácil para uma substância viva morrer; o curso de sua vida foi provavelmente breve, cuja direção foi determinada pela estrutura química da vida jovem. Por muito tempo, talvez, a substância viva foi assim sendo constantemente criada de novo e simplesmente morrendo, até que influências externas decisivas se alteraram de tal maneira que obrigaram a substância ainda sobrevivente a divergir cada vez mais amplamente de seu curso original de vida e a fazer desvios cada vez mais complicados antes de atingir sua meta de morte. Esses caminhos tortuosos para a morte, fielmente mantidos pelas pulsões conservadoras, apresentar-nos-iam hoje o quadro dos fenômenos da vida (FREUD, 2001a, p. 39).

O que Freud está dizendo nesse caso? Vista da perspectiva do resultado (tudo que vive eventualmente morre, e morre por razões internas), a morte parece ser a meta mais fundamental da vida. Freud sugere um caráter primário da pulsão de morte (como a pulsão inerente à vida em si mesma) e define as pulsões conservadoras como forças que fortalecem os desvios dessa pulsão fundamental. As "pulsões de vida" (ou pulsões de autoconservação) não seriam, portanto, uma espécie de força afirmativa (e espontânea) da vida, mas formações *secundárias* em relação à pulsão primária da vida, que é a pulsão de morte. Essa é uma reviravolta um tanto quanto surpreendente sobre o que forma nossa percepção espontânea: nessa perspectiva freudiana, não há nada de original ou espontâneo na afirmação e na conservação da vida. As pulsões de vida são automáticas (em piloto automático), mas não são ontologicamente primárias (nesse ponto, para Freud, há realmente uma primazia ontológica de, literalmente, "ser-para-a-morte"). As pulsões de vida são uma forma de "saber" (saber-fazer) necessária para a *preservação desse desvio* da negatividade fundamental implícita na vida, que é chamada de (pulsão de) morte. A pulsão de morte nomeia uma espécie de *fadiga ontológica* ou fundamental da vida em si. É a corrente constante da vida em todas as suas formas coloridas e exuberantes. Não é o oposto dessas formas, mas está presente em todas elas.

Por mais estranhas que pareçam essas especulações, elas não devem ser descartadas tão rapidamente. Colocando em questão um pressuposto automático (ainda que problemático, até fantasmático) de que existe algum tipo de *força* original ou "vontade" de vida, Freud é capaz de preparar o terreno para uma hipótese profundamente interessante. O que ele diz é basicamente isto: a vida é acidental, e não há vontade (misteriosa) em lugar algum que *queira* viver: o que vemos como "forças vitais" são pulsões formadas no processo de reiteração do(s) acidente(s) chamado(s) vida. Eles "sabem" conservar (preservar) os caminhos dessa reiteração, mas não *querem* nada nem almejam nada.

O que Freud está dizendo aqui é, na verdade, bem diferente da retórica do combate entre pulsões de vida e pulsões de morte (que ele também usa ocasionalmente). Essa última retórica sugere que existam duas forças independentes (a "vontade de viver" e a "vontade de morrer"), como dois Princípios lutando entre si. No entanto, isso *não faz sentido* se olharmos atentamente para o que Freud está dizendo na passagem citada anteriormente. Não há luta nesse momento: a vida é um caminho tortuoso para a morte, e as pulsões conservadoras são o chão dessa rota, são um com ela, indistinguíveis dela. Elas não "querem" nada, elas não "lutam" com a morte, elas simplesmente cumprem seu papel de fazer esse caminho particularmente tortuoso para o inanimado operante. Estritamente falando, eles trabalham para *manter esse caminho*, e não simplesmente para "manter a vida". Freud é mais do que explícito nesse aspecto: "Vista através desse prisma, a importância teórica das pulsões de autoconservação, de autoafirmação e de dominância diminui muito. *São pulsões constitutivas cuja função é assegurar que o organismo siga seu próprio caminho até a morte* e afastar quaisquer meios possíveis de retornar à existência inorgânica que não aqueles meios que são imanentes ao próprio organismo" (FREUD, 2001a, p. 39).

De acordo com essa percepção, as pulsões de autoconservação não *mudam* – nem mesmo temporariamente – a meta fundamental da vida (a morte), elas simplesmente introduzem uma *temporalidade* a ele. E o modo dessa temporalidade é essencialmente a *repetição*. As pulsões conservadoras repetem caminhos de vida adquiridos/estabelecidos, a menos que sejam forçadas (por razões externas) a mudá-los; nesse caso, elas tendem a repetir esses caminhos modificados, e é isso que percebemos erroneamente como pulsões que impulsionam a mudança, o desenvolvimento e a produção de novas formas (FREUD, 2001a, p. 37). Nada está *impulsionando* esse tipo de mudança – não há pulsão para isso.

Então, o que é a vida, se aceitarmos e seguirmos essas reflexões freudianas e explicitarmos suas implicações? A vida não tem fundamento ou fonte própria. É algo que *acontece* com o inanimado, é um acidente que ocorre no inanimado (possivelmente devido à sua própria contradição ou inconsistência inerentes). Não é simplesmente seu outro. É uma interrupção, uma perturbação do inanimado, uma hiância que aparece nele; ou, em outra perspectiva especulativa viável: a vida dá uma forma singular e separada a uma hiância inerente em razão da qual o inanimado não coincide simplesmente consigo mesmo.

Na mesma linha dos grandes materialistas, e para desacreditar a visão antropocêntrica (ou "correlacionista") da realidade, é dito que o inanimado é indiferente à vida, que existia muito antes da vida e existirá muito depois de a vida tornar-se extinta.

No entanto, o que as considerações anteriores nos convidam a fazer é ir ainda mais longe. No lugar de dizer que o universo (inanimado) está se lixando se vivemos ou morremos (e que da perspectiva do universo nossa existência é absolutamente insignificante), somos convidados a considerar uma possibilidade que nos torna ainda menos excepcionais: que somos meras perversões, prazeres estranhos, do *próprio inanimado*. Não no sentido de constituirmos partes integrais e harmoniosas do grande todo ou círculo do universo (dando origem ao "sentimento oceânico" também discutido por Freud), mas no sentido de constituirmos seus tiques e caretas.

A vida é apenas um sonho do inanimado. Mais precisamente, é um *pesadelo* do inanimado (sua perturbação durante um sonho ruim), pois o inanimado não quer nada além de ser deixado em paz. Nesse sentido, poderíamos dizer que a pulsão de morte não é tanto uma pulsão, mas uma fadiga ontológica no sentido de um *afeto* fundamental da vida – não que ela seja necessariamente vivenciada, "sentida" como fadiga; está presente como uma espécie de "afeto objetivo" da vida...[63]

Até aqui discutimos o que Freud escreve mais ou menos no meio de seu ensaio. Passemos agora ao seu início, em que Freud (re)afirma sua convicção sobre o caráter primário do que denominou "princípio de prazer":

> Na teoria psicanalítica não hesitamos em supor que o curso dos eventos mentais seja automaticamente regulado pelo princípio de prazer. Acreditamos, isso sim, que o curso desses eventos é invariavelmente desencadeado por uma tensão desagradável, e que toma uma direção tal que seu resultado final coincide com um abaixamento dessa tensão,

---

[63] Fui levada a fazer tal conexão entre a pulsão de morte freudiana e a fadiga quando fui convidada a falar no Pembroke Research Seminar (Brown University) sobre "Fadiga", coordenado por Joan Copjec, em 2015-2016.

> ou seja, com uma diminuição de desprazer ou uma produção de prazer [...] Decidimos relacionar prazer e desprazer à quantidade de excitação que está presente na mente, mas que não está de forma alguma "ligada"; e a relacioná-los de tal maneira que o desprazer corresponda a um *aumento* na quantidade de excitação, e o prazer, a uma *diminuição* (FREUD, 2001a, p. 7-8).

Fica claro a partir dessa passagem que "o princípio de prazer" para Freud não se refere a nenhum tipo de busca e luta hedonista pelo prazer, à busca ativa de gratificação e satisfação, mas basicamente à busca de alívio (da tensão e da excitação), à "diminuição da tensão", na tentativa de atingir um estado homeostático. Se agora relacionarmos essas frases iniciais do ensaio de Freud com nossa discussão anterior, fica claro como o "princípio de prazer", com sua tendência homeostática, é, na verdade, um *equivalente mental* do que aparece mais tarde nas especulações de Freud como a tendência fundamental de toda a vida de retornar ao inanimado e, portanto, reduzir a tensão induzida (na matéria inanimada) pelo surgimento da vida.[64] Nesse sentido exato, e por mais paradoxal que possa parecer, a pulsão de morte, como inicialmente apresentada por Freud, é apenas outro nome para o "princípio de prazer". E, quando ele passa a descrever como o "princípio de realidade" (relativo à preservação da vida) nos obriga a fazer exceções ao princípio de prazer como fundamental, Freud usa exatamente a mesma imagem de um desvio que ele usa mais tarde no contexto da discussão da relação entre vida e pulsão de morte: "Sob a influência das pulsões de autoconservação do Eu, o princípio de prazer é substituído pelo princípio de realidade. Esse último princípio não abandona a intenção de, em última instância, obter prazer, mas exige e efetua

---

[64] "A tensão que surgiu então naquilo que até o momento havia sido substância inanimada levou-a a se cancelar. Assim sendo, a primeira pulsão aflorou: a pulsão de retornar ao estado inanimado."

o adiamento da satisfação, o abandono de várias possibilidades de obtenção de satisfação e a tolerância temporária do desprazer como um passo no longo caminho indireto rumo ao prazer" (Freud, 2001a, p. 10).

Esse é exatamente o quadro que discutimos anteriormente: a vida como uma perturbação e um adiamento temporário do que aparece como uma espécie de prazer metafísico (homeostase) do inanimado. A vida/princípio de realidade é um adiamento da morte e do princípio de prazer implícito nela. O princípio de prazer é sinônimo de pulsão de morte, que permanece – apesar dos desvios e adiamentos temporários – a meta/princípio fundamental da vida [...] Há um *mapeamento direto, ponto a ponto*, que poderia ser feito entre os dois, entre o princípio de prazer e a pulsão de morte (tendência ao retorno ao inanimado) como presente em toda a vida. E, assim como as pulsões de autoconservação não são o oposto da pulsão de morte, mas apenas seus desvios inerentes, o princípio de realidade não se opõe ao princípio de prazer, mas funciona como seu prolongamento tortuoso. Estritamente falando, não há "*além* do princípio de prazer" a ser esclarecido aqui. Ao contrário do que estamos propensos a esperar, não é, portanto, a noção (original) freudiana da pulsão de morte que corresponde ao que se passa "além do princípio de prazer" e, portanto, ao que levou Freud a escrever esse ensaio em primeiro lugar (ou seja, o fenômeno de pessoas se atrelando a, e repetindo, algumas experiências *decididamente desprazerosas*).

A oposição real aparece apenas no passo seguinte, quando Freud – depois de trabalhar com a hipótese da pulsão de morte como única pulsão – introduz o que chama de "as verdadeiras pulsões de vida", que identifica como sexuais. As "pulsões sexuais" (diferentes das pulsões de autoconservação) são agora as únicas pulsões que parecem romper o círculo de vida e morte tal como dominado pelo princípio de prazer e sua meta fundamental de retornar ao inanimado. Elas prosperam em (pelo menos um pouco de) excitação e tensão, e são, biologicamente falando, relacionadas à continuação "infinita" da vida e mantidas por sua "tensão". Elas também, quer falemos de reprodução (união de duas células diferentes), de amor (em todas as suas várias formas) ou de todas as grandes sublimações (como a arte), desviam-se e abraçam alguma *alteridade*, diferença, o Outro (ou, pelo menos, um cheiro do outro). O prazer (no sentido freudiano), por outro lado, não precisa do Outro; o Outro (como Outro) é bastante perturbador para ele (o prazer) [...] As pulsões sexuais não vão tanto *contra* o princípio de prazer, pois parecem suspendê-lo, *invalidando-o como princípio* antes de tudo. Elas parecem ser antifadiga e ter uma força motriz e lógica próprias. É muito importante termos em mente que não se trata simplesmente de uma força motriz da *vida*, mas de algo singular que ocorre *dentro* da vida. A simples equação de "pulsões sexuais" e "pulsões de vida" é, portanto, enganosa, uma vez que as primeiras referem-se a algo na vida mais (ou menos) do que (apenas) à vida.

Essa é a parte do texto de Freud em que ele estabelece (após explorar a hipótese de que a única pulsão da vida é uma pulsão de morte) o que ele mesmo chama de visão *dualista*, com uma clara oposição entre *Lebens- oder Sexualtriebe* e *Todestriebe* (uma oposição que pode ser rapidamente resumida como a oposição entre Eros e Tânatos). *Todestriebe* corresponde ao que discutimos até aqui (à fadiga como afeto fundamental e objetivo da vida), enquanto as pulsões sexuais *se separam desse* destino e dessa lógica, e operam em outra direção; não são apenas adiamentos da morte, desvios no caminho da vida para a morte: são desvios que fazem/introduzem uma diferença real, produzem algo "novo"; eles até mesmo estabelecem uma "imortalidade potencial" (da espécie, ao preço da morte de organismos individuais).

No entanto, essa visão dualista também se mostra insustentável, e o que a enfraquece ou a complica é, simplificando, que a sexualidade não pode ser subordinada à noção de "pulsões de vida". Se a sexualidade correspondesse a uma "pulsão de vida", não haveria psicanálise, pois uma de suas principais descobertas foi justamente que não havia nenhum princípio fundamental (ou Lei) orientando a sexualidade humana. Além disso, a ideia de algo (em nós) que *vise à* continuação da vida, e algo que vise ao seu retorno ao inanimado, não é o que corresponde à noção de pulsão (*Trieb*) propriamente dita, que é uma noção muito mais interessante e complexa, envolvendo uma cisão, a repetição, uma satisfação a mais e uma pressão constante. Em uma breve referência a Jung que Freud faz nesse momento, ele parece ser lembrado do seguinte fato: o dualismo das pulsões ("pulsões de vida" e "pulsões de morte") é, na verdade, o outro lado do conceito da libido como uma substância "neutra", dessexualizada. Jung, diz ele, "fazendo um julgamento precipitado, usou a palavra libido para significar 'força pulsional' (*Triebkraft*) em geral".[65] É exatamente isso que está em jogo nessa divisão com Jung, essa dessexualização da libido como uma substância primária neutra, posteriormente dividida entre diferentes pulsões que fazem parte desse "grande todo" chamado libido, e que constituem basicamente dois princípios (complementares)... O movimento fundamental de Freud, por outro lado, foi dessubstancializar a sexualidade: o sexual não é um princípio a ser adequadamente descrito e circunscrito, é a impossibilidade mesma de sua própria circunscrição ou delimitação. A sexualidade não pode ser completamente separada das necessidades e funções biológicas, orgânicas (uma vez que se origina em seu domínio, começa por habitá-las), nem pode ser simplesmente reduzida a elas. O sexual não é um princípio ou domínio separado da vida humana, e é

---

[65] FREUD, 2001a, p. 53. Jung adotou a noção freudiana de libido e, aparentemente com pequenas modificações, deu a ela um sentido completamente diferente. Para Jung, a libido se transforma na expressão psíquica de uma "energia vital", cuja origem não é apenas sexual. Sob essa perspectiva, libido é um nome genérico da energia psíquica, que é sexual apenas em alguns pontos. Freud notou imediatamente que seguir esse ponto de vista junguiano levaria a sacrificar "tudo o que ganhamos até aqui da observação psicanalítica" (FREUD, 1977b, p. 140).

por isso que pode habitar todos os domínios da vida humana. Em última análise, nada mais é do que a contradição inerente da "vida", que, por sua vez, perde seu caráter autoevidente.

 A referência a Jung nesse ponto do ensaio parece fazer com que Freud se lembre disso e, na verdade, sopra um vento novo e diferente nas velas de seu argumento. Agora caminhamos na direção de uma hipótese de que existam *apenas pulsões sexuais* (ou que todas as pulsões sejam sexuais). Nada decorre dos achados psicanalíticos, afirma Freud, que aponte para outras pulsões além das libidinais, e as libidinais são sexuais. Freud agora se inclina para o "monismo", mas não do tipo junguiano (que é o monismo da substância-libido); ele vai na direção do que eu chamaria de monismo (singularidade) do antagonismo, da contradição ou da cisão. Ele reconhece esse antagonismo e essa cisão na base das próprias pulsões sexuais, e não na "sua" definição pulsão de morte, que, como vimos, é bastante monolítica. Por exemplo, o próprio objeto de amor pode ser dividido entre amor e ódio, ou, como Lacan formulou de maneira pungente: "Eu te amo, mas, porque inexplicavelmente amo em você algo mais do que você – o *objet petit a* – eu te mutilo" (LACAN, 1987, p. 263). Freud então reafirma sua convicção de que tudo o que a ciência pode nos dizer neste momento equivaleria ao fato de que existem apenas pulsões sexuais. Mais precisamente, que apenas os impulsos sexuais possivelmente nos empurram para outro lugar que não seja o retorno a um estágio anterior (homeostático). Isso pode ser ainda mais delimitado ao se dizer que apenas as pulsões sexuais nos "*impulsionam*" em qualquer sentido significativo da palavra (diferentemente do "magnetismo do inanimado", que parece pertencer à modalidade da *fadiga*, e não da pulsão propriamente dita – *Trieb*).

 Reafirmando sua tese central sobre a "natureza" sexual da libido como tal, Freud, na última parte de seu ensaio, trabalha assim com a hipótese de que existam apenas *pulsões* sexuais. E também, de maneira quase imperceptível, a perspectiva muda, consequentemente (mais uma vez), de forma dramática. Do monismo da pulsão de morte (enquanto princípio de prazer) passamos ao dualismo de Eros e Tânatos (isto é, das pulsões sexuais e pulsões de morte), e daí ao monismo das pulsões sexuais.

Em que sentido podemos dizer que isso agora implica um "monismo" não de substância, mas de uma cisão ou um obstáculo que impede a substância de ser-um? Em primeiro lugar, as pulsões sexuais não são mais vistas simplesmente como pulsões de vida, porque repetem ou reproduzem a própria cisão entre vida e morte; com as pulsões sexuais, a morte é *inerente* à vida, condicionando sua perpetuação (e – em suma – essa negatividade [esse "menos"] inerente à vida torna-se o próprio lugar da vida *psíquica* – na medida em que esta coexiste com o inconsciente).

A repetição da morte *dentro* vida sexuada é apontada por Freud tanto no nível celular[66] quanto no nível do indivíduo envolvido na reprodução sexual.

Lacan o explica da seguinte forma: "Sabemos que a divisão sexual, na medida em que reina sobre a maioria dos seres vivos, é a que garante a sobrevivência de uma espécie [...] Digamos que a espécie sobrevive na forma de seus indivíduos. No entanto, a sobrevivência do cavalo como espécie tem um sentido – cada cavalo é transitório e morre. Então, vocês veem, a conexão entre sexo e morte, sexo e a morte do indivíduo, é fundamental" (LACAN, 1987, p. 150).

Lacan por vezes retorna e reafirma essa implicação da morte no próprio cerne da sexuação; às vezes em termos mesmo de "morte" e às vezes na linguagem mais formal de "redução" ou

---

[66] Células germinativas (germes) são capazes de existência independente. "Sob condições favoráveis elas começam a se desenvolver – ou seja, a repetir o desempenho devido ao qual devem sua existência; e, ao fim, novamente uma parte de sua substância vai atrás de seu desenvolvimento a termo, ao passo que outra parte retorna, novamente, ao estado germinativo residual do início do processo de desenvolvimento" (FREUD, 2001a, p. 40).

"perda" envolvida na reprodução sexual (por exemplo, quando ele se refere à união de dois conjuntos de cromossomos).

Com a reprodução sexual, a morte torna-se inerente à vida; não é simplesmente seu fim ou sua meta última (como no "retorno ao inanimado"), mas sua negatividade inerente e seu pressuposto interno. Esse é precisamente o ponto em que outra noção (lacaniana) da pulsão de morte começa a tomar forma, embora – como veremos – essa cisão em si ainda não equivalha à pulsão de morte propriamente dita.

Crucial para entender a mudança do conceito freudiano para o lacaniano da pulsão de morte é, portanto, o conceito (freudiano) de sexualidade (e sua relação com o inconsciente). Entre Freud insistindo em que, considerando todas as coisas, existem apenas *pulsões* sexuais (ou que as pulsões são sexuais por definição) e Lacan dizendo que "toda pulsão é virtualmente uma pulsão de morte" (LACAN, 2006a, p. 719), o "elo perdido" é simplesmente este: a morte é o que espreita no meio das pulsões sexuais. Não como sua meta, mas como uma magnitude negativa ou um sinal de menos nelas implícito e repetido por elas. Vamos agora tentar reconstruir a noção lacaniana de pulsão de morte a partir do ensaio de Freud.

Podemos partir do que Freud concebe como *repetição* em ação nas pulsões conservadoras (pulsões de autoconservação): pulsões de autoconservação repetem caminhos de vida adquiridos/estabelecidos (desvios estabelecidos em seu caminho para a morte). As pulsões repetem os caminhos tortuosos para a morte (que constituem os fenômenos da vida como os conhecemos).[67] Agora, em vez de conceber a pulsão de morte propriamente dita como a tendência fundamental onipresente para retornar ao inanimado (uma espécie de magnetismo do inanimado), temos de concebê-la como originária de outra (espécie de) repetição que

---

[67] Exatamente nesse sentido, Lacan identifica pulsões com um "saber no Real" precisamente como "saber" de tais caminhos.

ocorre dentro dessa repetição "conservadora"; como *repetição na repetição*: a saber, a repetição de alguma satisfação (parcial e, por assim dizer, extracurricular) produzida acidentalmente dentro dessa repetição de conservação. Isso está em sintonia próxima com a forma como Freud, em *Três ensaios sobre a teoria sexual*, deduz a sexualidade e as pulsões sexuais: como uma satisfação/excitação a mais que ocorre no decorrer do funcionamento, e da satisfação, de diferentes funções orgânicas. (Como o famoso "prazer da boca" que ocorre no decurso da satisfação da necessidade de alimento.) Esse excedente não é uma causa externa, mas interna de tensão e de pressão constante; e, paradoxalmente, a pulsão originária desse excedente não visa diminuir ou aniquilar essa tensão/excitação, mas, ao contrário, repeti-la, continuamente. Além disso, essa satisfação "extracurricular" acidental não se harmoniza com nenhum tipo de apaziguamento, pois não é uma satisfação de uma necessidade e, portanto, não constitui um "acalmamento" da tensão despertada por essa necessidade. A dinâmica aqui é muito diferente, pois ocorre uma satisfação que não é uma resposta a uma necessidade preexistente. Aqui, a resposta precede a pergunta. E, em vez de a satisfação produzir um apaziguamento de uma excitação excedente, a satisfação (e suas repetições) realmente produz, *gera* mais *excitação*. A repetição dessa satisfação excedente, nesse sentido, vai contra o princípio de prazer (como o princípio da diminuição da tensão), porém não por causa de uma obscura vontade de morrer, mas por causa de uma pulsão adicional que ocorre dentro da própria vida como seu desdobramento inesperado.

No entanto – e isso é crucial –, não devemos tomar essa consideração freudiana para sugerir uma espécie de gênese linear da pulsão (de morte), na qual esta ocorreria simplesmente como um subproduto direto da satisfação de necessidades orgânicas. *A satisfação excedente em si ainda não se qualifica como pulsão*. Não é inconcebível que os animais experimentem alguma satisfação a mais ao satisfazer suas necessidades, mas, para que funcione como objeto parcial (ou objeto da pulsão), essa satisfação deve, ao mesmo tempo, passar a operar como corporificação objetiva (como objeto-representante) da negatividade ou da hiância envolvida no edifício significante do ser.

Esse, afinal, é o ponto principal do *conceito* de pulsão de morte. É isso que Lacan quer dizer quando diz que "toda pulsão é virtualmente uma pulsão de morte": a pulsão de morte não é uma entre as pulsões (parciais), mas se refere a uma cisão ou um desvio ativo *dentro de toda* pulsão. A pulsão de morte aponta para a negatividade em torno da qual circulam diferentes pulsões parciais e que – nesse sentido – elas têm em comum. Essa é a cisão inerente às pulsões em si, que não é apenas a mesma coisa que a cisão da pulsão em relação às funções orgânicas. Por um lado, há pulsões envolvidas em todo tipo de satisfação parcial excedente, seguindo a lista bem conhecida (oral, anal, escópica); mas há também a pulsão como negatividade pulsante, puramente disruptiva, que lhes dá seu ritmo e sua torção singulares. Em seu *Seminário 11*, por exemplo, Lacan enfatiza a diferença entre o objeto *a* como marcador de uma negatividade (perda ou hiância) em si, em torno do qual circula a pulsão, e todas as formas de objetos *a*, que "são meramente seus representantes, suas figuras" (LACAN, 1987, p. 198). O que as pulsões almejam repetir não é simplesmente a satisfação (excedente), mas sim essa negatividade/interrupção que só pode ser repetida ao se repetir a satisfação excedente. É exatamente isso que distingue a pulsão do "mero autoerotismo da zona erógena" (LACAN, 1987, p. 179).

Em outras palavras, como objeto da pulsão, o objeto *a* é sempre e necessariamente duplo: é uma satisfação excedente como *aderência ao vazio* (à hiância na ordem do ser); ou seja, é o vazio e sua "crosta" – razão pela qual também os objetos parciais funcionam como "representantes" desse vazio. E é isso que nos permite sugerir que o objeto real da pulsão não é simplesmente a satisfação a mais (gozo ou satisfação como objeto), mas essa negatividade que se "gruda" a ela e por ela se repete.

Para formular esse princípio de outra maneira: devemos ter presente que, com a pulsão, estamos lidando com duas cisões (ou "desvios") diferentes, não apenas uma. Há primeiramente a cisão envolvida na satisfação a mais produzida no curso da satisfação de necessidades e funções orgânicas. A repetição envolvida no funcionamento e na satisfação das funções orgânicas produz um excedente, uma satisfação inesperada, que se torna então a pulsão de outra repetição, repetição dentro da repetição, repetindo essa satisfação excedente. E essa pulsão pode se tornar mais forte do que a necessidade orgânica, no sentido de que agora domina ambas. É o que parece estar em jogo, por exemplo, na gula: a satisfação excedente – excedente em relação à necessidade orgânica – produzida no decorrer do consumo de alimentos (o prazer da boca etc.) não apenas desregula a função orgânica, mas também reverte a causalidade dessa configuração. E isso agora opera em detrimento da vida (e contra a diminuição da tensão): não porque quer destruir a vida, mas porque "isso" quer gozar. Isso explica, de fato, um lado da gênese do objeto da pulsão: há o objeto-alimento, e depois há a satisfação como objeto.

Mas essa não é toda a história, nem a única cisão. Ela explica a gênese da satisfação excedente, mas não explica *por que* essa satisfação excedente pode ter um efeito tão "revolucionário" e pode significar uma inversão completa da ordem das coisas (ou, pelo menos, uma relativa autonomia da pulsão com respeito às funções orgânicas). Além disso, seria muito simplista entender a gula simplesmente como uma busca insaciável pela satisfação excedente, pois também devemos perguntar que outra demanda (simbólica) essa busca alimenta. Então: por que a satisfação excedente pode ter um efeito tal que equivale a uma inversão completa da ordem das coisas? Como sugerido, a resposta é: porque a estrutura da pulsão implica algo além (e a mais) do que essa satisfação excedente: uma negatividade em torno da qual ela circula e que relaciona a (estrutura da) pulsão ao recalque originário: a uma *negatividade embutida* – negatividade transmitida com a ordem ontológica "positiva" do ser.

Devemos, assim, complementar a tese de Jacques-Alain Miller segundo a qual o objeto da pulsão é a "satisfação como objeto"; complementá-la especificando que a satisfação se torna *objeto* (passa a funcionar como objeto da pulsão) apenas porque dá corpo a essa negatividade, e não simplesmente como satisfação pela satisfação. Ou seja, se a pulsão quer (nos fazer) repetir a satisfação excedente, não é porque tudo o que ela quer é gozar.

A pulsão não quer (nos deixar) gozar. O Supereu quer (nos fazer) gozar. O Supereu (e sua cultura)[68] reduz a pulsão à questão da satisfação (gozo), tornando-nos reféns de suas vicissitudes e bloqueando ativamente o acesso à negatividade que a impulsiona. Ou seja – e isso é crucial –, a satisfação (em nome da satisfação) não é o alvo da pulsão, mas seu *meio*. Isso é o que é profundamente perturbador na "pulsão de morte": não que ela queira apenas gozar, mesmo que nos mate, mas que ela queira apenas repetir essa negatividade, a hiância na ordem do ser, *mesmo que isso signifique gozar*. O gozo é o meio, enquanto o "alvo" é a repetição da falta-a-ser bem no seio do ser...

Outro ponto importante vinculado a isso diz respeito à relação entre satisfação excedente (ou gozo) e sexualidade. A sexuação em si (reprodução sexual e a morte/negatividade nela implicada) ainda não equivale ao que se poderia chamar de sexualidade propriamente dita; a sexualidade propriamente dita envolve um passo a mais, no qual o "menos", a negatividade envolvida na sexuação e na reprodução sexual, ganha uma existência positiva em objetos parciais como que envolvidos na topologia da pulsão. Esses objetos parciais não são apenas "satisfações como objetos", eles funcionam ao mesmo tempo como figuras ou *representantes* dessa negatividade. É somente com

---

[68] Em "O Eu e o Isso", Freud notoriamente definiu o Supereu como "a pura cultura da pulsão de morte".

esse duplo movimento que passamos da *sexuação à sexualidade* propriamente dita (uma sexualidade de seres falantes).

Outra maneira de explicar esse princípio seria dizer que, enquanto todas as pulsões são sexuais, não há pulsão sexual (como um todo; a sexualidade não é uma função totalizadora, não é o que totaliza as pulsões). Não há "pulsão sexual" como um todo, e a sexualidade é impulsionada por associações de "pulsões parciais" que têm apenas uma coisa em comum, a saber e precisamente, esse "menos" ou vazio; e é esse vazio em comum que justifica o fato de que essas diferentes e diversas satisfações parciais polimorfas sejam chamadas de *sexuais*. As pulsões parciais não são apenas uma multiplicidade *neutra* fragmentada (com cada pulsão circulando em torno de seu objeto parcial), mas são também "atraídas" pela negatividade que têm em comum; essa negatividade lhes dá sua curvatura. Essa negatividade é "parte" de cada pulsão, e é a mesma em todas as pulsões. Daí a dupla volta da pulsão. (O diagrama a seguir é reproduzido de Lacan [1987].)

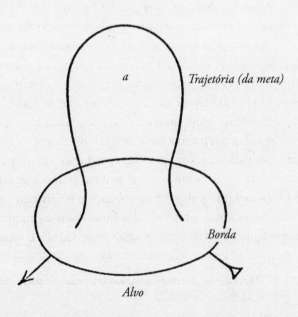

Voltando a Freud, e a algumas de suas reflexões em "Além do princípio de prazer", poderíamos concluir da seguinte maneira. O que pode finalmente mudar a meta fundamental da vida de retornar ao inanimado é, portanto, por mais paradoxal que pareça, exatamente a pulsão de morte. É a pulsão de morte que abre o espaço (a cena) de conquistas que vão além do comum e além do que é habitual. Vimos como Freud descreveu as pulsões de autoconservação como "pulsões constitutivas cuja função é *assegurar que o organismo siga seu próprio caminho até a morte* e afastar quaisquer meios possíveis de retornar à existência inorgânica que não aqueles meios que são imanentes ao próprio organismo". Podemos neste momento dizer que a pulsão de morte, em nosso sentido do termo, poderia ser descrita justamente como estabelecendo (e impulsionando) as formas de retorno à existência inorgânica *além das que não são as* imanentes ao próprio organismo. O organismo morre, mas é mais do que uma frase ideológica ou religiosa dizer que existem coisas (criações) que sobrevivem a ele. E é justamente nesse momento que se deve situar o conceito de pulsão de morte e insistir em abandonar a ideia da dualidade das pulsões: só existe a pulsão de morte. No entanto, a pulsão de morte não pode ser descrita em termos de tendências destrutivas que querem (nos) levar ao inanimado, mas justamente como constituindo *caminhos alternativos para a morte* (a partir daqueles imanentes ao próprio organismo). Poderíamos dizer: a pulsão de morte é o que nos possibilita *morrer de outra maneira*. E talvez, no final das contas, seja isso o que importa, e o que irrompe do cansaço da vida: não a capacidade de viver para sempre, mas a capacidade de morrer de outra maneira. Poderíamos até parafrasear a famosa frase beckettiana e formular o lema da pulsão de morte assim: *Morra de novo, morra melhor!*

O trauma fora da experiência

Em nossa discussão sobre a pulsão de morte freudiana até o momento, deixamos de fora um aspecto crucial de "Além do princípio de prazer", o aspecto ou a questão que levou Freud a escrever esse ensaio antes de tudo: o problema da repetição, e particularmente da compulsão a repetir alguns incidentes particularmente traumáticos. Além do que a análise frequentemente encontra no tratamento da neurose, Freud apresenta uma série de diferentes exemplos desse fenômeno da vida cotidiana. Nós nos deparamos com pessoas, escreve ele, cujos relacionamentos humanos têm o mesmo resultado: o benfeitor que é abandonado com raiva depois de um tempo por cada um de seus protegidos, por mais que possam ser diferentes uns dos outros; ou o homem cujas amizades terminam em traição por seu amigo; ou o homem que, repetidamente ao longo de sua vida, eleva alguém a uma posição de grande autoridade privada ou pública e depois, após determinado período, ele mesmo derruba essa autoridade e a substitui por uma nova; ou o amante cujos casos de amor passam pelas mesmas fases e chegam ao mesmo resultado. Há também o caso que ficou notório sob o nome de *fort-da* (sumiu-achou)[69] – as palavras usadas por uma criança novinha brincando com um carretel de madeira com um pedaço de barbante amarrado em volta dele, repetidamente lançando-o e puxando-o de volta em sua direção. Ainda mais intrigantes são os casos em que o sujeito parece ter uma experiência *passiva*, sobre a qual não tem influência, mas em que se depara com a repetição da mesma fatalidade. Há o caso da mulher que se casou com três maridos sucessivos, cada um dos quais adoeceu logo depois e teve de ser cuidado por ela em seu leito de morte... Mesmo no

---

[69] No texto original, encontra-se aqui *"gone-here"*. No entanto, em vez de traduzir literalmente, preferimos traduzir *"fort-da"*, acompanhando a mais recente edição brasileira de "Além do princípio de prazer". Em nota, o editor remete o jogo do *fort-da* a uma brincadeira infantil aproximadamente equivalente em português: "sumiiiu... Achôô" (FREUD, S. *Além do princípio de prazer, seguido do dossiê: Para ler Além do princípio de prazer*. Belo Horizonte: Autêntica, 2020. p. 77; 214, nota 19. [Obras Incompletas de Sigmund Freud]). (N.R.T.)

nível dos sonhos, que são supostamente totalmente governados pelo princípio de prazer e guiados pela "realização de desejo", a psicanálise descobriu uma surpreendente compulsão a repetir alguns incidentes particularmente traumáticos.

O problema básico apresentado à psicanálise pela compulsão à repetição é, portanto, o seguinte: se se parte – como faz Freud – do caráter primário do princípio de prazer, que visa à maximização do prazer (e onde o prazer é definido como uma "*diminuição da tensão*") ou minimização do desprazer, então os fenômenos da compulsão à repetição contrariam esse quadro. Por que alguém seria levado a repetir uma experiência particularmente desagradável?

Aqui está a explicação de Freud: o que encontramos na origem da repetição é um recalcamento de um evento traumático – a repetição aparece no lugar da lembrança; repete-se algo que não se lembra. A repetição é, portanto, fundamentalmente a repetição (sob diferentes "máscaras") de um evento ou experiência concreta, originalmente traumática. Embora Freud tenha preservado o arcabouço básico dessa explicação, ele também viu que ela deixa vários problemas e questionamentos sem resposta, e continuou retornando a essas questões. Praticamente todas as leituras interessantes e produtivas de Freud a esse respeito enfatizam a necessidade de outra virada que complica o esquema anterior e coloca a repetição em uma nova perspectiva. Apesar de algumas diferenças importantes, todas essas leituras concordam em um aspecto, que foi recentemente retomado por Ray Brassier no contexto de sua visão sobre a negatividade e o niilismo: o que a compulsão à repetição repete não é uma experiência traumática e, portanto, recalcada, mas algo que, *antes de tudo, nunca poderia ser percebido como uma experiência*. O trauma que se repete está fora do horizonte da experiência (e é, na verdade, parte dela). Essa ênfase é absolutamente crucial: o trauma é real, mas não vivenciado. E isso desloca o debate do quadro habitual, que é majoritariamente consumido pela questão (ou alternativa) do real *versus* o imaginado (fantasiado); isto é, pela diferenciação entre realidade material e realidade psíquica (fantasia).[70]

Brassier baseia sua leitura justamente naquela parte de "Além do princípio de prazer" em que Freud discute a pulsão de morte em relação ao "retorno ao inanimado". Como Freud também enfatiza, de maneira realista, que as coisas inanimadas existiam antes das vivas, o inorgânico, como "estado inicial" e "meta" da vida, não pode ser entendido simplesmente como uma condição interna ao desenvolvimento da vida. Assim como a realidade do inorgânico não é meramente uma função da

---

[70] No contexto da teoria freudiana da sedução sexual de crianças (e o possível "trauma" por ela causado), Jean Laplanche argumentou de forma convincente que tal alternativa está errada, ou que é muito simples. Freud inicialmente postulou a sedução sexual de crianças por adultos como real, ou seja, como um evento factual/empírico na história da criança, o que é posteriormente recalcado e pode se tornar a base ou *causa* de diferentes sintomas e distúrbios neuróticos. Posteriormente, abandonou essa teoria em favor da teoria da fantasia da sedução: de maneira geral, a sedução não é um evento que ocorre em uma realidade empírica, mas uma fantasia construída posteriormente, na fase do despertar sexual, e existe apenas na realidade psíquica do sujeito. Ao ser abordada com a ferramenta da distinção entre realidade material e realidade psíquica (fantasia), a questão da sedução sexual leva ou à alegação de que tudo é sedução material (pois como podemos, de fato, isolar e definir esta última: tocar os lábios de um bebê, ou suas nádegas, pode ser qualificado como sedução?), ou à conclusão de que a sedução é completamente fantasmática, mediada pela realidade psíquica daquele que "se sente seduzido." A resposta de Laplanche para esse conflito entre o materialismo puro e idealismo psicológico é profundamente materialista, já que ele reconhece uma causa efetivamente *material*, mas uma causa que não pode ser reduzida ao (ou deduzida daquilo) que aconteceu de maneira empírica na interação entre a criança e o adulto. Ou seja, de acordo com Laplanche, o verdadeiro gatilho da subsequente constituição do inconsciente não está na realidade material pura, tampouco na realidade ideal da fantasia, mas é, sim, a própria materialidade de uma terceira realidade que é transversal às outras duas e à qual Laplanche dá o nome de realidade material da mensagem enigmática. Para saber mais, ver Laplanche (1999).

existência do orgânico, a realidade da pulsão de morte não é meramente uma função do passado da vida, ou do seu futuro.

> Assim, a repetição que é impulsionada pela morte não repete esta última como se fosse um estado de coisas anterior experimentado pela vida ou pela consciência, pois o trauma que impulsiona a repetição é exatamente aquilo que não pode ser vivido ou apreendido conscientemente. Embora o trauma seja real, sua realidade não pode ser calibrada pela vida do organismo, assim como não pode ser proporcional aos recursos da consciência. Ela só pode ser registrada como uma disfunção do organismo, ou como uma interrupção da consciência, e é essa disfunção e essa interrupção que se repetem. Consequentemente, é devido ao fato de que a ocorrência traumática "originária" só foi registrada no inconsciente, e não vivenciada, que há uma compulsão para (re)experimentá-la. Mas ela só pode ser revivida como algo que não foi vivido nem experimentado, pois o trauma marca a obliteração da vida e da experiência. Mesmo assim, o fato de que a experiência não pode obliterar-se a si mesma aponta para a realidade do trauma, que não pode ser simplesmente construída em função da experiência (BRASSIER, 2007, p. 236).

Fundamentalmente, a "experiência traumática" não é exatamente uma experiência, mas algo (uma negatividade ou "cicatriz") que vem, por assim dizer, como que construída nas próprias condições de nossa experiência, e constitui a condição de nossa experiência seguinte como "traumática" (no sentido forte da palavra).[71] A objetividade do trauma (sua independência de nossa "vida psíquica") é a própria condição de termos

---

[71] Novamente, encontramos um movimento similar na teoria de Laplanche, segundo a qual a "realidade psíquica" não é criada por nós mesmos, mas é essencialmente *invasiva*; ela chega, invade-nos vindo de fora, onde já está constituída (como o inconsciente dos outros). Ver Laplanche (1999).

uma "vida psíquica" (e vivenciarmos algo como "traumático"). Esse é um ponto importante no que diz respeito à crítica de Malabou (2007) à psicanálise. A crítica de Malabou à psicanálise é que ela não pode conceber o trauma como real, mas apenas como algo (necessariamente) mediado do ponto de vista psicológico. A resposta mais simples a isso é que, se todo trauma é "mediado psicologicamente", é precisamente porque essa própria *mediação* "vem de fora", ou seja, relaciona-se com um Real independente de nós mesmos. A mediação não é uma tela que nos separa do Real, mas ela própria participa desse Real. Poderíamos dizer também: a mediação é o trauma (trauma como real). É claro que existem feridas que não são traumáticas no sentido psicológico, mas que causam danos simples e diretos ao nosso cérebro ou corpo; no entanto, a questão de saber se uma determinada ferida funcionará também como "traumática" (no sentido psicológico) depende de outra "ferida" que está, em sentido estrito, fora de nossa experiência (a começar pela nossa experiência física), porque é uma com a constituição da experiência.

Voltando a Brassier – ele fundamenta ainda mais sua leitura referindo-se a uma passagem do ensaio de Freud em que Freud se aventura em intrigantes especulações sobre a gênese da individuação orgânica, que também estão relacionadas à nossa discussão anterior sobre o animado e o inanimado. De acordo com essas especulações freudianas, uma vesícula orgânica primitiva (isto é, uma pequena bexiga, célula, bolha ou estrutura oca) torna-se capaz de filtrar a torrente contínua e potencialmente letal de estímulos externos, sacrificando parte de si mesma para erguer uma barreira protetora contra influxos excessivos de excitação. Ao fazê-lo, cria uma separação definitiva entre a interioridade orgânica e a exterioridade inorgânica. A separação entre o interior orgânico e o exterior inorgânico é assim conseguida com o preço da morte de parte do próprio organismo primitivo. Como diz Brassier:

Assim, a vida orgânica individuada é conquistada à custa dessa morte autóctone, pela qual o organismo torna-se primeiro capaz de se separar do exterior inorgânico. Essa morte, que dá origem à individuação orgânica, condiciona assim a possibilidade da filogênese orgânica, bem como da reprodução sexuada. Consequentemente, essa morte não apenas precede o organismo, mas também é a precondição para a capacidade do organismo de se reproduzir e morrer. Se a pulsão de morte como compulsão à repetição é a força motriz originária e primordial que impulsiona a vida orgânica, é porque o motor da repetição – a instância repetitiva – é esse traço do trauma originário da individuação orgânica [...] A pulsão de morte é o resquício dessa cisão: uma cisão que nunca será *ligada* (investida) com sucesso porque permanece o excesso *não ligável* que torna a ligação possível (BRASSIER, 2007, p. 237-238).

Esse é um ponto crucial, e voltaremos a ele. Ele isola um terceiro elemento em relação à diferenciação entre vida e morte (orgânico e inorgânico, animado e inanimado), e "encontra" a pulsão de morte nesse elemento. Há a morte que é o oposto da vida, mas há também a morte que precondiciona essa própria oposição e é por ela pressuposta. Ou seja, a pulsão de morte está desarticulada tanto em relação à vida quanto em relação à morte. Não é uma obscura vontade de retornar ao inanimado, é um vestígio de um trauma que não pode ser *experimentado* como tal, porque é anterior a qualquer experiência. É uma perda primordial ("menos") que justamente não foi capaz de ser percebida (experimentada) como uma perda – e nesse sentido não há nada de "psicológico" nesse trauma. Vamos lembrar que a "dedução" original de Freud da pulsão de morte, na verdade, inclui uma elaboração semelhante: a passagem do inanimado à vida envolve uma perda (do estado homeostático), mas não há nada (ninguém) que possa *experimentar* essa perda como perda: quando a vida vem à vida, ela já está constituída na perda do estado homeostático (do inanimado), ela nunca passou por essa perda. Nessa perspectiva, que Freud não explicita, há uma perda na origem da pulsão de morte que jamais poderia ter sido experimentada como perda... Só nessa perspectiva pode fazer sentido dizer que "a vida quer *voltar* ao inanimado"; pois, estritamente falando, é apenas o (interrompido) inanimado que se pode dizer que queira retornar ao inanimado (como um estado que ele conheceu). A vida, por outro lado, não tem para onde voltar, a não ser, exatamente, para aquilo que nunca teve, mas que, no entanto, perdeu. Ou seja: a vida não tem para onde voltar, exceto para aquilo com cuja falta (como originalmente havia) ela veio à vida.

No entanto, apesar dessa importante ênfase, a leitura de Brassier ainda permanece dentro do esquema freudiano clássico que postula o princípio de prazer (enquanto abaixamento da tensão) como princípio primário. Na leitura genuinamente freudiana de Brassier, a compulsão à repetição está a serviço da dominação do excesso não ligado (de excitação) relacionado ao trauma originário, ainda que este não pudesse ser *experimentado* como tal. A repetição compulsiva é assim explicada como o mecanismo através do qual "a psique está se esforçando para reunir a angústia necessária para alcançar uma ligação bem-sucedida (*Besetzung*) do excesso de excitação liberado pela ruptura traumática de suas defesas. É essa ligação que está 'além do princípio de prazer'" (BRASSIER, 2007, p. 234). Ou seja: quando os mecanismos normais de defesa (incluindo o recalque) – que ainda podem dominar a excitação excessiva dentro do registro do princípio de prazer – já não são suficientes, a angústia é empregada como último recurso para realizar esse trabalho de ligação, que nesse caso ocorre "além do princípio de prazer". E o papel da repetição compulsiva (de uma experiência desagradável) é fazer emergir essa angústia. Apesar de seu caráter desagradável, a angústia ainda é uma defesa (contra um desprazer ainda maior); e a repetição que origina essa defesa drástica está, em última análise, ainda a serviço do princípio de prazer enquanto redução da tensão – é uma extensão paradoxal do próprio princípio de prazer. E assim, portanto, é a pulsão de morte. Caso contrário, seria preciso distinguir entre a pulsão de morte como tal e a *compulsão a repetir* esta ou aquela experiência traumática (empírica). Resumindo, seria preciso separar claramente a pulsão de morte da repetição. O que sugere um movimento nessa última direção na obra de Brassier é que ele é levado a separar a própria repetição do excesso de excitação e colocá-los, por assim dizer, em dois lados opostos: o excesso (ou a pulsão de morte) é o vestígio do trauma originário anterior a qualquer experiência, e a compulsão a repetir uma experiência empiricamente traumática é uma *maneira* de despertar a angústia para dominar e "ligar" o excesso. Mas isso implicaria então que a própria pulsão (de morte) não estivesse intrinsecamente relacionada à repetição. (Além disso, não fica muito claro nesse sentido como o trauma originário se torna, aparece como, o "excesso não ligado" [de excitação], que, por sua vez, precisa ser ligado pela angústia convocada pela repetição de uma experiência desagradável.)

Essas considerações e dificuldades podem ser um bom ponto de partida para examinarmos a proximidade, talvez surpreendente, de Lacan e Deleuze em suas leituras de Freud sobre tais questões. Essa proximidade vai bastante longe, embora, em algum momento, seus caminhos divirjam claramente: eles divergem em torno da questão de uma possível "ontologia" da pulsão de morte.

Pulsão de morte II: Lacan e Deleuze

O princípio conceitual crucial compartilhado por Lacan e Deleuze nessa questão é uma vigorosa rejeição da tese segundo a qual o princípio de prazer, concebido como o princípio de "redução da tensão", constitui um princípio fundamental e primário.

Consequentemente, eles também rejeitam a possibilidade de relacionar a pulsão de morte a uma tendência homeostática ("retorno ao inanimado") e, portanto, sua sujeição – em última instância – ao princípio de prazer como primário.

Embora faça uso abundante dos termos freudianos "Eros" (como prazer) e "Tânatos" (como pulsão de morte), Deleuze não os vê como dois princípios concorrentes, mas afirma inequivocamente a *primazia da pulsão de morte*: ambos não estão, de forma alguma, situados no mesmo nível. Essa preponderância da pulsão de morte pode nos parecer surpreendente vinda de um Deleuze alegadamente "vitalista", mas não há ambiguidade a esse respeito. Na introdução de *Diferença e repetição*, em que desenvolve uma das interpretações mais filosoficamente interessantes da pulsão de morte, ele sugere explicitamente que a pulsão de morte "é o princípio transcendental, enquanto o princípio de prazer é apenas psicológico" (DELEUZE, 1994, p. 16).[72] Ou: "Eros e Tânatos se distinguem pelo fato de que Eros deve ser repetido, só pode ser vivido pela repetição, enquanto Tânatos (como princípio transcendental) é aquele que dá repetição a Eros" (DELEUZE, 1994, p. 18). Ou seja, Eros é apenas parte da lógica (do aparecimento) de Tânatos ou da pulsão de morte, e não tem o status de outro princípio complementar (e nem de longe menos primário). A pulsão de morte é o princípio fundamental (e único), e não tem nada a ver com qualquer tipo de redução de tensão ou "retorno ao nirvana".

Embora não vá na direção kantiana sugerida por Deleuze (colocando a pulsão de morte como "transcendental"), Lacan argumenta contra a dualidade das pulsões de forma muito semelhante, afirmando que "toda pulsão é virtualmente uma pulsão de morte" (LACAN, 2006a, p. 719). Ele também argumenta contra o que ele considera ser um remanescente da metafísica aristotélica

---

[72] Deleuze usa o termo "instinto de morte", seguindo a então tradução vigente para o francês do termo freudiano *"Todestrieb"*.

em Freud. Ele, portanto, despreza a ideia de "apoiar o processo primário partindo do princípio de que, se o prazer fosse sua única reivindicação, não demonstraria nada, exceto que nos agarramos à alma como um carrapato à pele de um cachorro. Porque o que mais é a famosa diminuição de tensão com a qual Freud conecta o prazer, senão a ética de Aristóteles?" (LACAN, 1990, p. 19).

A ideia do princípio primário como o de "diminuir a tensão" é percebida tanto por Lacan quanto por Deleuze como herança de certa metafísica filosófica, incluindo uma "metafísica espontânea" da ciência, à qual Freud não estava imune, embora tenha sido o primeiro a explicitar coisas que minam de maneira mais danosa essa metafísica espontânea. Exatamente nesse sentido, a "alteração" que Lacan e Deleuze fizeram de Freud a esse respeito está realmente mais próxima do espírito do próprio Freud, de suas descobertas e percepções cruciais, do que a simples aceitação da afirmação sobre uma tendência original para diminuir a tensão.

Mas qual é, então, a pulsão de morte (e sua primazia) a respeito da qual Deleuze e Lacan falam? Certamente não é a primazia de alguma obscura vontade ou tendência à agressão, à destruição, à morte. Deleuze, que abraçou o conceito de pulsão de morte por sua ligação inerente à repetição, vê na repetição nada menos que o próprio lugar da *afirmação* original. Por isso, para ele, a verdadeira questão é: "Como é que o tema da morte, que parece reunir os elementos mais negativos da vida psíquica, pode ser em si o elemento mais positivo, transcendentalmente positivo, a ponto de reiterar a repetição?" (DELEUZE, 1994, p. 16). A pulsão de morte decididamente não diz respeito à destruição e à morte, é uma noção complexa que precisa ser pensada se se quiser postular a *afirmação* em termos diferentes daqueles denunciados por Nietzsche como os de um asno dizendo "sim" (*Yea-Yuh*) o tempo todo e para tudo. Para Deleuze, a pulsão de morte é uma prerrogativa da afirmação verdadeira, na medida em que esta é em si "*seletiva*", e não é um simples (e estúpido) oposto da negatividade. Quanto a Lacan, ele relaciona – na famosa passagem do *Seminário 11* em que introduz a figura da "lamela" – a pulsão de morte com o que chama de "vida indestrutível" (LACAN, 1987, p. 198). O que ambos sugerem é que a pulsão de morte não pode ser pensada em termos da simples oposição entre vida e morte, porque é justamente o que desmente essa oposição e o que, antes de tudo, (re)configura-a.

O outro ponto crucial compartilhado por Lacan e Deleuze diz respeito à relação entre o "excesso errante" errático (excitação a mais, não ligada) e a repetição. Ambos insistem em que o excesso (de excitação) não existe em um lugar independentemente (e anterior) da repetição, mas apenas e precisamente na e através da própria repetição. A repetição não é simplesmente um meio concebido para despertar uma angústia capaz de ligar o excesso não ligado (relacionado ao trauma originário). A repetição é também, e paradoxalmente, aquilo que "produz" ou provoca o excesso "ligado" pela angústia através da repetição. O excesso de excitação existe apenas por meio da repetição que se esforça para ligá-lo e, portanto, aponta para uma *cisão no próprio coração da repetição*. Esse é provavelmente o aspecto mais difícil, mas também o mais importante, do conceito de ambos a respeito da repetição em relação à pulsão de morte e à excitação a mais.

Na obra de Deleuze, esse paradoxo é explicado por sua ontologia complexa, em que a própria repetição é bilateral. A cada repetição empírica, concreta, algo mais também está em jogo (e sendo repetido), especificamente, a diferença em si, a *diferença pura*. A repetição não apenas repete algo (um "objeto"), mas também repete a diferença em si.

A diferença pura se repete com cada diferença individual, e é somente através e em relação a essa repetição como diferença pura que existem as coisas que podemos descrever como diferentes, semelhantes ou iguais.[73] É por isso que não se deve entender

---

[73] Portanto, Deleuze escreve, por exemplo, que mesmo quando lidamos com algo que pareça ser uma repetição do mesmo (como, para ilustrar,

a repetição apenas no sentido estrito de repetir uma configuração idêntica, mas como algo não menos atuante na colorida variedade das diferenças. A questão é que "algo" (ou seja, pura diferença) pode ser repetido em formas muito diferentes, ao passo que não existe em algum lugar fora e independentemente dessas formas. Esse "algo" não tem existência independente, mas ao mesmo tempo não é apenas redutível aos elementos que repete. É sua diferença inerente e constitutiva. Ou, em uma passagem mais longa, mas crucial, de Deleuze, que também relaciona diretamente a repetição à pulsão de morte:

> A morte não tem nada a ver com um modelo material. Ao contrário, o instinto de morte[74] pode ser entendido em relação às máscaras e fantasias [*costumes*]. A repetição é verdadeiramente aquilo que se disfarça em sua construção, aquilo que se constitui apenas se disfarçando. Ela não se encontra sob as máscaras, mas se forma de uma máscara a outra, como de um ponto distinto a outro, de um instante privilegiado a outro, com e dentro das variações. As máscaras não escondem nada, exceto outras máscaras. Não há uma primeira instância que se repete [...]. Não há repetição nua que possa ser abstraída ou inferida do próprio disfarce. O mesmo elemento cria um disfarce e é disfarçado. Um momento decisivo na psicanálise ocorreu quando Freud descartou, em certos aspectos, a hipótese de eventos reais da infância, que teriam desempenhado

---

os rituais na neurose obsessiva), devemos reconhecer no elemento que está se repetindo – ou seja, na repetição do mesmo – a máscara de uma repetição mais profunda (DELEUZE, 1994, p. 17).

[74] Na intenção de preservar a coerência com o alerta feito por Zupančič na nota 72, mantivemos a tradução de "*instinct*" por "instinto" quando se trata exclusivamente de referências à obra de Deleuze – ainda traduzida dessa forma no Brasil. Apesar disso, deve-se ler no texto deleuziano o termo "instinto" com a presença conceitual de "pulsão", uma vez que o termo francês "*instinct*" era usado na época para traduzir o termo alemão "*Trieb*" (pulsão). (N.R.T.)

> o papel de termos disfarçados, para substituir o poder da fantasia que está imerso no instinto de morte, onde tudo já está mascarado e disfarçado. Resumindo, a repetição é em sua essência simbólica; símbolos ou simulacros são a própria tradução da repetição. A diferença está incluída na repetição por meio do disfarce e pela ordem do símbolo (DELEUZE, 1994, p. 17).

A última parte seria a versão deleuziana da afirmação feita por Brassier: que não há experiência *original* traumática da repetição. O que se repete não é uma experiência *original* traumática e, portanto, recalcada. Deleuze leva isso ainda mais adiante ao rejeitar qualquer tipo de causalidade que leve à repetição, e ao postular a repetição como um começo absoluto.

Isso o leva a reverter diretamente a afirmação freudiana e a dizer: "Não repetimos porque recalcamos, recalcamos porque repetimos. Além disso – e o que quer dizer a mesma coisa –, não disfarçamos porque recalcamos, recalcamos porque disfarçamos e disfarçamos em virtude do centro determinante da repetição" (DELEUZE, 1994, p. 105).[75] O excedente traumático é produzido apenas na e pela repetição; não por outro motivo, a repetição (e o objeto excedente ou redundante que ela necessariamente introduz) é a causa do recalcamento, e não o contrário.

A fim de descortinar essas densas especulações, pode ser útil retornar à nossa discussão anterior sobre a pulsão de morte e lembrar que com ela também estamos lidando com duas cisões ou dois tipos de diferença, pertencentes aos dois lados do objeto da pulsão.

Por um lado, o objeto da pulsão é diferente do objeto de uma necessidade e envolve um outro, a satisfação excedente, seguindo uma lógica própria; por outro lado, essa "satisfação como objeto" já é (ou é também) um substituto, uma "figura"

---

[75] E Deleuze efetivamente atribui esse retorno a Freud e sua hipótese de "recalque original".

ou "representante" de uma negatividade sem rosto. Essa negatividade sem rosto nada mais é do que a "perda impossível" que nunca poderia ter sido registrada como perda, o "trauma originário" que não é um trauma do indivíduo, mas que, nos seres falantes, é uno com o significante (originalmente) faltante, a perda em jogo no conceito de "recalque originário" e, portanto, no conceito de inconsciente.

Se relacionamos esse princípio a Deleuze (que, não surpreendentemente, endossa enfaticamente a noção de "recalque originário"),[76] podemos dizer que seu conceito de diferença, que se repete a cada diferença, refere-se justamente a essa topologia da pulsão. A diferença pura (como núcleo da repetição) é essa negatividade, colocada por Deleuze como a "força" mais afirmativa e produtiva. E já vimos em capítulos anteriores como essa negatividade pode ser concebida, em psicanálise, como uma singularidade "unificadora": a multiplicidade supostamente originalmente livre e caótica, fragmentada (empírica) das pulsões *já é um resultado* de alguma negatividade "unificadora" – especificamente, da hiância em torno da qual circulam as pulsões e que faz das pulsões pulsões. Essa negatividade fundamental é, no entanto, "unificadora" em um sentido muito específico, que – novamente – guarda alguma semelhança surpreendente com a noção deleuziana de "univocidade".

Deleuze tem dois conceitos magistrais com os quais pensa a negatividade fundamental nesse aspecto: a diferença (a diferença individuante, radical, como conceituada em *Diferença e repetição*)

---

[76] "Pois, quando Freud demonstra, além do recalque 'propriamente dito', que se apoia em *representações* –, a necessidade de supor um recalque originário que diz respeito antes de tudo a *apresentações* puras, ou à forma como as pulsões são necessariamente vividas, acreditamos que ele chegue o mais próximo de um princípio positivo interno de repetição. Mais tarde, isso se apresenta para Freud como determinável na forma do instinto de morte, e é isso que, longe de ser explicado por ele, tem de explicar o bloqueio da representação no recalque propriamente dito" (DELEUZE, 1994, p. 18).

e "*crack*" (fissura), *fêlure*, que desempenha um papel significativo em *Lógica do sentido*. O conceito dessa negatividade unificadora em termos de "*crack*" (fissura) é menos conhecido e menos discutido, o que é mais uma razão para relembrá-lo no contexto atual.

Deleuze introduz o conceito de *crack* (fissura) (*fêlure*) em relação ao romance *The Crack-Up*, de F. Scott Fitzgerald (traduzido em francês como *La Fêlure*), transformando-o em um conceito próprio e desenvolvendo-o mais extensivamente em sua discussão sobre Zola que encerra – em um posicionamento significativo – *Lógica do sentido*. Deleuze toma como ponto de partida a seguinte passagem extraordinária de *La Bête humaine* (*A besta humana*), de Zola:

> A família realmente não era exatamente normal, e muitos deles tinham algum fissura (*fêlure*). Em certos momentos, ele podia sentir claramente essa fissura (*fêlure*) hereditária, não que sua saúde fosse frágil, pois era apenas o nervosismo e a vergonha por seus ataques que o faziam perder peso em sua juventude. Mas havia ataques de instabilidade em seu ser, perdas de equilíbrio como brechas (*cassures*) ou buracos de onde sua personalidade parecia vazar, em meio a uma espécie de vapor espesso que deformava tudo.[77]

Primeiramente, Deleuze ressalta com cuidado que a fissura não designa a rota por onde passarão os elementos mórbidos ancestrais, marcando o corpo. "A hereditariedade não é aquilo que passa pela fissura, é a própria fissura – *a fenda imperceptível ou o buraco.*"[78] A hereditariedade não passa pela fissura, é a fissura (a fenda ou o buraco). Ele distingue ainda essa hereditariedade "grande", "épica" daquilo que chama de hereditariedade "pequena", que é o que costumamos querer dizer com esse termo: a transmissão de algo determinado, transmissão como "reprodução"

---

[77] Citado em Deleuze (1990, p. 331).
[78] Citado em Deleuze (1990, p. 321); com ênfase.

do mesmo. Embora não sejam, de forma alguma, redutíveis uma à outra, elas estão intimamente relacionadas. Uma forma de conceber essa relação seria (novamente seguindo Zola) como a que ocorre entre a fissura e seu entorno. Distribuídos pela fissura estão o que Zola chama de temperamentos, instintos, grandes apetites. Deleuze usa a noção de "instintos" (e de seus objetos) para se referir à aparência corpórea ("empírica") da fissura[79] – uma aparência corpórea sem a qual a fissura permaneceria apenas uma "potencialidade difusa". Ele então propõe a seguinte elaboração sobre a relação entre os dois níveis, que ecoa diretamente a forma como descreve a relação entre a repetição (como pura diferença/ser) e suas máscaras (aquilo que aparece) em *Diferença e repetição*, assim como muito da discussão de Lacan sobre a topologia das pulsões:

> Se é verdade que os instintos se formam e encontram seu objeto apenas na borda da fissura, a fissura, por sua vez, segue seu curso, estende sua teia, muda de direção e se renova em cada corpo com relação aos instintos que abrem um caminho para que isso aconteça, às vezes consertando-o um pouco, às vezes alargando-o [...] As duas ordens estão firmemente unidas, como um anel dentro de um anel maior, mas nunca são confundidas uma com a outra.[80]

Essa, portanto, é a elaboração que Deleuze propõe em relação às duas ordens ou níveis envolvidos na topologia das pulsões: a fissura como negatividade sem rosto que se repete com cada objeto da pulsão e compõe esse objeto (enquanto objeto) nessa própria repetição. A fissura e o objeto parcial são duas dimensões diferentes, mas inseparáveis da pulsão.

A proximidade com a noção e a topologia lacanianas da pulsão torna-se ainda mais marcante no seguinte trecho de

---

[79] Citado em Deleuze (1990, p. 322).
[80] Citado em Deleuze (1990, p. 325).

Lógica do sentido: "A fissura designa, e esse vazio é, Morte – o instinto de morte. Os instintos podem falar alto, fazer barulho ou se agrupar, mas são incapazes de encobrir esse silêncio mais profundo, ou de esconder aquilo de onde saem e para onde retornam: o instinto de morte, não apenas um instinto entre outros, mas a própria fissura em torno da qual se reúnem todos os instintos" (DELEUZE, 1990, p. 326).

Isso realmente soa como se pudesse vir diretamente do *Seminário 11*,[81] de Lacan. O instinto de morte (pulsão de morte) não é uma pulsão entre outras, mas a própria fissura em torno da qual as pulsões se congregam. (É por isso que Lacan pode dizer que "toda pulsão é virtualmente uma pulsão de morte".) Cada pulsão parcial (ou seu objeto) é uma repetição dessa fissura – uma repetição que, por sua vez, constitui esse objeto como objeto. Isso também é muito interessante no contexto da discussão de Lacan sobre a relação entre sexualidade e as pulsões (sempre) parciais. A sexualidade, considerada do ponto de vista fenomenológico, parece ser composta de várias pulsões parciais diferentes, às quais proporciona uma unificação mais ou menos consumada. (E essa era basicamente a visão de Freud sobre o assunto.) O que devemos acrescentar a isso da perspectiva lacaniana – e estamos claramente em um nível especulativo nesta altura – é que também

---

[81] Ao discutir seu "mito" da lamela (relativa à pulsão de morte), Lacan escreve: "É a libido, enquanto pura pulsão de vida, isto é, vida imortal, ou vida irreprimível, vida que não precisa de órgãos, simplificada, indestrutível. É justamente o que é subtraído do ser vivo em virtude de estar sujeito ao ciclo de reprodução sexuada. E é disso que todas as formas do *objeto a* que podem ser enumeradas são os representantes, os equivalentes. Os *objetos a* são apenas seus representantes, suas figuras. O seio – como equívoco, como elemento característico da organização mamífera, a placenta, por exemplo – certamente representa aquela parte de si que o indivíduo perde ao nascer, e que pode servir para simbolizar o mais profundo objeto perdido. Eu poderia fazer o mesmo tipo de referência para todos os outros objetos" (LACAN, 1987, p. 198).

poderíamos ver a sexuação como anterior às pulsões parciais: não como uma espécie de substância primária, mas exatamente como o buraco/fissura em torno do/da qual as pulsões "convergem" (e nesse sentido como o Real). Já assinalei como Lacan enfatiza que não há pulsão sexual ("genital"): a sexualidade (como "atividade sexual diversa") aparece no ponto de sua própria falta fundamental. Encarada nesse nível, a sexualidade "unifica" as pulsões não por uni-las em um todo mais ou menos coerente (da atividade sexual), mas precisamente como a fissura em torno da qual circulam, e à qual sempre voltam. O "sexual" refere-se à "fissura" compartilhada (e repetida) por diferentes pulsões. Analisada nesse nível, a sexualidade é de fato sinônimo de pulsão de morte, não se opõe a ela, como Eros se opõe a Tânatos. (E a normatividade – a sexualidade normativa culturalmente prescrita – intervém no espaço dessa fissura; sua meta primária não é unificar e "domar" a heterogeneidade original das pulsões parciais, mas sim *ofuscar* e, ao mesmo tempo, *explorar* essa fissura fundadora e sua "produtividade".)[82] Isso também é o que costuma faltar na crítica à visão lacaniana sobre sexualidade e diferença sexual: a psicanálise lacaniana não promove a norma (conservadora), mas expõe aquilo que alimenta essa norma e a propicia com vigor;

---

[82] Nesse sentido, o que Foucault diz a respeito da "hipótese repressiva" está bastante certo (e ele está, na verdade, repetindo o argumento de Lacan): nas sociedades modernas, a sexualidade é *tudo menos* reprimida; temos testemunhado – no que diz respeito à sexualidade – um enorme "incitamento ao discurso", uma "implantação da perversidade", um gesto de colocar a sexualidade em foco e em destaque, fazendo-a, até mesmo forçando-a, a falar continuamente. O que está faltando no relato de Foucault é, simplesmente, a noção de inconsciente e de "recalque" no sentido freudiano (*Verdrängung*), pois o termo não é mencionado nem uma única vez ao longo do primeiro volume de *História da sexualidade*. Do ponto de vista lacaniano, a proliferação discursiva da sexualidade (e sua exploração) é possível apenas devido a sua relação estrutural ao inconsciente como a "negatividade fundamental" da própria sexualidade. Para uma discussão mais detalhada do assunto, ver Zupančič (2016).

essa coisa não é simplesmente uma multiplicidade caótica de pulsões, mas a "fissura no sistema". Ela também apoia a visão de que seria errado pensar que a fissura que informa a sexualidade humana poderia simplesmente desaparecer se aceitássemos a ideia de que existe uma multiplicidade colorida de identidades sexuais. Na perspectiva lacaniana, a "identidade sexual" é uma contradição em termos. A tão criticada "predileção" psicanalítica pelo dois (também quando toma a forma do "não *dois*") não vem da biologia (ou anatomia) da reprodução sexual, mas daquilo que, nessa reprodução, falta na biologia, *bem como na cultura*. Ou, em outras palavras, vem do fato de que a cópula está totalmente "fora de lugar na realidade humana, à qual, no entanto, fornece sustentação com as fantasias pelas quais essa realidade é constituída" (LACAN, 1999, p. 113).

E – talvez isso já não seja uma surpresa –, quando discute a "fissura", Deleuze também a relaciona à sexuação: ao contrário do "*soma*" (as células somáticas, as células biológicas que formam o corpo de um organismo), ele escreve, "o *germe* é a fissura – nada além da fissura" (DELEUZE, 1990, p. 322). O germe – isto é, as células germinativas, os elementos envolvidos na reprodução sexuada – é a própria instância da *fêlure*.

Sabe-se, é claro, que, em *Diferença e repetição*, Deleuze afirma enfaticamente que o motor da repetição não é uma impossibilidade (de repetir); o que impulsiona a repetição não é um fracasso, uma falta, uma deficiência; não há nada fora dela que motive a repetição; a própria repetição é tanto o "motivador" primário quanto o motor. No entanto, não devemos entender essa postura deleuziana como sendo contra a "negatividade" e a "falta" de maneira apressada. Como vimos em sua elaboração (e apropriação) sobre a pulsão de morte, as coisas são mais complicadas e mais interessantes. A questão é, na verdade, que essa "negatividade" única (a fissura, o buraco) é para ele o lócus primário de afirmação. A repetição é o buraco/fissura que se repete e, ao fazê-lo, repete o que está ao seu redor e que está relacionado a ela. Ou, em outras palavras, a repetição é negatividade tomada em sentido absoluto: não negatividade em relação a algo, mas negatividade original, negatividade que é ela mesma produtora do que está lá e do que pode ser diferenciado, comparado, dito falho etc. Também poderíamos dizer que ele encara essa negatividade como tal como a força positiva original – em oposição a uma noção secundária de negatividade (e diferença). E a questão agora se transforma em como separar essa negatividade "ruim" de uma negatividade "boa". É nesse ponto que começam a aparecer algumas diferenças mais significativas entre Lacan e Deleuze.

Antes de nos debruçarmos sobre esse último ponto, porém, já podemos distinguir outra diferença importante em relação a Lacan, no que diz respeito ao conceito de negatividade e sua "tradução" deleuziana como a *força* mais positiva.

Na perspectiva lacaniana, *há* algo que "motiva" a repetição, e esse algo é precisamente uma impossibilidade – embora isso precise ser entendido em um sentido muito preciso e específico. Essa interpretação não implica, por exemplo, que algo seja "impossível de ser repetido" em sua singularidade única; na verdade, implica o *não-ser* do que deve ser repetido. *É impossível repeti-lo porque não está lá* no sentido usual do termo. Essa é a versão lacaniana da teoria de que o que se repete não é uma experiência traumática original, interrompendo o que aconteceu antes, mas a própria *interrupção* (que ele relaciona ao Real). E isso nos traz de volta a um ponto crucial no desenvolvimento de minha argumentação neste livro, bem como ao conceito propriamente psicanalítico (lacaniano) de "excedente não ligado": ou seja, o gozo. Argumentei que o gozo aparece no lugar do significante inexistente ("originalmente faltante"), que – com sua própria inexistência – dita a lógica da cadeia significante, "desvia-a" de certa forma. E a declina com a ajuda do gozo aderindo a (outros) significantes. O gozo é o (único) "ser", "substância" daquilo que ontologicamente não é, do significante faltante ("originalmente recalcado"). E esse gozo é a "cola" que, *ligando diferentes significantes numa determinada ordem* (de sua associação), repete a negatividade original. Isso, acredito, é também o que está implícito na visão de Brassier, segundo a qual "o excesso *não ligável* [é o que] torna a ligação possível" (Brassier, 2007, p. 238).

Certas conexões significantes já existentes (sintomas) ou complexos significantes ("formações") são, portanto, não apenas um disfarce sob o qual a negatividade original se repete, são também suas representações – mais ou menos fantasmáticas, alimentadas pelo gozo – relacionadas ao sujeito do inconsciente. Isso quer dizer que – para a psicanálise – o nexo de representação e gozo deve ser concebido contra o pano de fundo de uma negatividade original (chame-a de recalque originário, um-a-menos [*one-less*], menos [*minus*], fenda ou fissura) como um *terceiro* elemento em relação ao excesso não ligado (gozo) e os significantes. Lacan fortalece essa fenda, esse terceiro, com seu conceito de Real (e o relaciona ao ponto em que um "novo significante" poderia eventualmente intervir).

Deleuze, por outro lado, que também parte de um tipo semelhante de topologia tripartite, tende a fazê-la desmoronar em um duplo movimento de um Um. A fenda ou fissura torna-se ela mesma o puro movimento do excesso não ligado aparecendo com diferentes máscaras ou "disfarces" significantes.

Para a psicanálise, há, portanto, uma diferença entre a negatividade fundamental (um "menos") e o mais(-de-gozar) excessivo que surge em seu lugar e repete a negatividade original, ligando, "colando", os significantes com os quais essa negatividade aparece *em uma determinada ordem*. Para Deleuze, no entanto, o excesso/excedente é *diretamente* o puro excesso produtivo da negatividade (fissura, Diferença) se repetindo em diferentes disfarces e com diferentes significantes ou símbolos. A negatividade original *é* diretamente o movimento ou força "positiva", "produtiva" ("pulsão"). É também a isso que o "plano de imanência" se refere, basicamente: "A mesma coisa está ao mesmo tempo disfarçando e disfarçada". O que desaparece aqui – para reiterar – é justamente a diferença entre a negatividade original e o excedente que surge em seu lugar e liga os significantes em uma determinada ordem (que depende necessariamente de contingências da história individual).

No que Deleuze chamará de "ontologia realizada", tudo o que resta é a própria Diferença (diferença pura, não uma diferença entre isto e aquilo). Essa Diferença é puro ser enquanto ser em sua univocidade. E equivale a puro *movimento*, assim como *fêlure*, a "fissura", afinal, não é tanto uma fenda, mas sim um puro movimento ou força. Essa mudança de uma alegoria *topológica* para uma *dinâmica* é de fato crucial para Deleuze: a não coincidência topológica de ser e aparecer, sua *fenda*, é "liquefeita" no Ser como um puro *movimento* da Diferença.

Ao "liquefazer" a diferença (não coincidência) do ser e aparecer como puro movimento de diferenciação do próprio Ser, Deleuze oblitera o Real que continua se repetindo nessa diferença. Essa, pelo menos, seria a postura lacaniana. Com a noção de Real, Lacan dá suporte conceitual à fenda, à fissura, implicada por aquilo que ainda está invisível no aparecimento das diferenças, que se repete com elas. Ele as extrai de sua invisibilidade, alegando que a psicanálise está em condições de lhes dar uma consistência mínima.

Enquanto Deleuze vai no sentido de ontologizar esse Real e faz dele o Ser real enquanto ser, é essencial para Lacan mantê-los separados. Essa separação lacaniana do Ser e do Real não implica que o Ser não seja real – o Real precisamente não é um predicado. As reservas de Lacan quanto a algo como uma ontologia psicanalítica são bem conhecidas. Ele não deseja desenvolver sua própria ontologia. Mas a razão talvez não esteja em sua convicção de que a ontologia não tenha sentido (após a virada transcendental) e de que seja necessariamente "metafísica"; pelo contrário. Se há alguém que sempre se recusou a considerar a psicanálise como isenta da interrogação ontológica, é Lacan. Seu argumento é, efetivamente, que a própria noção de ontologia (como "a ciência do ser enquanto ser") tem de ser expandida por um conceito adicional (o Real) que mantém e delimita o lugar de sua inerente contradição/impossibilidade. E o sujeito é efeito dessa *contradição*, não um desdobramento do ser. Há o sujeito porque há o Real.

É aqui que Lacan e Deleuze parecem estar mais distantes: enquanto, para Deleuze, "realismo" implica uma dessubjetivação radical, para Lacan, (o efeito da) subjetivação é o próprio exemplo (ou "prova") de um Real irredutível.

A esse respeito, não é por acaso que nos chamados "novos materialismos", muitos dos quais são baseados em fundamentos deleuzianos,[83] a principal frente filosófica (o principal campo de batalha) costuma estar no âmbito da questão do sujeito. A maioria das proposições conceituais relacionadas aos novos materialismos visa tanto "sair do sujeito" (a suposta gaiola discursiva ou transcendental) quanto "tirar o sujeito" (da paisagem das novas ontologias) – ou, pelo menos, relegá-lo a um lugar pouco significativo dessa paisagem.

A questão que gostaria de levantar aqui é simplesmente esta: pode haver materialismo sério sem o sujeito – ou seja, sem um conceito forte de sujeito, como encontramos, por exemplo, em Lacan? E – *en passant* – é significativo que, embora os novos materialismos geralmente tenham como ponto de partida a rejeição da chamada "virada linguística" e tudo o que é rotulado de "estruturalismo" e "pós-estruturalismo", eles realmente compartilhem com eles (os estruturalistas e pós-estruturalistas) exatamente essa convicção segundo a qual o "sujeito" é uma maçã podre no barril de conceitos filosóficos. Uma razão pela qual Lacan se destaca no contexto do (pós-)estruturalismo é precisamente porque ele não concorda com essa visão. Simplificando:

---

[83] No entanto, deve-se enfatizar que tais "novos materialismos" não alcançam nem de longe a complexidade da filosofia deleuziana.

se linguagem, discurso ou estrutura fossem categorias ontológicas consistentes, não haveria sujeito.

Mas, para chegarmos até essas questões, deixe-me começar por um pressuposto mais simples. Uma das definições e imagens do materialismo (como realismo) é a seguinte: ao contrário de ideais e idealizações enganosas e infundadas, o materialismo expõe a realidade bruta, a realidade sem enfeites, a verdade material ou base das coisas que parecem se sustentar por si mesmas. Deixe-me usar um exemplo de Žižek: a seguinte citação das *Meditações*, de Marco Aurélio:

> Como ver carne assada e outros pratos na sua frente e de repente se dar conta: isso é um peixe morto. Um pássaro morto. Um porco morto. Ou que esta nobre safra é suco de uva, e as vestes roxas são de lã de ovelha tingida com sangue de marisco. Ou fazer amor – algo esfregando contra seu pênis, uma breve convulsão e um pouco de líquido turvo. Percepções como essa – agarrar-se às coisas e perfurá-las, para que possamos ver o que elas realmente são. Isso é o que precisamos fazer o tempo todo – durante toda a nossa vida, quando as coisas reivindicam nossa confiança – para desnudá-las e ver como elas são inúteis, para despir a lenda que as envolve.[84]

O materialismo significaria isto, nesse relato: a realidade menos a ilusão que a acompanha e continua a transformá-la em algo bastante diferente. A manobra descrita por Marco Aurélio visa estourar a bolha do imaginário e nos obrigar a encarar a realidade tal como ela é. Žižek acrescenta outro exemplo dessa estratégia, que deveria proteger os homens (católicos) contra os pecados da carne: quando você é tentado por um corpo feminino voluptuoso, imagine como ele estará em algumas décadas

---

[84] Citado em Žižek (2012, p. 32). Não vou repetir a argumentação de Žižek, com relação à qual a única coisa que posso fazer é concordar, mas usarei essa citação para atingir meus propósitos.

ou, melhor ainda, imagine o que se esconde mesmo agora sob a pele: a carne e os ossos crus, fluidos corporais, alimentos e excrementos semidigeridos...

Ou seja, na dupla do corpo sublime e do corpo medonho, a perspectiva materialista deveria estar do lado do corpo macabro: a imagem sóbria revelando, por trás de uma aparência bela e enganosa, o real material feio... À maneira como Žižek convincentemente desmantela essa noção gostaria de acrescentar outro caminho possível para o mesmo problema: os simples termos da descrição (sublime *versus* medonho) já apontam para um problema no centro desse conceito. Podemos explicá-lo em duas etapas.

(1) O que deveria ser o efeito do materialismo realista, que nos traz sobriedade, aponta, na verdade, para uma fissura/hiância nesse próprio realismo. A realidade "como é" (sem enfeites) aparece em todas essas situações – direta ou indiretamente – como feia, medonha. Ou seja: para que ela nos "leve à sobriedade" (nos desperte da ilusão), ela deve ser percebida como *mais* do que é: deve ser acrescida de uma série de afetações bastante subjetivas – repugnância, aversão, e por aí vai. Para chegar à realidade "como ela é", um *excedente* (subjetivo) é necessário (ou produzido), um excedente ou excesso que precisamente não é redutível à "realidade como ela é". (O fato de que carne apodrecendo incita elementos de nojo, ou, pelo menos, elimina nosso desejo imediatamente, não é menos mediado pela janela de [nossa] fantasia do que aquilo que parece sublime.)

(2) No entanto – e esse é o segundo passo –, isso não quer dizer que, ao contrário do materialismo ingênuo, que se esforça para descobrir a realidade material nua das coisas em si (mas que nunca consegue), estejamos simplesmente defendendo a inacessibilidade de uma coisa em si e sua necessária *mediação* pelo subjetivo, que "sempre-já" ocorreu. Pelo contrário, o que está em jogo, e o que poderia ser debatido, é um tipo diferente de materialismo, que não se baseia necessariamente na oposição

entre a realidade "nua", despida de todas as ilusões e percepções subjetivas (a realidade tal como existe independentemente do sujeito), e uma realidade "sempre-já" subjetiva/subjetivada (ou constituída pelo sujeito). Pois essa oposição é falsa, ou melhor, não é genuinamente "materialista". É somente perlaborando esse excesso (e penetrando em suas distorções) que chegamos à coisa em si, pois essa coisa em si já é contraditória.

A tese, em sua forma mais simples, seria a de que deveríamos considerar a seguinte possibilidade: se a realidade se apresenta com um excesso irredutível "sobre" ela mesma, então esse excesso (ou não coincidência consigo mesma) não é simplesmente ou apenas uma distorção subjetiva, mas também deve ser vista como indicativo de uma cisão ou contradição nessa própria realidade. Como essa afirmação pode ser feita de maneira convincente? Precisamente defendendo um conceito específico de sujeito, que parte de deslocar o campo da discussão da questão de afirmar ou negar a existência de uma realidade independente do sujeito para um tipo diferente de perspectiva que afirma, e combina, as seguintes proposições: (1) há de fato uma realidade que existe independentemente do sujeito (isto é, independentemente da mediação ou constituição subjetiva); (2) o sujeito (a estrutura da subjetividade no sentido forte do termo, em sua própria excessividade) é justamente aquilo que nos dá acesso à realidade independente do sujeito.

Se simplesmente eliminarmos o sujeito e suas distorções/ excessos, podemos de fato obter uma "realidade neutra"; na verdade, não podemos obter *nada além* de alguma forma de neutralidade, e é aí que reside o problema. E se a realidade não for neutra, mas dilacerada por uma impossibilidade e contradição inerentes? Ou, mais precisamente, e se a própria neutralidade não for "neutra", mas já implicar uma imposição subjetiva, uma "neutralização" normativa? Nesse caso, a excessividade subjetiva nos aproxima da verdade, bem como da possibilidade de nos envolvermos com as contradições da realidade.

Esse é o problema do realismo que opera com a noção de realidade tal como ela é "independente de nós mesmos". O problema não é simplesmente que nunca podemos nos isentar da realidade da qual fazemos parte, e que não podemos subtrair reflexivamente nossa distorção e assim obter uma realidade pura e independente. O problema é mais profundo e muito mais fundamental: a realidade como ela é independente de nós aparece (é vista) só e apenas "dependente de nós" *como sujeitos* – não no sentido de ser causada ou construída por nós, mas no sentido de que a própria negatividade/contradição inerente à realidade aparece como parte dessa realidade justamente na forma do sujeito. (Além de ser outras coisas), o sujeito é uma incorporação *objetiva* da contradição da realidade. Esta, penso eu, seria a essência do materialismo de Lacan: é claro que sou definido, como sujeito, por coisas que existem independentemente de mim; mesmo assim a posição subjetiva, ou subjetivação, não é apenas uma forma concreta e singular como as coisas me determinam, é também e ao mesmo tempo a subjetivação de um paradoxo/contradição envolvido nas próprias coisas que me determinam (esse paradoxo/contradição existe "em si" apenas como essa objetivação-subjetivação, ou objetivação via sujeito).

O que isso implica poderia ser elaborado da seguinte forma: chegamos a certos aspectos da realidade objetiva apenas insistindo na irredutibilidade do sujeito. E não, por exemplo, por uma objetivação atabalhoada e precipitada do próprio sujeito, como encontramos, por exemplo, no materialismo envolvido em algumas versões da ontologia orientada a objetos, postulando que o sujeito é simplesmente outro objeto – um objeto entre outros objetos, com características próprias e específicas.[85] Se o sujeito fosse apenas um objeto entre outros, não

---

[85] Esse, por exemplo, é o movimento básico que encontramos no trabalho, que é, se observarmos, bem complexo, de Levi Bryant, *A democracia dos objetos* [*The Democracy of Objects*] (BRYANT, 2011).

haveria necessidade do conceito de sujeito (no forte sentido filosófico e psicanalítico); o termo "pessoa" (ou "ser humano") seria suficiente. O sujeito nomeia um objeto que *não* é justamente apenas um objeto entre outros – esse é o cerne, e não há necessidade de que essa afirmação provoque em nós um ataque imediato de modéstia autolimitante, conclamando-nos a escrever em cartazes: "Abaixo os privilégios do sujeito! Abaixo seu status excepcional!". Pois, ao fazê-lo, estamos colocando em risco – entre muitas outras coisas – precisamente aquela dimensão política da ontologia que inspira esse tipo de projeto democrático e igualitário.

A tese mais robusta que proponho defender é então a seguinte: o sujeito não é simplesmente um objeto entre muitos objetos, é também a forma de existência da contradição, do antagonismo, em ação na própria existência dos objetos como objetos. Ele (o sujeito) se refere à forma como o impasse/contradição da realidade em que aparecem diferentes objetos existe dentro dessa mesma realidade. O sujeito existe entre os objetos, mas aí existe como o ponto que dá acesso a uma possível objetivação de seu antagonismo interno, sua inserção em sua realidade. Precisamente nesse sentido, aquela tese, que soa bem, sobre a "democracia dos objetos" (todos os objetos são ontologicamente iguais e todos são igualmente dignos de nossa atenção) poderia ser vista como efetivamente (e bastante "subjetivamente") ofuscando a realidade "como ela é": antagônica. O sujeito modestamente, humildemente, desloca-se para um lugar não particularmente notável na realidade infinita e, assim, mascara eficientemente sua cisão, produzindo a realidade como neutra e não problemática em si (ou, pelo menos, intocável em seu caráter problemático). Contrariamente a isso, pode-se conceber o sujeito como existência/forma de certa dificuldade (o Real), e como uma "resposta" a ela. Essa resposta pode muito bem ser subjetiva/patológica, mas nunca é completamente redutível à sua própria patologia; também carrega consigo o Real (de uma incidência possivelmente universal) que não é acessível – em si mesmo – de outra forma senão pela própria figura do sujeito. É por isso que, ao colocar (i)modestamente o sujeito como um ponto mais ou menos insignificante do universo, exclui-se a possibilidade de pensar, radical e seriamente, a própria "injustiça" (assimetria, contradição) que nos fez querer desenvolver um projeto ontológico igualitário em primeiro lugar.

O sujeito (lacaniano) não é simplesmente aquele que pensa, é também e sobretudo o que torna certas contradições acessíveis ao pensamento; é a maneira como essas contradições aparecem como uma "questão de pensamento". E sem essa "questão de pensamento" particular é difícil falar de materialismo. Outra forma de pensar essa questão seria: o gesto de Lacan, muitas vezes mal interpretado como sua versão do "correlacionismo", consiste em produzir um curto-circuito dos níveis epistemológico e ontológico (do saber e do ser) na forma de sua negatividade conjunta/comum (a falta de saber se transforma em falta de ser) – e o conceito de sujeito (como sujeito do inconsciente) situa-se precisamente nessa juntura.

É por isso que, por exemplo – e isso é fundamental –, se não podemos pensar algo sem uma contradição, não devemos dar um passo atrás com relação a essa impossibilidade (reconhecê-la e aceitá-la como impossibilidade, ou inacessibilidade ao pensamento); em vez disso, e ao contrário, temos de tomar essa contradição e impossibilidade *como o próprio Real que É acessível ao pensamento*. Já salientei como os paradoxos lógicos, os impasses da formalização, *são* os lugares onde o pensamento pensa o Real; essa era uma das convicções mais fortes de Lacan. Pensar um paradoxo ou contradição não significa encará-lo com fascinação, como numa espécie de revelação mística do Absoluto; significa precisamente aquilo que está sendo dito – *pensá-lo*.

Então talvez esta seja uma boa elaboração do materialismo: o materialismo é o pensamento que avança como pensamento das contradições.[86] E é isso que faz da psicanálise uma teoria (e prática) materialista: ela começa pensando um problema/dificuldade/contradição, não tentando pensar o mundo tal como ele é independentemente do sujeito.

Após esta incursão na questão do sujeito, voltemos à nossa discussão anterior sobre o que separa Lacan e Deleuze no auge de suas proximidades. Em relação à questão central da repetição, ambos compartilham uma matriz conceitual básica segundo a qual aquilo que se repete poderia ser denominado pelo termo "Um-mais" [*One-plus*]: algo (alguma entidade discernível) mais o excedente que o motiva e o impulsiona. Deleuze identifica diretamente o *mais* com o movimento da diferença absoluta e, portanto, com o real do ser. Essa é a origem da dualidade deleuziana fundamental e sua (simples) inversão, obtida pela repetição. Em termos gráficos: a repetição do Um-mais, impulsionada pelo "excesso", tem de, em algum momento, diferenciar – com a ajuda de sua força centrífuga – precisamente esses dois termos ("Um" e "mais"); ela tem de romper o vínculo que existe entre ambos e jogar fora o Um de algum ser hipostasiado (ou alguma diferença particular e, portanto, identidade) em benefício do Ser (ou Diferença) como singularidade de um puro movimento. Dessa forma, a repetição "*se* purga", por assim dizer, separa-se de seu pesado estorvo. É assim, por exemplo, que Deleuze lê o eterno retorno nietzschiano: "A roda do eterno retorno é ao mesmo tempo produção da repetição com base na diferença e seleção da diferença com base na repetição" (DELEUZE, 1994,

---

[86] Nesse sentido, Hegel pode até mesmo ser o filósofo materialista *por excelência*. Como observado por Mladen Dolar: em oposição direta a uma longa tradição (aristotélica), ao alinhar a verdade com o princípio da não contradição, Hegel deu um passo muito diferente com a primeira das suas "teses de habilitação" (que serviram de base para sua defesa de doutorado, em agosto de 1801), ao postular: "*Contradictio est regula veri, non contradictio falsi*" – A contradição é a regra da verdade, a não contradição, do falso (DOLAR, 1990, p. 20).

p. 42). Levando em conta o vínculo entre repetição e diferença, poderíamos dizer que o que está em jogo nesse caso é a repetição como diferenciação interna (ou "purgação") da Diferença. O que isso significa? O que se repete vem da pura negatividade da diferença que, na repetição, é sempre-já algo (isto é, alguma entidade que se enquadra nas categorias de analogia, semelhança, identidade); ao mesmo tempo, essa própria repetição é uma "*força* centrífuga" que expulsa tudo aquilo que, da diferença, "reifica-se" em algo nessa mesma repetição (DELEUZE, 1994, p. 297). Ou seja: expulsa tudo o que se enquadra nas categorias de analogia, semelhança, identidade.

A força centrífuga da repetição em sua forma mais radical, portanto, não apenas introduz a diferença no próprio âmago da repetição, mas também "realiza" essa diferença – ela a realiza extraindo a própria repetição da repetição, extraindo o *novo* do mecanismo da repetição que a produziu. Isso é o que poderia ser descrito, nos termos de Deleuze, como projeto-conceito, sendo este último nada menos que o projeto de uma *ontologia realizada*: "No entanto, a única Ontologia realizada – em outras palavras, a univocidade do ser – é a repetição" (DELEUZE, 1994, p. 303). A diferença é o ser único e original, mas, ao mesmo tempo, ela (ainda) precisa ser realizada, ou seja, *repetida*, e assim separada de todo o estorvo metafísico e dialético que constitui a história do Ser e de seu pensamento. Essa tarefa pode ser conquistada pela "força centrífuga" da própria repetição, que fará assim a separação entre o que denominei anteriormente como negatividade "boa" e "ruim". E o triunfo do "bem" – ou seja, de toda a série dos predicados positivos deleuzianos (horizontalmente rizomático *versus* verticalmente hierárquico, negatividade como excesso positivo *versus* negatividade como falta, multiplicidade *versus* um, nômade *versus* estático, diferente *versus* semelhante ou idêntico, excepcional *versus* ordinário...) – está, por assim dizer, inscrito na própria força da repetição. É por isso que a "ontologia realizada" se parece muito com um *projeto político* ou, mais precisamente, com algo que pode prescindir da política, pois entrega sua tarefa à ontologia.

Várias décadas atrás, o declínio da política propriamente dita (e da concepção de política como pensamento efetivo) foi acompanhado pelo surgimento da "ética". O sucesso (filosófico e social) da ética estava ligado à sua promessa de realizar a tarefa da política melhor do que a política. Assim se apresentava o crescente discurso ético: a nova ética para substituir a velha política. Conceitos como "antagonismo", "luta de classes", "emancipação" e a própria "política" foram geralmente substituídos por noções de "tolerância", "reconhecimento do Outro" e pelas regras autoimpostas do politicamente correto.[87] Desde o início da última crise econômica e política, a partir do início dos anos 2000, os limites dessa "ética como política" foram se tornando mais evidentes, e a noção de política como política veio entrando em cena novamente. Ao mesmo tempo, estávamos (e ainda estamos) testemunhando uma ascensão surpreendente das chamadas novas ontologias e novos materialismos (em grande parte, mas não exclusivamente, inspirados por Deleuze), que, paradoxalmente, avançam fazendo um tipo de promessa muito parecida àquela feita pela ética há algum tempo: ser capaz de cumprir a tarefa da política melhor do que a política. O uso prevalente (e a popularidade) da palavra "ontologia" é sintomático nesse aspecto. Assim como é o uso de muitos termos que descrevem essas novas ontologias; "democracia de objetos" é apenas uma delas.

Como, então, a manobra conceitual (e "prática") de Lacan é diferente? Enquanto Deleuze fala da *seleção* da diferença baseada na repetição, Lacan fala da *produção* de um significante novo que põe fim à repetição. Embora ambos enfatizem uma "seleção", ou seja, uma *separação* em relação a algo que está no próprio cerne da repetição/diferença, a divergência crucial está na maneira como essa separação se dá, bem como na natureza

---

[87] Slavoj Žižek desenvolveu tal argumento em diversas ocasiões.

do que ela produz (como sua novidade). O que, para Lacan, pode provocar a separação dentro da entidade repetidora (do Um-mais) não é a força centrífugo-seletiva da própria repetição; essa separação só é possível por meio de um terceiro termo, produzido no decorrer da análise: S_1, um *significante novo* (situado no lugar da "produção" no discurso analítico). Esse significante é um novo tipo de Um – um Um que difere do Um que se repete (na neurose ou na vida cotidiana). O Um que se repete é um Um-mais, um composto de um significante e gozo. Aqui estamos no nível da cadeia significante e suas peripécias inerentes. A expressão "cadeia significante" refere-se ao fato de que um significante nunca está sozinho, mas está *virtualmente* conectado – pela falta que o constitui (o Um-a-menos) – com todos os outros significantes, e *efetivamente* conectado àqueles em que o mais-de-gozar percebeu ("colou") essa conexão através da repetição. Pois é precisamente esse excedente que liga, conecta diferentes Uns (significantes) em circunstâncias concretas. A análise, por outro lado, leva à produção de um Um diferente e que se sustenta por si mesmo: a de *Um como um sozinho*. "O Um em jogo no S_1 que o sujeito produz, por assim dizer, no ponto ideal de análise é, diferentemente do Um em jogo na repetição, o Um como Um sozinho [*Un seul*]. É o Um na medida em que, seja qual for a diferença que exista, de todas as diferenças que existem e de todas que têm o mesmo valor, há apenas um, e essa é a diferença" (LACAN, 2011, p. 165).

Isso também se refere a outro conceito significativo elaborado com algum nível de detalhamento por Lacan nesse mesmo seminário (...*ou pire*); ou seja, o que ele escreve como *Il y a de l'Un* (que ele abrevia como *Y a de l'Un*, e até mesmo *Yad'lun*): "há (algum) Um", com o artigo partitivo francês *de*[88] paradoxalmente sugerindo uma quantidade não especificada do Um. Esse termo é elaborado por Lacan para *incluir* na noção do Um

---

[88] Mais ou menos equivalente a "algum" ou "um pouco de". (N.T.)

(contável) o que é tipicamente excluído dele, especificamente a pura diferença da qual e com a qual surge. Essa diferença pura (ou "buraco", *trou*) é, ele sugere, o "fundamento do Um". Esse fundamento pode ser concebido como uma "porta de entrada designada a partir da falta, do lugar onde há um buraco. Se você quiser uma imagem, eu representaria com prazer a fundamentação desse *Yad'lun* como um saco. O Um não pode existir senão na figura de um saco, um saco com um buraco. Nada é Um que não venha desse saco, ou que entre nele. Tomado intuitivamente, esse é o fundamento original do Um" (LACAN, 2011, p. 147).

E o novo tipo de Um (S_1), em sua singularidade, está intimamente relacionado a esse "buraco" fundamental. Sua função é dar um suporte significante à fenda, à fissura, implicada por, mas invisível no desenrolar das diferenças (sintomas), e repetida com elas. Essa é também a maneira como a noção aparentemente abstrata de *Y a de l'Un* (abreviada como *Yad'lun*) se relaciona com a prática analítica. Lacan aponta para essa relação (ou talvez devêssemos dizer para essa coincidência) com a homonímia "*y'a d'l'inconscient*" ("há o inconsciente").[89] O conceito freudiano/lacaniano de inconsciente está, portanto, diretamente relacionado à noção de *Yad'lun* (e ao Real implicado por ela). O inconsciente não é um *reino* do ser; o inconsciente "existe" porque há uma fissura no ser do qual advém qualquer consistência discursiva (ontológica) que haja. E a produção de um significante novo nos coloca no ponto desse "começo" – que não é um começo no sentido temporal, mas um começo como um ponto na estrutura onde as coisas estão sendo geradas. O significante novo deveria nomear a diferença que faz toda(s) a(s) diferença(s).

É crucial notar que, na citação anterior de Lacan, a ênfase está na produção: o que está em jogo não é que no curso da análise se *encontre* o significante que falta – este último

---

[89] Assim como Lacan postula em uma lição do seu seminário *Les Non-dupes errent* (21 maio 1974).

precisamente não é algo que poderia ser encontrado, desenterrado do inconsciente. Pois ele literalmente não está lá (e é por isso que existe o inconsciente – o inconsciente é a fissura implicada pelo um-a-menos). Este não é um significante recalcado, mas um significante cujo não-ser é a única coisa que torna o recalque possível, e que o precede estruturalmente. (Foi aí que Freud introduziu a hipótese do "recalque originário".) O significante novo, S_1, não substitui esse "buraco" com o qual aparece a ordem significante, não o fecha nem o descarta; na verdade, ele o produz (ao produzir sua letra) como algo que pode agir como uma arma emancipatória. Em que sentido?

> Em poucas palavras, a ação do discurso analítico consiste em criar um modelo de neurose. Por quê? Porque isso lhe rouba a dose de gozo. Esse gozo não exige nenhum privilégio; há apenas uma maneira de obtê-lo para todos. Toda reduplicação o mata. Ele sobrevive apenas na medida em que sua repetição é vã [*vaine*], ou seja, é sempre a mesma. E é a introdução do modelo que dá um fim [*achève*] a essa repetição vã. A repetição consumada [*achevée*] o dissolve, pois é uma repetição simplificada (LACAN, 2011, p. 151-152).

O modelo da neurose consegue repetir seu gozo, assim o matando. No entanto, se esse é o fim ideal da análise, seu início depende muito do gozo e de colocá-lo em ação – é apenas e precisamente seu trabalho que acaba por produzir o "significante novo". Pois devemos nos perguntar: o que originalmente torna possível a construção do "modelo" da neurose e termina na produção de um significante novo? Esse certamente não é o saber do analista, sua *expertise*, mas tem de vir do próprio sujeito. E, na verdade, Lacan é sumamente explícito nesse aspecto: o significante novo "é produzido a partir da colocação do sujeito a partir do gozo da fala" (LACAN, 2011, p. 165). Isso, é claro, é outra maneira de dizer que ele é produzido "a partir da eflorescência do significante", seu balbucio polissêmico, suas equivocidades (LACAN, 2011, p. 151).

O gozo é, portanto, o próprio meio de produção do significante que acaba por exterminá-lo; esse significante se interpõe entre o gozo (significante) e o buraco/hiância no lugar em que este último aparece, "ocorre".

Esse, então, é um importante aspecto conceitual que separa Lacan de Deleuze: o excedente ("o excesso errático/não ligado", gozo) não é em si o cenário real da emancipação, mas o meio de produção daquilo que eventualmente realiza essa "emancipação"; a eventual mudança tectônica não ocorre no nível desse excedente, mas graças ao *significante* recém-produzido. É o significante do "buraco" no lugar onde surge o gozo que repete esse "buraco" em diferentes disfarces ou formações significantes. Esse significante novo depende da história individual e contingente do sujeito, no entanto, não é simplesmente parte dessa história. É o que a reiteração, a repetição dessa história em análise, produz como palavra que funciona. Funciona de que maneira? Ao deslocar algo em nossa relação com a ordem significante que (in)forma nosso ser. Já em 1957, em seu ensaio "A instância da letra no inconsciente" – e esse título condiz fortemente com o que estamos desenvolvendo –, Lacan escreve: "É tocando, ainda que levemente, a relação do homem com o significante – nesse caso, mudando os procedimentos da exegese – que se muda o curso de sua própria história, modificando as amarras de seu ser" (LACAN, 2006a, p. 438).

Este, então, seria o esquema mais complexo: a colocação do sujeito no nível do gozo da fala possibilita a produção do significante novo a partir da perspectiva da qual é agora possível efetuar uma separação no seio do Um-mais envolvido na repetição. Esse significante novo é o próprio acontecimento e desencadeia uma nova subjetivação.

O significante novo é o algoritmo que desorienta a pulsão ao interromper as rotas bem estabelecidas de sua satisfação. Ele é o que se insere no próprio cerne da dupla face da pulsão e de sua "satisfação". Em si mesma, a pulsão é bastante indiscriminada, indiferente ao que ela satisfaz ao longo da trilha de perseguir seu único alvo, que é simplesmente seu "retorno em circuito" (LACAN, 1987, p. 179), ou seja, repetir-se, na visão de Deleuze. Esta é a força "afirmativa" da repetição (repetição pela repetição) relacionada à pulsão: não algo que falhou, mas a própria repetição como a única "pulsão" da pulsão. A pulsão está sempre satisfeita. No entanto, em sua própria indiferença, ela é também sempre favorável a quaisquer caminhos complicados e objetos extraordinários que nosso gozo possa escolher *sob o signo do recalque*. Não importa de que forma isso aconteça. Por si só, a pulsão não funciona contra o recalcamento (que retroativamente funciona por repetição). Exatamente nesse sentido, a pulsão de morte é tanto cúmplice do recalque quanto totalmente indiferente a ele. Isso também significa que não se pode simplesmente contar com ela para fazer a escolha "certa" (que é o que está implícito na perspectiva nietzschiana/deleuziana). Não há absolutamente nenhuma garantia de que, entregue a si mesma, a pulsão de morte eliminará as coisas certas (ou seja, as erradas), como Deleuze parece sustentar. É preciso algo além, ou ainda: somente um significante novo (e a nova *subjetivação* desencadeada por ele) pode efetuar e sustentar a separação no próprio cerne da pulsão. Não uma *força* (seja ela centrífuga ou outra), apenas uma *letra* pode desemaranhar o que existe somente de forma emaranhada e, portanto, no fim das contas, vir a mudar essa própria forma.

O ser, o acontecimento e suas consequências: Lacan e Badiou

Esse é também, e precisamente, o ponto em que se insere o que podemos chamar de "política lacaniana". Ou, talvez, mais precisamente, é aí que se abre o espaço da política. Esse espaço está essencialmente ligado à hiância/fissura do inconsciente – não um inconsciente específico, mas o inconsciente como conceito da hiância com a qual a realidade discursiva aparece e peleja.

A política, no sentido forte do termo, envolve sempre uma reativação dessa hiância. Fica claro, pelo menos, que é assim que Lacan concebe a política da psicanálise. Pois esse é o ponto que ele defende em sua própria discordância com o rumo que a psicanálise tomou desde Freud: "Na verdade, essa dimensão do inconsciente que estou evocando *foi esquecida*, como Freud havia previsto de maneira muito evidente. O inconsciente fechou-se contra sua mensagem graças àqueles praticantes ativos da ortopedia nos quais os analistas da segunda e terceira gerações se tornaram, ocupando-se, ao psicologizar a teoria analítica, de suturar essa hiância" (LACAN, 1987, p. 23).

Mas quais são as implicações disso fora do ordenamento da cura analítica; ou seja, quais são suas implicações políticas de maneira mais ampla? Alguns veem o conceito de um "significante novo" como levando à questão de um novo tipo de organização (política), o que certamente é um caminho interessante a seguir. E é preciso persegui-lo "além" de Lacan, na medida em que a organização da comunidade psicanalítica não costuma ser considerada o ponto forte de Lacan.[90]

Há também algumas conexões muito interessantes (assim como diferenças) entre Lacan e Badiou sobre essas questões, que têm suas próprias implicações políticas. Vamos percorrê-las brevemente. Por um lado, é bastante claro que a noção lacaniana de Real tem muito em comum com a noção badiouana de Acontecimento[91] – começando com sua relação com o ser e a ontologia. Já enfatizamos como é crucial para Lacan manter

---

[90] É isso, por exemplo, que Gabriel Tupinambá sugere em um artigo no qual ele aborda esse assunto. Ver Tupinambá (2015).

[91] Embora a tradução brasileira do livro *L'Être et l'événement*, de Badiou, adote "evento" para traduzir "*événement*", optamos pela palavra "acontecimento", por entender que esta, mais do que aquela, conota uma situação irruptiva, imprevisível – dimensão fundamental para o conceito badiouano. (N.R.T.)

separadas as noções de ser e de Real. Recapitulemos: Lacan concebe o Real como o ponto de impossibilidade/contradição interna do ser, razão pela qual considera o Real como o nó na garganta de toda ontologia: para falar de "ser enquanto ser", é preciso amputar algo no ser que não é ser.

Ou seja, o Real é aquilo que a ontologia deve eliminar para poder falar de "ser enquanto ser". E é quase exatamente assim que Badiou situa o Acontecimento: a ontologia "proíbe" o Acontecimento, "o axioma [matemático/ontológico] de-limita o ser pela proibição do acontecimento" (BADIOU, 2005, p. 190); "o acontecimento pertence àquele-que-não-é-ser-enquanto-ser" (BADIOU, 2005, p. 189). Além disso, assim como o Real lacaniano, o Acontecimento em Badiou não está conectado à pura natureza empírica do que-acontece, mas pertence à *construção* conceitual (BADIOU, 2005, p. 178). Depois, há a noção do "ultra um", que é crucial nessa construção e implica a distinção conceitual de um Acontecimento a partir do seu local "pela interposição de si mesmo entre o vazio e ele próprio" (BADIOU, 2005, p. 182). Não é exatamente assim que Lacan caracteriza o novo "significante novo" em sua singularidade – o "um sozinho" que se interpõe entre o vazio/buraco e o que ocorre em seu lugar? Há também a importância da "*intervenção interpretativa*", que por si só pode "declarar que um acontecimento se apresenta em uma situação" (BADIOU, 2005, p. 181). Essas semelhanças não são de maneira alguma superficiais; há uma lógica sólida (e compartilhada) que as sustenta e liga Badiou a Lacan. Ao mesmo tempo, há também algo como um *décalage* inaugural, um deslocamento de termos que explica as diferenças subsequentes entre Lacan e Badiou.

Simplificando: para Badiou, a proibição do Acontecimento é a "consequência de uma lei do discurso sobre o ser-enquanto-ser" (BADIOU, 2005, p. 190). Para Lacan, a lei do discurso sobre o ser-enquanto-ser é ela própria consequência de uma impossibilidade (hiância) com a qual ela se dá. Pode-se dizer que, para Lacan, todo ser é discursivo, mas, ao mesmo tempo, o discursivo é não todo. E é justamente por isso que o ser (enquanto discursivo) é inseparável de sua própria "impossibilidade". Em outros termos, o que está em jogo é, em primeiro lugar, uma impossibilidade que pertence ao ser, e não (apenas) ao Acontecimento.

A afirmação de Lacan é de fato mais forte do que a de Badiou: não é simplesmente que o *discurso* sobre o ser-enquanto-ser proíba necessariamente algo; é que o ser enquanto tal é inseparável de sua própria impossibilidade, pois não há ser fora do discurso, mas o próprio discurso é estritamente coextensivo a uma hiância. Retomemos: "O discurso começa com o fato de que existe uma hiância [...] Mas, no fim das contas, nada nos impede de dizer que é porque o discurso começa que a hiância é produzida. É uma questão de total indiferença em relação ao resultado. O certo é que o discurso está implicado na hiância" (LACAN, 2006c, p. 107).

A ontologia de Badiou, por outro lado, baseia-se na tese segundo a qual o ser-enquanto-ser não é nada além de pura multiplicidade inconsistente. – Ou seja, não uma multiplicidade de uns, mas uma multiplicidade que é sempre uma multiplicidade da multiplicidade (da multiplicidade...), de modo que o eventual ponto em que isso cessa não pode ser "um", mas pode ser apenas o vazio. O discursivo surge apenas como apresentação dessa multiplicidade, envolvendo uma "conta-por-um". Para Badiou, o "contar-como-um" é a condição de qualquer situação ou coisa pensável: enquanto o puramente múltiplo é inconsistente, e é um puro "excesso além de si mesmo", todo pensamento consistente pressupõe uma estrutura, um contar-como-um, de modo que todo múltiplo apresentado ou apresentável seja consistente. A esse respeito, o contar-como-um (e com isso a noção de "um") é perfeitamente compatível com a noção de multiplicidade pura. No entanto, o excesso para além de si mesmo, que é o próprio ser do Ser como puramente múltiplo, também se dá no nível do já contado-como-um, ou seja, no nível da apresentação, dentro de um conjunto, ou dentro do que Badiou chama de "situação" (que é outra palavra para "conjunto"): isso ocorre como excesso das partes de um múltiplo ou conjunto específicos sobre seus elementos.[92] Esse excesso, que Badiou também chama de *l'excès errant*, o "excesso errante", é uma das noções cruciais de sua ontologia, pois ele sustenta que "a errância [*errance*] do excesso é o real do ser" (BADIOU, 1999, p. 81).

E isso nos leva ao que acredito ser o cerne da diferença entre Lacan e Badiou, que diz respeito justamente ao status desse excesso ou excedente.

Para Badiou, o incontável excesso do múltiplo para além de si, que assim escapa à representação, não é menos que o *real do ser*, o "ser do Ser". Badiou percebe o "excesso errante" como estritamente coextensivo ao múltiplo; o ser-enquanto-ser é o múltiplo inconsistente (do múltiplo), que é como tal puro excesso além de si mesmo. O excesso é, portanto, uma implicação imediata do múltiplo. Embora Badiou enfatize que esse múltiplo é, em última análise, um múltiplo de um "vazio" (e não de alguns elementos atômicos), esse vazio não equivale à *negatividade* em nenhum sentido forte da palavra; tudo o que ele sugere é uma dessubstancialização do ser. Temos assim a multiplicidade, o múltiplo como positividade do excesso na ausência de toda substância primária – e parece que nesse aspecto Badiou chega surpreendentemente perto de Deleuze. Lacan, por outro lado, insiste em um conceito diferente, que poderia ser formulado da seguinte forma: o *"excesso errante" não é a implicação do múltiplo (multiplicidade), mas do Um-a-menos, do menos-um*. O excesso indefinível, incontável, mas irredutível é o outro lado – não do Um, mas do "menos um" como o fundamento ontológico de

---

[92] Se tivermos, digamos, um múltiplo de cinco elementos, a possível combinação desses elementos – ou seja, o número de "partes" – excede em muito o número de elementos (mais precisamente, esse número equivale a 2 elevado à quinta potência).

(qualquer) um (contável). O excesso existe, floresce no lugar estrutural do *menos um*, e aqui prolifera como seu "mais" material irredutível.

É justamente por isso que, para Lacan, o excesso errante não pode ser o *Real* do ser, mas é seu *sintoma*. E, ao contrário de um sintoma, que existe, embora careça de representação adequada, o Real do ser não é algo que existe, e que assim não é levado em consideração, mas algo que não existe no nível do ser, mas, mesmo assim, algo que podemos reconstruir (a partir dos sintomas), formalizar como seu Real. Para Lacan, o Real do ser só pode ser a letra do impasse constitutivo do ser. Nesse contexto, talvez não se deva cair muito rapidamente no encanto explicativo de alguns exemplos politicamente muito significativos dados por Badiou: por exemplo, os *sans-papiers*[93] como exemplo político contemporâneo do excesso errante. Para Badiou, esse é um exemplo do ser que obviamente existe, mas não tem status simbólico, razão pela qual pode ser tratado, no nível do Estado e de seu modo de representação, como se não existisse. É um excesso não representado (incontável) do Estado-múltiplo além de si mesmo. A diferença com Lacan a esse respeito, é claro, não é que, para Lacan, algo como os *sans-papiers* não conte como um problema crítico; ela reside na elaboração do que exatamente é o problema (onde está) e se ancora na distinção entre o sintoma e o Real. Em poucas palavras: um sintoma é uma formação do ser, enquanto o Real é seu impasse (não-ser), que essa formação continua repetindo. O Real não se apresenta/representa a si mesmo, o que ele faz é que – como impasse inerente, "menos", do ser – ele dita e dirige os processos de (re)apresentação do ser. Nesse sentido, os *sans-papiers* (como a figura do excesso errante) não são o Real do ser, mas, por assim dizer, as "vítimas" do Real do ser. Eles são o sintoma como corporificação material de um impasse fundamental (de um todo específico), um impasse que

---

[93] Movimento social de imigrantes sem documentação. (N.T.)

não existe em algum lugar fora e independentemente dessa corporificação, mas tampouco é diretamente idêntico a ela. É por isso que se, para Lacan, a identificação com um sintoma é possível, não há identificação possível com o Real – onde não há, a rigor, nada com que se identificar. Essa maneira de conceituar as coisas não apenas resiste, mas também *bloqueia* eficientemente a possibilidade de romantismo (político, artístico ou amoroso) do Real, que na verdade está na própria base do que Badiou reconhece como a "sutura" antifilosófica da filosofia, seu autoabandono a uma de suas condições. Não há nada de belo, sublime ou autêntico no Real. Nada é "revelado" com o Real. O Real é o lugar da "violência sistêmica" que existe e se repete na forma do "excesso não ligado". A ênfase no conceito de Real, bem como o imperativo de que devemos formalizá-lo, não são as formas de Lacan de celebrá-lo, são meios de localizar e formular os problemas da estrutura (discursiva).

Na conclusão de *O ser e o evento*, Badiou sugere que a única diferença importante entre Lacan e ele mesmo finalmente "refere-se à localização do vazio" (BADIOU, 2005, p. 432). Enquanto ele, Badiou, reserva o nome próprio de conjunto vazio para o ser-enquanto-ser, Lacan o reserva para o sujeito. Isso (que Badiou lê como um gesto essencialmente cartesiano) deixa o sujeito em uma "dependência excentrada em relação à linguagem", que é precisamente o que Badiou quer evitar. Contra o conceito de sujeito como efeito da linguagem (ou do significante) e, portanto, como "identificável nas redes uniformes da experiência", Badiou quer afirmar "a raridade do sujeito, que suspende sua ocorrência do acontecimento, da intervenção e dos caminhos genéricos da fidelidade" (BADIOU, 2005, p. 432).

No entanto, é realmente aí que se situa o cerne da diferença entre Lacan e Badiou? Como nossa discussão anterior supõe, essa diferença não se relaciona simplesmente com o que um ou outro escolheu como o nome próprio do vazio, mas com o status da negatividade: Badiou não tem um conceito forte de negatividade no nível do ser. O ser se desdobra como puro excesso sobre si mesmo. Para Lacan, por outro lado, o puro excesso do ser já é resultado de um menos-um, da hiância que aparece junto com o discurso. Assim, quando Lacan diz que o sujeito é "um efeito que é o que se presume como tal por um funcionamento do significante", isso não significa simplesmente que o sujeito seja um efeito da linguagem. Quer dizer que sujeito é o nome próprio daquilo que na linguagem não é, da hiância nela. O sujeito (do inconsciente) não é simplesmente o nome de um conjunto vazio, é o nome da *hiância* que pertence ao discurso, e também o nome do *efeito* que se produz *porque* há essa hiância no discurso. É exatamente nesse sentido que podemos dizer que, para Lacan, o sujeito é tanto "identificável dentro das redes uniformes da experiência" (isto é, bastante comum, presumido pelo funcionamento do significante) *quanto raro* – ou seja, surgindo apenas de tempos em tempos. Exemplos psicanalíticos deste último – isto é, de emergências repentinas e *surpreendentes*, inesperadas do sujeito – vão desde lapsos na fala, sonhos, chistes até encontros amorosos devastadores. É importante ver como o sujeito que surge nessa situação não é simplesmente um efeito da linguagem, mas de sua ruptura, de sua descontinuidade. É por isso que Lacan insistirá – e isso é crucial: "Seguir o fio do discurso analítico vai na direção de nada menos do que romper novamente (*rebriser*), inflexionar, marcar com sua própria curvatura – uma curvatura que nem sequer poderia ser sustentada como as de linhas de força – aquilo que produz a falha (*faille*) ou descontinuidade. Nosso recurso, em lalíngua (*lalangue*), é o que a fratura (*la brise*)" (LACAN, 1999, p. 44).

A ligeira diferença (mas que não é sem consequências) entre Badiou e Lacan poderia assim ser formulada da seguinte forma: para Badiou, o ser puro é inconsistente, mas está totalmente presente, por assim dizer. O ser como tal não é sufocado por nenhuma impossibilidade. Esta última pertence ou se origina apenas em sua (re)apresentação, e leva à teoria do Acontecimento e *sua* impossibilidade ou proibição ontológica. O que decorre das conceituações de Lacan, por outro lado, é que ambas estão conectadas: um Acontecimento é possível (pode acontecer) por causa da impossibilidade inerente ao ser.

Essa diferença também explica por que nunca ocorre a Badiou relacionar sua noção de "excesso errante" à noção psicanalítica de "excedente não ligado", ou seja, ao gozo sempre como *mais*-de-gozar. É realmente impressionante como Badiou, que de resto é um leitor muito incisivo de Freud e Lacan, usa principalmente a noção de gozo em um sentido totalmente não ou pré-analítico – como uma idiossincrasia hedonista individual, desprovida de qualquer influência possível no nível da verdade. Ou seja: ele encara isso como algo titilante, mas, ao mesmo tempo, completamente irrelevante. Para Lacan, por outro lado, o gozo é, na verdade, exaustivamente monótono, mas de modo algum irrelevante: ele ocorre no ponto exato em que algo está faltando no discursivo e "curva" a estrutura discursiva com sua repetição. É por isso que o analista tem de permitir esse gozo da fala e ter paciência com seu trabalho cansativo, repetitivo, monótono, sessão após sessão, ouvindo histórias que parecem únicas, vibrantes e excitantes apenas para os sujeitos que as recontam. No entanto, o analista deve ouvir com muita atenção, pois de tempos em tempos esse recontar põe uma palavra no ponto certo – um ponto na construção de um "significante novo"...

Isso pode parecer surpreendente, mas com as afirmações apresentadas anteriormente Lacan na verdade reitera algumas de suas primeiras afirmações, como esta do *Seminário 2*: "O desejo é uma relação do ser com a falta. Essa falta é a falta de ser propriamente falando. Não é a falta disto ou daquilo, mas a falta de ser pela qual (*par quoi*) o ser existe". E, um pouco mais adiante: "Se o ser fosse apenas o que é, nem haveria espaço para falar sobre dele. O ser vem à existência como uma função exata dessa falta" (LACAN, 1988, p. 223). A ideia de que o ser é gerado a partir de sua própria "falta de ser" já está presente. No entanto, essas são considerações iniciais, e Lacan não apenas volta a elas em seus últimos seminários, mas também as reafirma dentro do que é agora uma estrutura conceitual mais complexa e elaborada. É assim que ele formula a nova ênfase: "Ao que devemos nos acostumar é a substituir o 'pare-ser' (*par-être*)[94] – o ser '*para-*', estar ao lado – pelo ser que alçaria voo" (LACAN, 1990, p. 44).[95]

"O ser que alçaria voo" é o que Lacan chamava de "metonímia do ser" – o ser elusivo que desliza, esvai-se no *défilé* [desfile] dos significantes, um ser que existe apenas na forma de sua falta (e que é a causa do desejo). A noção de "pare-ser" (*par-être*), por outro lado, é o que resulta de olhar a metonímia do ser de outra perspectiva, a saber e precisamente, a da repetição.

Poderíamos dizer que, em sua obra tardia, o ser como tal é para Lacan essencialmente uma repetição (cambiante) do impossível (da "hiância"), uma repetição daquilo que não é. O ser não é aquilo que alça voo, escapa ao alcance dos significantes, mas sim aquilo que continua repetindo a descontinuidade "impossível" no seio do ser. (Talvez pudéssemos dizer – referindo-nos a Freud e suas metáforas – que o ser é uma repetição tortuosa do não-ser no próprio âmago do ser.)

É que seria a chamada "para-ontologia" de Lacan (também às vezes chamada de "parontologia"): o ser é colateral (daí a expressão "pare-ser" ou "para-ser") à sua própria impossibilidade, e não (como em Badiou) à impossibilidade do Acontecimento. Ou seja: a impossibilidade que gera o ser (pela repetição deslocada) é a mesma impossibilidade em jogo no Acontecimento (ou "mobilizada" pelo Acontecimento). Ou, em outros termos,

---

[94] Lacan faz um jogo de palavras entre "*par-être*" e "*paraître*", aproveitando a homofonia das palavras. O mesmo acontece em português com "pare-ser" e "parecer". (N.R.T.)

[95] Zupančič parece ter se confundido com essa referência ao texto de *Televisão*. Lacan aborda esse assunto, com esse trocadilho, na lição de 6 de outubro de 1973 do *Seminário 20*. (N.R.T.)

um Acontecimento está relacionado ao próprio ponto de impossibilidade do ser (sua impossibilidade de ser *enquanto ser*). É justamente devido a essa impossibilidade, que fica se repetindo, que o ser é um domínio onde as coisas *podem* acontecer; tem potencial para Acontecimentos. E isso, claro, é uma diferença importante em relação a Badiou, para quem a interrupção do ser por um Acontecimento vem de um "outro lugar" absoluto.

Qual seria, então, uma definição lacaniana do Acontecimento? Um Acontecimento ocorre quando algo "cessa de se escrever", como ele diz no *Seminário 20*. Mas como? Não tornando o impossível possível, mas realizando uma *disjunção do necessário e do impossível*. Se o curso habitual (repetição) do ser é, de fato, uma conjunção do impossível com o necessário (ele "não cessa de não se escrever"), um Acontecimento ocorre quando ele cessa de se escrever. O que ocorre com um Acontecimento é, portanto, uma disjunção que afirma o ser em sua contingência (e não em sua neutralidade). Lacan traz essa definição a respeito do acontecimento do amor, ou melhor, do encontro amoroso. Este último pode ter como consequência que a relação sexual "cesse de não se escrever". O ser já não se esvai, mas coincide com o "você" que eu amo. "Você é isso!", "Você é o ser que sempre me faltou!"

Depois de defender esse ponto, no entanto, Lacan conclui de forma bastante pessimista: além da suspensão (temporal) da não-relação, o encontro amoroso não tem como sustentar essa suspensão em sua contingência, por isso tenta forçar sua necessidade. "Todo amor, subsistindo apenas na base do 'cessa de não se escrever', tende a fazer a negação se deslocar para o 'não cessa de se escrever', não cessa, insiste em não cessar" (LACAN, 1999, p. 145). Esse, então, é o movimento da contingência para a necessidade que "constitui o destino assim como o drama do amor". É minha afirmação (i)modesta – desenvolvida em outro lugar – que "drama" é uma palavra importante nesse contexto, e que a comédia do amor, ou o amor como comédia, envolve uma lógica diferente. Mas, se é para dar certo, a comédia do amor é um gênero muito mais exigente do que a tragédia ou o drama do amor. (E talvez o mesmo possa ser dito de acontecimentos políticos, por exemplo, que um certo "gosto pelo drama" revolucionário poderia efetivamente ser um problema.)

A conclusão pessimista de Lacan no trecho anteriormente citado, é claro, não é alheia ao conceito que Badiou introduz nesse momento exato – no momento da pergunta "O que acontece depois do Acontecimento?" –, ou seja, o conceito de fidelidade (não simplesmente ao nosso amante, mas ao Acontecimento do nosso encontro amoroso). Fidelidade, e não apenas o Acontecimento em si, é o que pode no fim das contas fazer a diferença.

A reserva de Lacan nesse ponto pode ser atribuída ao seu "pessimismo" geral, ou mesmo a algo enraizado em suas visões políticas. Mas as reais implicações emancipatórias da teoria lacaniana não são de forma alguma delimitadas por essas posições políticas. É por isso que estou tentada a apresentar a seguinte sugestão.

E se reintroduzíssemos nesse ponto a noção de um "significante novo" precisamente como aquele que tornaria possível, nesse caso, a construção de algo a partir de um encontro amoroso, sem obscurecer a contingência do (seu) ser?

Um (encontro de) amor não tem a ver simplesmente com tudo se acomodar em seu devido lugar. Um encontro de amor não é simplesmente uma combinação contingente entre duas patologias diferentes, dois indivíduos tendo a sorte de encontrar um no outro aquilo que "funciona para eles". Na verdade, o amor é o *que faz funcionar*. O amor *faz* algo para nós. Ele faz, ou permite, que a causa de nosso desejo condescenda, coincida com nosso amante. E o afeto disso é a *surpresa* – somente essa surpresa, e não simplesmente nossa paixão, é o sinal do amor propriamente dito. É o signo do sujeito, da figura subjetiva do amor. Ele não diz apenas: "Você é isso!", mas sim: "Como é surpreendente que você seja isso!". Ou, em uma fórmula mais simples de como o amor funciona: *Como é surpreendente que você seja você!*.

Para desenvolver esse tópico de forma mais concreta, pode ser útil fazer uma pequena digressão e ver o que Clément Rosset diz sobre o amor em seu livro *Le Régime des passions*. Jogando com o duplo sentido da palavra "regime" – sistema (de governo) e dieta –, Rosset desenvolve sua crítica da noção de paixão, que ele vê como um desejo mórbido por um objeto irreal (desrealizado, inexistente ou inatingível). Portanto, um amor apaixonado, em contraste com o "amor real", sempre visa a objetos que realmente não pode ter (e se esforça para garantir que isso aconteça); é uma relação apaixonada com um objeto irreal. (Mesmo que haja uma pessoa concreta por trás, como em *Fedra*, de Racine, essa pessoa é justamente irrelevante como pessoa real.) Esse é um amor por um objeto cuja aproximação e gozo são infinitamente adiados. Segundo Rosset, essa paixão amorosa (que poderia ser mais apropriadamente chamada de paixão do desejo) é o oposto do amor; é como uma máquina de guerra dedicada a paralisar e proibir. Assim, Fedra "elege um objeto de cujo gozo ela se proíbe (eu diria mesmo que ela o elege *para não gozar dele*), e então extrai gozo masoquista de sua própria dor" (ROSSET, 2001, p. 16). Pois esse é o outro lado da "dieta da paixão": ele envolve o gozo não no objeto da paixão, mas na própria dieta da paixão. (É por isso que Rosset rejeita a famosa fórmula de Saint-Simon "Nada grande acontece sem paixão" e a substitui por "Nada medíocre acontece sem paixão"). Rosset detecta uma estrutura de paixão semelhante (isto é, um desejo insaciável, e um fascínio, por um objeto obscuro e irreal) na avareza e na paixão dos colecionadores: os objetos reais dessas paixões realmente não contam. O avarento nunca desfruta do seu tesouro (ou do seu valor): "O avarento é fascinado pela aura de irrealidade em que faz nadar o seu dinheiro, mas não pelo dinheiro em si" (ROSSET, 2001, p. 17). O que define assim a paixão, segundo Rosset, é menos a busca de algo do que a busca de um objeto definido por duas condições fundamentais: que seja obscuro e indefinível, e ao mesmo tempo fora de qualquer alcance útil (isto é, tanto fora de alcance quanto inútil). E quanto mais assim é, maior é a paixão em sua lógica mórbida de autoperpetuação. É justamente isso que faz Rosset vincular a lógica da paixão àquilo que é o tema central de sua obra filosófica, a saber, "o real e seu duplo". Resumindo: a paixão marca o domínio que a fantasia do duplo exerce sobre a percepção do real, o fascínio pela ausência causado pela presença indesejável de um real que não nos satisfaz (ou não mais nos satisfaz), ou seja, a escolha do irreal em detrimento do real. E pode-se acrescentar que a paixão "revolucionária" na verdade muitas vezes funciona exatamente assim: como uma paixão pela "revolução" em si, no lugar de construir pacientemente um mundo diferente.

Há, no entanto, algo que Rosset aborda muito rapidamente em sua teoria da paixão, bem como em sua teoria do duplo como simplesmente uma reduplicação ilusória do real. Na oposição entre o objeto real e o gozo perverso (em seu adiamento), o amor real não está simplesmente do lado do "objeto real" (como totalmente coincidente consigo mesmo). Além disso, deve-se insistir em que há certo grau de desrealização ou desprendimento envolvido em qualquer amor real, e isso constitui a própria base do encontro e da relação com uma pessoa concreta, "real". Paradoxalmente, isso é algo que o próprio Rosset observa com muita perspicácia, sem aceitar as consequências imediatas dessa observação para sua teoria: "O amor real exige a realidade da pessoa amada. Além disso, a coincidência graças à qual um objeto amado é ao mesmo tempo um objeto existente é, curiosamente, um inesgotável objeto de admiração para os amantes [...]: não é mais o 'você está aqui' que conta, mas o fato de que 'você *é* você'" (Rosset, 2001, p. 28).

Essa é precisamente a fórmula a que chegamos em nossa discussão anterior. O amor real necessariamente se admira com a coincidência do objeto amado (desejado) com um objeto existente. E essa admiração é o efeito do amor propriamente dito.

De acordo com os argumentos de Rosset, isso implica que haja algo da ordem da coincidência surpreendente que ocorre também no amor real e, portanto, pressupõe uma diferença mínima ou cisão – essa cisão não ocorre apenas com a distorção ilusória (reduplicação do real, como ele argumenta). E, de fato, a admiração aqui não é menos cômica do que aquela evocada em um dos chistes que Freud cita em seu livro *O chiste e sua relação com o inconsciente*: "Ele se admirava com como é que os gatos têm dois buracos cortados em sua pele precisamente no lugar onde seus olhos estão" (FREUD, 1976, p. 97).

Para que o amante real não seja outra coisa senão a *coincidência* consigo mesmo, como sustenta o próprio Rosset, é preciso haver também uma cisão, envolvendo uma diferença mínima. É precisamente por causa dessa diferença mínima que faz sentido dizer não "*Je est un autre*" (Rimbaud), mas "*tu* est *toi*", "você é você (mesmo)", que é a própria condição (e forma) do amor real. Não é apenas que o amor real exija a realidade da pessoa amada, tem a ver também, e principalmente, exatamente com essa *coincidência do mesmo* com o outro lado de sua não coincidência, tornada visível pelo encontro amoroso no sentido forte da palavra. A cisão e a coincidência aparecem ao mesmo tempo. Ou: a cisão aparece como coincidência; elas são, estritamente falando, uma e a mesma.

Em outras palavras, podemos concordar com Rosset que o "amor real" não é o amor que eu chamaria de sublime, o amor em que nos deixamos completamente deslumbrados ou "cegos" por uma dimensão abstrata do objeto amado, para que possamos ver, ou não suportemos ver, sua existência concreta (e seu aspecto sempre um tanto ridículo, banal). Esse tipo de "amor sublime" necessita de e gera, de fato, uma inacessibilidade radical do outro (o que geralmente se traduz em preliminares eternas, um objeto escolhido inacessível ou a forma de uma relação intermitente que nos permite reintroduzir a distância apropriada para o inacessível e, assim, "ressublimar" o objeto após cada "uso"). Mas o amor real também não é simplesmente algo que toma seu objeto "tal como ele é", no sentido de homogeneidade e continuidade (ininterrupta) de sua presença como real. É apenas no momento em que nos apaixonamos que um objeto amado "coincide" com um objeto existente, e essa coincidência marca uma ruptura na continuidade de nossa realidade (e de nosso amante). Essa coincidência paradoxal – ou mesmo *cômica* – é exatamente o que nos arranca (e a nosso amante) da continuidade de nossa presença na realidade, e o faz ao *(re)instalar-nos lá*, como se fosse a primeira vez.

Um trecho do filme *Uma noite na ópera*, dos Irmãos Marx, ilustra isso de forma mais direta. Depois de se sentar com outra mulher por um bom tempo, Groucho (Driftwood) chega à mesa da Madame Claypool (ela estava esperando por ele há algum tempo), e ouve-se o seguinte diálogo:

> **Driftwood (Groucho):** Aquela mulher? Sabe por que me sentei ao lado dela?
> **Madame Claypool (Margaret Dumont):** Não –
> **Driftwood:** Porque ela me faz lembrar de você.
> **Madame Claypool:** É mesmo?
> **Driftwood:** É claro! É por isso que estou sentado aqui, com você. Porque você me faz lembrar de você. Seus olhos, sua garganta, seus lábios, tudo em você me faz lembrar de você, menos você. Como você explica isso?

Os temas cômicos estão mais bem posicionados para produzir fórmulas genuínas de amor. De fato, pensando bem, existe alguma resposta melhor para a pergunta impossível: "Por que você me ama?" do que: "Porque você me faz lembrar de você"?.

Agora, como relacionamos tudo isso com nossa discussão anterior? Uma maneira de entender a noção de "significante novo" seria justamente vê-lo como um significante capaz de nomear e, portanto, sustentar a diferença mínima (contingência) pela qual meu amante continuamente me faz lembrar dele mesmo. Ou seja, vê-lo exatamente como aquilo que impede o deslocamento da negação que Lacan aponta, o deslocamento do "cessa de não se escrever" para o "não cessa de se escrever". O que acontece nessa mudança é que a impossibilidade desaparece e é simplesmente substituída pela necessidade; mas esse desaparecimento da impossibilidade não é sua solução, mas seu recalcamento ou foraclusão; daí o fechamento da própria hiância que tornou possível sua solução "acontecimental". No amor, o impossível acontece, e é a partir daí que devemos continuar e trabalhar com o que aconteceu, em vez de supor que a partir de agora o impossível é (ou deveria ser) simplesmente substituído pelo possível e, de fato, necessário.

Uma vez que já nos aventuramos um bocado no terreno dos exemplos concretos, podemos dar um passo adiante e sugerir um exemplo concreto de um "significante novo" no caso de uma situação amorosa – com o risco óbvio de o exemplo nos afetar de maneira bastante banal em relação às nossas sublimes expectativas sobre o que esse significante novo poderia ser. Vamos correr o risco. Então, qual seria um exemplo de significante capaz de nomear e, portanto, sustentar a mínima diferença (contingência) pela qual meu amante continuamente me faz lembrar dele mesmo? Um exemplo de significante que impediria a hiância do "impossível" de simplesmente desaparecer da cena (e retornar no Real)? Não poderíamos dizer que um possível exemplo disso seria o papel que um apelido às vezes desempenha nas relações amorosas? E com isso certamente não quero dizer um "nome fofo" que se pode escolher em uma lista, refiro-me a um nome que realmente nomeie algo no relacionamento; um nome que forneça ao significante a própria (dis)junção do objeto amoroso e do objeto existente em uma relação amorosa concreta. Um nome que funcione, que trabalhe na geração e manutenção do *espaço* para construção no *ponto* precário do Acontecimento.

Tais apelidos [*nick/names*] (obviamente, nem todos os apelidos amorosos cumprem essa função, e também pode haver algo além de um apelido que cumpra tal função) geralmente são imbuídos de uma centelha cômica, e essa centelha vai até certo ponto distrair o *páthos* do amor como *destino*.

Nomes, palavras, já não os temos em quantidade suficiente?

Começamos com o sexo (em sua "impossibilidade") e terminamos com o amor em sua dimensão possível – o que não nos leva muito longe, se ele não encontrar seu aliado em algum tipo de invenção significante. É aqui que quero parar. É claro que há conclusões mais gerais que podem ser elaboradas a partir deste ponto, mas vou me limitar a apenas uma breve observação. Muitas vezes atribuímos a origem dos males do nosso tempo ao fluxo acelerado de especulações, ("apenas") palavras; à falta de envolvimento com coisas reais, a vida real, experiências reais e emoções reais. No entanto, o problema talvez seja outro: não perdemos o Real (que nunca "tivemos"), estamos perdendo a *capacidade de nomear*, que pode ter efeitos reais, porque "atinge" o ponto certo, a (dis)junção entre o necessário e o Real (impossível). Em toda a profusão de palavras e mais palavras, faltam-nos as palavras que funcionam. (Não o que a linguística chama de performativos, mas palavras que podem afetar a economia do ser, porque vêm do funcionamento dessa economia). A virada para o Real (por exemplo, para a "experiência real") é parte da guerra ideológica que nos desvia da única maneira como podemos tocar algo do Real, que é precisamente com a palavra certa (e não simplesmente com mais palavras). A palavra certa não é a mesma coisa que uma palavra correta, e certamente não se trata de alguém "estar certo" (ou não); não é simplesmente a palavra que transmite, por exemplo, a verdade factual do que está acontecendo. Não se trata tampouco de "eficácia". Trata-se de palavras que pela primeira vez nomeiam algo sobre nossa realidade e, portanto, fazem desse algo um objeto do mundo e do pensamento. Pode haver palavras e descrições da realidade que vieram antes dela, e sempre as há. Mas então surge uma palavra que nos dá acesso à realidade de uma maneira totalmente diferente. Ela não é uma descrição correta de uma realidade; introduz uma nova realidade. Quando Marx escreveu que "a história de toda a sociedade até então existente é a história da luta de classes", essa não era uma descrição da história social mais precisa do que outras descrições. O conceito de luta de classes é um exemplo de um "significante novo", que revela uma dimensão até então invisível da realidade social e que nos dá ferramentas para pensá-la. Tal conceito o faz porque nomeia o ponto em que a impossibilidade da justiça social se desvincula da necessidade de repetir essa impossibilidade.

Conclusão
Do umbigo de Adão
ao umbigo do sonho

Após esse percurso pelas possíveis implicações filosóficas (e políticas) do conceito psicanalítico de sexualidade, concluamos com o que parece ser sua implicação mais ousada. Ou seja, que a sexualidade (enquanto ligada ao inconsciente) é o ponto de um curto-circuito entre a ontologia e a epistemologia: é devido àquilo que está faltando ("saiu de cena") da estruturação significante do ser que o inconsciente, como forma de saber, relaciona-se com a impossibilidade de estar envolvido na e "transmitido" pela sexualidade.

A teoria de que existe um curto-circuito particular entre as dimensões ontológicas e epistemológicas é, obviamente, uma afirmação "filosófica" muito forte. No entanto, o próprio Freud sugeriu algo do tipo em seu relato da ligação entre sexualidade e saber: se a sexualidade é a pulsão de saber, não é simplesmente porque temos curiosidade sobre o sexo, ou porque sublimamos a falta de sexo com uma paixão pelo saber. Pois a falta em jogo não é uma possível falta de sexo, mas uma *falta no próprio âmago do sexo*, ou, mais exatamente, diz respeito ao sexo como a própria incompletude estrutural do ser.

Uma das principais teorias de Freud diz respeito à sexualidade como o reino dentro do qual a busca (desejo) de saber decola. Essa genealogia freudiana da paixão pelo saber é, por si só, complexa e intrigante, mas em linhas gerais seria o seguinte[96]: não existe uma pulsão original para o saber. Ela surge em momentos de dificuldade existencial: por exemplo, quando as crianças se sentem ameaçadas pelo fato (ou pela possibilidade) de terem um irmão. A sexualidade logo se torna um ator óbvio em todas as questões sobre *ser* (aí) com relação a si mesmo e aos outros. Ela entra em cena com a questão do ser ("Como chegamos a ser?"), e entra como negatividade, como caráter insatisfatório de todas as respostas positivas possíveis. Pois, embora esteja obviamente envolvida na formação do ser, a sexualidade não fornece nenhum ponto de ligação, nenhum ponto de ancoragem na explicação do ser (como ser). Além disso, para a criança curiosa, a sexualidade está muitas vezes ligada a histórias e mitos, constrangimento e evasão, às vezes até repulsa e punição.

Antes de suspirarmos e nos conformarmos com o fato de que, bem, isso tudo novamente tem a ver com nossas mesquinhas histórias e estruturas familiares, é crucial reconhecer que a verdadeira questão só começa nesse ponto. Não que essas "estruturas familiares" possam explicar o Real da sexualidade, mas sim que algo neste possa explicar, ou apontar, a hiância que move essas estruturas. O constrangimento e o encobrimento da sexualidade (pelos adultos) não deve ser entendido como autoexplicativo, ou seja, explicado pela proibição cultural "tradicional" da sexualidade, mas sim o contrário. Como continuo insistindo, a causa do embaraço na sexualidade não é simplesmente algo que está ali, que se expõe nela, mas, ao contrário, algo que não está ali e é (ou seria) da ordem do saber. Os contos de fadas com os quais explicamos a sexualidade às crianças existem não tanto para mascarar e distorcer a explicação realista, mas para mascarar o fato de que não há explicação realista, e que mesmo a explicação científica mais exaustiva carece do significante que satisfaria o sexual como sexual. O que está em jogo com essa falta, portanto,

---

[96] Ver, por exemplo, Freud (1977a).

não é um saber que falta *sobre* o sexual (como uma entidade plena em si mesma); o que está em jogo é que a sexualidade (pulsão) e o saber se estruturam em torno de uma negatividade fundamental, que os une no inconsciente. O inconsciente é o conceito de um vínculo inerente entre sexualidade e saber em suas próprias negatividades. A conclusão à qual podemos chegar seria a seguinte: quando se trata de encobrirmos social, cultural ou religiosamente a sexualidade, podemos ter certeza de que essa cobertura nunca encobre apenas o que está lá (por exemplo, os órgãos sexuais), mas *também* (e talvez principalmente) algo que não está presente; também encobre alguma ambiguidade fundamental que é, desde o início, de *ordem metafísica*. Ou seja: quanto mais tentamos pensar o sexual como sexual (isto é, quanto mais tentamos pensá-lo apenas como "o que é", sem censuras e adornos), mais rapidamente nos encontramos no elemento da pura e profunda metafísica. É por isso que não há uma maneira "*neutra*" de falar sobre sexo – mesmo que finjamos não esconder nada e falemos apenas de fatos, algo a mais parece ser acrescentado ou parece desaparecer...

Uma ilustração vívida e direta disso pode ser encontrada na forma de um problema que os primeiros artistas enfrentaram quando pintaram Adão e Eva, um problema que relaciona essas questões com nossa discussão anterior sobre realismo. O problema que os artistas enfrentaram foi o seguinte: eles deveriam retratar o primeiro casal com ou sem umbigo? Adão foi moldado de saliva e barro, Eva, da costela de Adão. Eles não nasceram de mulheres, então como eles poderiam ter umbigos? No entanto, eles teriam uma aparência estranha sem tê-los: eles foram os primeiros humanos e deveriam se parecer com (outros) humanos. Mas se como humanos eles foram criados à imagem de Deus, Deus também tem de ter um umbigo, o que gera novas dificuldades conceituais... (Isso ilustra o dilema que Gosse estava enfrentando quando tentava reconciliar a idade geológica dos fósseis com a criação de Deus de acordo com o *Gênesis*: sua resposta foi que, quando Deus criou Adão, ele também criou o umbigo, ou seja, sua "ancestralidade"...) Então o problema que os artistas enfrentavam era bem real; e muitas vezes se esquivavam da questão estendendo folhas de figueira de modo que cobrissem não apenas os órgãos sexuais, mas também a parte inferior da barriga.

Não é essa extensão das folhas de figueira para esconder mais do que apenas órgãos sexuais uma ilustração perfeita do argumento que estou elaborando aqui? Ou seja, que, ao encobrir "o sexual", sempre também – e talvez principalmente? – encobre-se algo mais, algo que não está lá e que tende a formular algumas perguntas e ambiguidades profundamente metafísicas. E não deveria ser uma surpresa que seja precisamente esse ponto adicional o principal lócus de mitos e fantasias sobre a procriação e sobre (nossas) origens. Diferentes teorias teológicas em torno da questão do umbigo de Adão – por exemplo, as teorias sobre o momento em que surgiu o umbigo – são uma leitura fascinante.

A folha de figueira estendida cobre não apenas o sexual, mas também o umbigo como figura eleita da cicatriz deixada pelo lapso de ser – o lapso de ser envolvido na sexuação (e na reprodução sexual). Se a sexualidade parece existir apenas no nível ôntico e não ter dignidade ontológica própria, a razão não é que ela não corresponda a nada no nível ontológico, mas antes que corresponda a uma hiância dentro desse parâmetro ontológico.

E, falando em umbigo, não é por acaso que encontramos em Freud (em *A interpretação dos sonhos*) a famosa e curiosa expressão: "*der Nabel des Traums*", "o umbigo do sonho", que se relaciona não ao que podemos saber, mas ao buraco na própria rede de saber que pode ser estabelecido na interpretação analítica.

Muitas vezes, mesmo no sonho mais bem cuidadosamente interpretado, há uma passagem que deve ser deixada obscura; isso porque, durante o trabalho de interpretação, tomamos consciência de que nesse ponto há um emaranhado de pensamentos oníricos que não pode ser desvendado e que, além disso, nada acrescenta ao nosso conhecimento do conteúdo do sonho. Esse é o umbigo do sonho, o ponto onde ele submerge rumo ao desconhecido (FREUD, 1988, p. 671).

Eu sugeriria que lêssemos o termo "desconhecido" não como se referindo a algo "desconhecido para nós", mas em um sentido mais forte da hiância no saber coincidindo com a hiância no ser. Não sabemos porque não há nada para saber. Mas esse "nada" é inerente ao ser e constitui sua fissura irredutível; registra-se como uma inscrição epistemológica ("negativa") peculiar, registra-se como uma forma peculiar de saber: o inconsciente.

Pequeno glossário lacaniano

Christian Ingo Lenz Dunker

Ato analítico – Designa tanto um tipo de intervenção do analista quanto o conjunto do tratamento psicanalítico e a passagem de analisante a analista. Como tipo de intervenção ele reconfigura a direção do tratamento (como que estabelecendo um novo início) e realiza a travessia de uma dada forma de relação na transferência, no sintoma ou na fantasia.

Estádio de espelho – Descrito a partir dos estudos sobre a relação da criança diante do espelho (Wallon) e da imagem do semelhante (Etologia), é utilizado por Lacan para explicar a formação do eu e a disposição imaginária de certos fenômenos que lhe são associados: agressividade, fascínio, transitivismo, negativismo.

Desejo – Articulador central da subjetividade, o desejo organiza as relações temporais (o desejo é um fio que parte do presente, vai ao passado e lança-se ao futuro), os modos de relação com a alteridade (o desejo do homem é o desejo do Outro) e articula-se aos meios de subjetivação (linguagem, sexualidade, fantasia, lei simbólica).

Imaginário – Registro ou ordem de existência caracterizado pelo antropomorfismo, pela projeção e pela identificação. Corresponde ao domínio das imagens desde que consideradas segundo um tipo de reatividade, desconhecimento ou fascinação que são próprias. Os fenômenos de identificação de massa, de apaixonamento ou de idealização, bem como da vocação alienante do eu, possuem forte extração imaginária.

Nome-do-Pai – Principal operador da filiação de um sujeito, o Nome-do-Pai não equivale ao nome próprio do genitor, mas a uma função que, na neurose e na perversão, designa arbitrariamente a localização da falta e da causa do desejo (falo) no campo do Outro, indicando, assim, a localização indireta do sujeito no universo Simbólico.

Objeto – O termo objeto em psicanálise designa simultaneamente (a) um aspecto da pulsão, (b) um modo de relação e (c) a representação psíquica do outro. Lacan reconhece, na noção de objeto *a*, sua maior contribuição à psicanálise, ao reinterpretar a noção (a) como uma função de causalidade, (b) como um modo de relação não identificador e (c) como fonte da angústia e do que não pode ser representado para um sujeito.

Outro (ou grande Outro) – No interior do registro simbólico, opondo-se tanto ao pequeno outro quanto ao objeto *a*, é o campo que determina o sujeito.

Real – Registro ou ordem de existência do que é impossível de se representar na realidade psíquica ou material e não obstante é necessário para manter sua consistência. Apresenta-se como traumático, como angústia ou ainda como aspecto irredutível do corpo e da sexualidade. É estudado por Lacan a partir da escrita matemática e da lógica.

Simbólico – Registro ou ordem de existência caracterizado pelo campo da linguagem e pela função da fala. Ordem ou sistema de trocas regidos por uma Lei que sobredetermina as escolhas dos indivíduos. O inconsciente se estrutura como uma linguagem na medida em que pertence ao domínio do Simbólico.

Sinthoma – Recuperação da forma antiga de escrever a palavra "sintoma", equivale ao quarto elo que mantém unidos Real, Simbólico e Imaginário. Para um sujeito, corresponde ao que é incurável em seus sintomas, inibições e angústias. Por exemplo: a atividade de escrever para James Joyce constitui um sinthoma.

Sujeito – Distingue-se do eu, do ego e da consciência como função de descentramento, divisão e negatividade. O sujeito é, para Lacan, um efeito de fala e de discurso que ocorre no tempo. Ele define-se mais por uma posição do que por conteúdos ou formas aos quais se identifica ou se aliena.

Glossário
A aventura conceitual de Zupančič

Bernardo Sollar Godoi
Vinícius Moreira Lima

Definir, para além de explicar o significado de um vocábulo, é delimitar no campo do finito uma infinidade de atribuições. Definições são as ferramentas (diremos, conceituais) que delineiam os limites de um campo. Todavia é importante destacar que os conceitos psicanalíticos (mas não só), a depender do autor, da época, do contexto sociocultural e, sobretudo, das questões que empenham solucionar, assumem variações características.

O presente glossário se atenta a essas particularidades. Alenka Zupančič, uma autora de peso no cenário internacional, que trabalha na interseção entre psicanálise e filosofia, lança mão dos termos enfatizando, a cada vez, uma determinada acepção para desenvolver a questão fundamental do seu livro: *O que é sexo?*. Aqui apresentaremos, sinteticamente, os principais conceitos utilizados nessa interseção, com suas respectivas definições, em consonância com o propósito *sui generis* da filósofa. Trata-se de um convite para embarcar em sua aventura conceitual.

Acontecimento – Ocorrência imprevisível capaz de provocar uma ruptura com a estabilidade corrente e transformar radicalmente a forma como a realidade é concebida, seja no campo político, científico, artístico ou amoroso. O acontecimento possui um valor disruptivo em relação à ontologia, causando mudanças importantes no nível do ser e da verdade em determinado campo. Desse modo, o acontecimento difere do ser, na medida em que este consiste em uma totalidade existente ou em um objeto predeterminado simbolicamente, enquanto aquele excede essa especificação, constituindo-se como o indeterminado de qualquer predição.

Correlacionismo – Qualquer filosofia que sustenta a impossibilidade de pensar o ser, a coisa ou a realidade "em si", de maneira independente de um correlato, como o sujeito, o poder, a consciência, a linguagem. Em outras palavras, é a defesa da tese segundo a qual apenas se acessa a correlação entre pensar e ser, nunca um termo separado do outro. Assim, quando falamos da realidade, falamos da realidade como ela é concebida "para nós", e não como a realidade é, por si só.

Diferença sexual/Gênero – Em um sentido corrente, a diferença sexual é um termo utilizado para nomear as diferenças existentes entre "homens" e "mulheres" – ora em chave biológica, ora em chave cultural, ora no cruzamento entre essas chaves. A ênfase na dimensão cultural dessa diferença levou à formulação da noção de gênero, tomada enquanto série de atributos contingentes, socialmente construídos e culturalmente normalizados, que demarcariam o campo do masculino e o campo do feminino. Na psicanálise lacaniana, a partir da lógica da sexuação, a diferença sexual seria antes a impossibilidade de se determinar "homens" e "mulheres" enquanto gêneros ou entidades simbólicas plenamente constituídos como tais, pois cada posição sexuada encontra contradições inerentes à sua configuração. Ao contrário de a diferença sexual ser uma norma simbólica, ela se torna, então, a impossibilidade real de normatização/simbolização dessa mesma diferença.

Falo – Em seu sentido corrente e dicionarizado, falo é um sinônimo de pênis como órgão genital. Na psicanálise, por sua vez, o falo também é o nome de um elemento de linguagem (um significante) responsável por organizar a lógica do funcionamento simbólico de nossa cultura (a lógica fálica). Ele se torna aí um marcador (um significante) da falta, do desejo e do poder e, ainda, um distribuidor de modos de gozo (a função fálica). Se, por um lado, o falo não coincide com o pênis, já que sua operação simbólica vai muito além do órgão genital objetivamente instalado no corpo; por outro lado, o falo não deixa de ser também o principal organizador da cultura patriarcal da qual ele extrai seu nome.

Gozo – Certamente um dos termos mais controversos e polissêmicos do vocabulário lacaniano, podendo conotar: uma forma de prazer; a satisfação genérica com o corpo, como o orgasmo; o contraponto ao desejo, por se precipitar na satisfação com a posse de um objeto; a satisfação que cobra o preço para ser obtida com sofrimento; a miragem de que o Outro acessa um prazer muito mais abundante, interdito para mim; o fluxo de satisfação do corpo, castrado/renunciado pela entrada na cultura e na ordem simbólica; o sinthoma (ver "Pequeno glossário lacaniano", neste volume, p. 235) como ponto de satisfação que resiste à interpretação e que, portanto, estaria além da linguagem; o mais-de-gozar como satisfação excedente, desregrada e substitutiva, (in)formada por uma negatividade que irrompe no corpo depois de se haver consentido com a castração, isto é, com a perda mítica/lógica de um gozo que seria pleno, mas que, no fundo, jamais existiu. Contudo o vocábulo "gozo" possui um sentido mais ou menos consistente no texto de Zupančič, estreitamente relacionado com a última definição.

Imaginário/Simbólico/Real – Para aspectos gerais concernentes a esses termos, ver "Pequeno glossário lacaniano" (neste volume, p. 235). Embora sejam conceitos que sofram variações conotativas ao longo da obra lacaniana, é possível identificar no texto de Zupančič os sentidos mobilizados por ela. O Imaginário, embora seja pouquíssimo mencionado, é vinculado principalmente às representações imagéticas do corpo e do comportamento humano, aos sentimentos projetados sobre o outro (considerando quaisquer objetos, inclusive inanimados) e às sensações corporais. O Simbólico (também denominado por "ordem simbólica" ou "Outro") está associado à linguagem, ao significante, à cultura e à produção de sentido, mas também a uma estrutura governada por regras que determinam o funcionamento do inconsciente. Já o Real está ligado à impossibilidade, ao impasse, à contradição da realidade simbólica, produzidos por esta, cujos efeitos subjetivos podem se manifestar como traumáticos e/ou angustiantes. É justamente o entrecruzamento entre Simbólico e Real que é o ponto privilegiado de discussão por Zupančič: "o surgimento do significante não é redutível ou encerrado pelo simbólico. O significante não apenas produz uma nova realidade simbólica (incluindo sua própria materialidade, causalidade e leis); ele também 'produz' a dimensão que Lacan chama de Real, que se conecta aos pontos de impossibilidade/contradição estrutural da própria realidade simbólica. É isso que mancha indelevelmente o simbólico, mancha sua suposta pureza e explica o fato de que o jogo simbólico da pura diferencialidade é sempre um jogo de dados viciados" (neste volume, p. 70).

Negatividade – Longe de remeter a um sentido valorativo, pessimista ou derrotista, sua acepção gira em torno do ponto de ausência e de impossibilidade, intrínseco a qualquer estrutura simbólica. Assim, de maneira geral, a negatividade é a não-relação constituinte, originária e determinante das formas de relações discursivas. Cada forma de relação discursiva é uma tentativa de encontrar uma saída ou uma solução para seu impasse, que tende a se repetir. Algumas dessas relações abordadas por Zupančič são o capitalismo, a democracia, o gênero, a sexuação, entre outros. Na psicanálise, o objeto *a*, por exemplo, é a objetivação dessa negatividade, em torno da qual circula a pulsão.

Objeto *a* – Para aspectos gerais do termo "objeto", ver "Pequeno glossário lacaniano" (neste volume, p. 235). Classicamente, é um objeto responsável por causar desejo, mais do que para ser objeto de realização deste. Trata-se de um objeto irrepresentável, inalcançável, miticamente perdido e que, embora possa ser figurado por um objeto parcial, o objeto *a* sempre o excede. Nesse sentido, ele está próximo das noções de Real, gozo e angústia, por sua associação a um "resto" inapreensível simbolicamente, mas que mantém o desejo em movimento. Zupančič usa frequentemente a noção de objeto *a* em sua vertente de mais-de-gozar, tomada como satisfação excedente, desregrada e substitutiva, (in)formada por uma negatividade, que irrompe no corpo. Considerando que o humano é, desde o nascimento, cuidado por um Outro, que interpreta suas necessidades e o submete a um sistema (incompleto, precário, ambíguo) de linguagem, a satisfação é marcada por uma perda, decorrente da perturbação das necessidades fisiológicas naturais, mas também pelo retorno de irrupções ou restos de gozo em sua roupagem de "mais-de-gozar". Assim, a satisfação extraída com um objeto é caracterizada por sua não-imediaticidade, e o efeito dessa perda, provocada pela imersão na linguagem, é a cota de excedente (o "algo a mais") que busca, repetidamente, satisfazer-se.

Ontologia orientada a objetos – Movimento filosófico inaugurado por Graham Harman (e seguido também por Timothy Morton, Ian Bogost e Levi Bryant) e classificado, por ele próprio, como uma "subespécie" do realismo especulativo. Harman parte da crítica de que a história da filosofia tem uma aversão aos objetos, explicando-os de maneira redutiva: ora pelos seus componentes elementares (*undermining*), ora por sua relação com outros objetos (nós mesmos incluídos) ou por seus efeitos (*overmining*). Esse movimento defende que os objetos, além de existirem por si só, independentemente da percepção humana, não são exauridos pela relação que estabelecem com o humano nem com outros objetos. Nesse sentido, toda relação seria, ela própria, um objeto que distorce particularmente os objetos envolvidos.

Perversidade polimorfa das pulsões – Característica primordial das pulsões, derivada da sexualidade infantil, que indica sua capacidade de se ligar a objetos parciais os mais diversos, a partir das zonas erógenas ou bordas do corpo, como a boca, o ânus, o olhar e a voz (donde sua "polimorfia"). A atividade da pulsão é sempre desviante da reprodução genital (nesse sentido, "perversa"), de forma que sua finalidade reside na sua própria satisfação em circuito, obtida por meio da reprodução de um modo de se vincular a um objeto pulsional, de forma alheia à biologia e aos ideais da cultura.

Pulsão de morte/Pulsão de vida – Dualismo pulsional, alvo de diferentes polêmicas. Em linhas bastante gerais, podemos dizer que a pulsão de morte é descrita por Freud em associação com a compulsão à repetição, após a observação das repetições dolorosas de seus analisantes, dos sintomas dos neuróticos de guerra e da famosa brincadeira do *fort-da*, e que viria desbancar a prevalência do princípio de prazer. Grosso modo, a pulsão de morte, portanto, consistiria no movimento regressivo de retorno a um estado anterior, que, em última instância, encontraria no inorgânico sua finalidade; enquanto a pulsão de vida, por sua vez, é associada à disposição do organismo em se autoconservar, em criar ligações e em postergar, ao máximo, o inanimado – o que resulta em uma busca por excitação/tensão no curso desse adiamento. É válido destacar que o trabalho de Zupančič aborda as diferentes facetas da construção do conceito de pulsão de morte, a partir do ensaio de Freud, exibindo sua ambiguidade, mas também as interpretações fornecidas ao termo por Deleuze e Lacan. Por exemplo, Lacan entrevê, na argumentação de Freud

– de que nenhuma pulsão é encontrada em sua forma pura – a possibilidade de interpretar que não se trata de duas pulsões diferentes, mas de dois aspectos da pulsão, como aponta este fragmento: "O instinto de morte (pulsão de morte) não é uma pulsão entre outras, mas a própria fissura em torno da qual as pulsões se congregam. (É por isso que Lacan pode dizer que 'toda pulsão é virtualmente uma pulsão de morte'.) Cada pulsão parcial (ou seu objeto) é uma repetição dessa fissura – uma repetição que, por sua vez, constitui esse objeto como objeto" (neste volume, p. 190); fissura essa que é reiteradamente relacionada ao sexual (ou à pulsão sexual) pela autora.

Prazer – Associado ao princípio de prazer, trata-se da satisfação decorrente da diminuição da quantidade de tensão no aparato psíquico. Lacan, em dado momento, compreende que o (princípio de) prazer está vinculado à lei simbólica, que intenta manter um estado de homeostase e prevenir a extrapolação de satisfação do gozo (em uma de suas acepções), que constantemente perturba o sujeito. Zupančič, por sua vez, identifica, na argumentação de Freud em *Além do princípio de prazer*, que o princípio de prazer, com a função de manter o nível mínimo de excitação, possui, contrassenso, uma estreita relação com a ideia de pulsão de morte como tendência a retornar a um estado anterior, cuja meta última seria a morte.

Realismo especulativo – Movimento filosófico heterogêneo cujo único ponto compartilhado entre os autores é a resistência ao que ficou conhecido, a partir de Meillassoux, como correlacionismo. Com efeito, os autores estão engajados em investigações acerca da realidade "em si" (isto é, do absoluto dessubjetivado), mas sem, no entanto, ignorar os avanços da filosofia, ao longo da História, em torno da crítica do acesso à realidade independente do pensamento.

Recalque/Repressão – De maneira geral, o recalque propriamente dito (*Verdrängung*) é o mecanismo fundamental da neurose, que se refere à operação de banir elementos conflitivos ou insuportáveis para o inconsciente, a fim de preservar a homeostase psíquica. Já o recalque originário (*Urverdrängung*) se refere, em Freud, a uma operação fundadora do próprio recalcamento, do núcleo recalcado no inconsciente que se tornará o polo de atração para todos os demais recalques por vir (e que constituem o recalque propriamente dito). No entanto, Freud deixa em aberto o estatuto desse recalque originário, sugerindo uma temporalidade filogenética para sua ocorrência, enquanto Lacan o retoma para indicar aquilo que estaria recalcado por estrutura, isto é, de uma forma que não seria baseada apenas nos acidentes particulares da vida de um sujeito, mas estabeleceria uma temporalidade puramente lógica, ligada à estrutura da linguagem, sem recair nas obscuridades do filogenético. Por sua vez, Zupančič constantemente o associa à negatividade consequente da constituição do sujeito na linguagem. Finalmente, a repressão (*Unterdrückung*) designa uma operação mais próxima ao consciente/pré-consciente de repelir ou censurar um desejo ou pensamento (em si mesmo ou em outras pessoas), que pode, mas não necessariamente, criar condições favoráveis para o mecanismo do recalque entrar em vigor.

Saber/Conhecimento – Na psicanálise lacaniana, o saber diz respeito à própria estrutura da linguagem, à estrutura mínima do funcionamento simbólico, em que se combinam dois (ou mais) significantes para produzir uma cadeia ($S_1 \rightarrow S_2$). Perde-se a relação ao referente externo, ao passo que o significado dos significantes só é dado *a posteriori*, mediante seu encadeamento na linguagem, de forma que o saber já vem marcado pela falta. O conhecimento, pelo contrário, indica uma apreensão imaginária do mundo como totalidade, em que o significante seria colado ao significado, assim como ao próprio referente externo. O conhecimento supõe alcançar um acesso direto e imediato à realidade "em si", mas é estruturado, na verdade, por uma relação especular com o mundo, construída em torno de sua apreensão narcísica (ao redor do eu). Alguns dos exemplos de conhecimento utilizados por Lacan são as cosmologias antigas (a exemplo de *yin* e *yang*), os arquétipos de Jung e a própria ideia de instinto: enquanto o instinto é um conhecimento sem saber, a pulsão é um saber sem conhecimento. Zupančič se serve de dois aspectos ligados ao termo "conhecimento" na *Bíblia* cristã: um primeiro referido à "árvore do conhecimento do bem e do mal" no mito de Adão e Eva, que ela situa como a introdução do sujeito no campo do saber, isto é, no campo do significante; e um segundo aspecto referido ao uso bíblico do verbo "conhecer" em sentido sexual ("e, então, o marido conheceu sua esposa"). Enquanto o saber é ligado ao (saber) inconsciente e informado pela não relação, o conhecimento está conectado à relação/copulação sexual, à relação especular com o mundo organizada pelo registro imaginário do eu.

Ser – Toda ontologia consiste em realizar uma investigação depurada do ser, da existência e da natureza da realidade; portanto uma concepção de ser possui diferentes definições de acordo com dada reflexão filosófica. Zupančič, em referência ao arcabouço psicanalítico, tenta evidenciar a constante dificuldade em apreender uma noção de ser como entidade total dissociada do entrecruzamento entre Simbólico e Real. Nesse sentido, o ser seria discursivo, mas somente se levarmos também em conta que o discurso carrega consigo sua própria fratura, sua incompletude. Como podemos identificar neste excerto de Zupančič: "O Real não é um ser ou uma substância; mas seu impasse, o ponto de sua impossibilidade. É inseparável do ser, mas não é o ser. Pode-se dizer que, para a psicanálise, não existe um ser independente da linguagem (ou do discurso) – razão pela qual muitas vezes o ser parece compatível com as formas contemporâneas de nominalismo. Todo ser é simbólico; é ser no Outro. Mas com um acréscimo crucial, que poderia ser formulado da seguinte forma: só há o ser no simbólico – *exceto que há o Real*. 'Há' o Real, mas esse Real não é nenhum ser. No entanto, esse Real não é simplesmente o fora do ser; não é algo além do ser, ele é uma convulsão, uma pedra no caminho do espaço do ser. Ele existe apenas como a contradição inerente do ser (simbólico)" (neste volume, p. 74).

Significante/Significado (ou Significação) – Vocábulos importados da linguística saussuriana, cujas definições são remodeladas por Lacan, sob influência de Claude Lévi-Strauss e Roman Jakobson. O significante é o elemento material da fala, caracterizado por, sozinho, não significar nada; por estabelecer uma relação de diferença com outros significantes; por representar o sujeito para outros significantes; e por determinar o significado, ao estar encadeado em uma ordem de significantes. Dessa forma, o significante constitui a unidade simbólica da noção de estrutura. O significado é o elemento de sentido, que é imaginariamente mobilizado/produzido pela bateria de significantes, a depender de disposições estruturais (a relação entre significantes), culturais e individuais. Vale destacar que há uma inadequação inerente entre significante e significado, marcada pela resistência do significante em preservar uma significação.

Posfácio
Aquém do gênero, além do realismo: o sexo como impasse da ontologia

Vinícius Moreira Lima
Bernardo Sollar Godoi

Quando nos perguntamos o que significa ser "homem", ser "mulher", ser "trans", ser "não binárie", ser "cis", habitualmente localizamos a dificuldade conceitual no âmbito dos substantivos: "homem", "mulher", "trans" etc. Mas, com esse gesto, acabamos deixando passar depressa demais uma pergunta tanto ou ainda mais primordial: o que significa "ser"? O que está em jogo quando perguntamos "o que *é* x?" ou quando afirmamos "eu *sou* y"? Nem sempre nos damos conta disto, mas afirmações sobre sexo e mesmo sobre gênero nos colocam imediatamente no campo da ontologia, que é o primeiro e mais radical tipo de questão que o pensamento ocidental levanta desde os gregos. Ao intitular seu livro com a pergunta *O que é sexo?*, enfatizando o "*é*" enquanto flexão do verbo "ser", a filósofa eslovena Alenka Zupančič propõe uma questão que não é somente sobre "sexo", mas antes, de certa forma, sobre o "*ser*" do sexo.

De um modo geral, o contemporâneo tende a responder à pergunta pelo "*é*" a partir da identidade – pela via de ser *homem* (cis ou trans), ser *mulher* (cis ou trans), ser *não binárie*, entre tantas outras formas de apresentação subjetiva que se assentam sobre a lógica da identidade: como A=A (ser idêntico a si mesmo) ou A=B (ser idêntico a determinado predicado que se pressupõe esgotar o próprio ser). Ainda que essa estratégia tenha servido a inúmeras conquistas no campo do reconhecimento social e político, como testemunhamos com o movimento feminista, as lutas antirracistas e as lutas em defesa da diversidade sexual e de gênero, a perspectiva de uma (des)construção social das identidades (mesmo em suas versões mais elegantes, como a performatividade de gênero em Butler) deixa em segundo plano, no entanto, uma série de impasses ligados ao problema do "ser", na medida em que o sexo, a partir da psicanálise, coloca interrogações à própria ontologia, até mesmo em sua roupagem performativa. A aposta de Zupančič, na esteira da psicanálise, é que os impasses do sexo nos deslocam para os confins do simbólico, colocando-nos diante do que chamamos de Real. Mas de que Real estamos falando aqui?

***

Seis anos após seu lançamento original em língua inglesa (2017), chega finalmente ao Brasil[97] a tradução de *What is sex?*, que traz para a conversa dois assuntos que (quase) nunca se misturam na história do pensamento ocidental: geralmente, ou se escreve sobre ontologia ou se escreve sobre sexualidade; isto é, um livro sobre ontologia apenas raramente se preocupa com questões de sexualidade – e vice-versa. Transpondo essas fronteiras, Zupančič dialoga com o que há de ponta nessas

---

[97] Em 2022, foi publicado o primeiro livro da autora em português, com a tradução de *Por que psicanálise?* pela editora LavraPalavra, no qual se podem encontrar, além de três intervenções de Zupančič, dois importantes textos de apoio que apresentam o pano de fundo para essa obra, tanto em termos da história da Eslovênia (e da inserção da psicanálise nesse país) quanto em termos da construção de um panorama do percurso de formação e produção da filósofa.

duas áreas do saber contemporâneo, ao entrelaçar criticamente, pela via da psicanálise, a sexualidade – em vizinhança com os problemas levantados pelos estudos de gênero, em especial pelo nome de Judith Butler – e a ontologia – em aproximação às questões postas pelo realismo especulativo, particularmente no entorno da filosofia de Quentin Meillassoux.

Certamente sem se restringir a Butler e Meillassoux, a eslovena dialoga com autores e autoras bastante diversos, desde a interface entre psicanálise e filosofia, passando pela literatura psicológica contemporânea sobre sexualidade e, ainda, por temas fundamentais, como o funcionamento do mercado e o liberalismo econômico, a diferença entre humano e animal, a interpretação analítica e sua incidência sobre o gozo do sintoma, a contingência do amor como encontro e os apelidos carinhosos que damos ao objeto amado, a relação do cristianismo com o gozo, as controvérsias em torno da pulsão de morte, do trauma e da repetição, o sentido do desejo e da fantasia a partir do filme *Janela indiscreta*, de Hitchcock, entre tantos outros, oferecendo contribuições valiosas inclusive para a clínica psicanalítica.

Se destacamos aqui seu debate com Butler e Meillassoux, é a fim de sustentar que, para localizar o cerne do argumento da filósofa ligado à (não-)relação entre sexualidade e ontologia, é preciso situar sua posição em relação ao trabalho desses dois autores (Butler e Meillassoux) enquanto representativos do ponto atual em que se situa o debate contemporâneo em torno do gênero (no caso da primeira) e do realismo (no caso do segundo). Sua empreitada central será pensar a ontologia à luz dos impasses do sexo sem reduzi-la nem a puro simbólico (como ela entende ser feito pelos estudos de gênero) nem a puro real (como aconteceria com o realismo especulativo).

A ordem do percurso de Zupančič não é sem propósito. Na primeira metade do livro, ao dialogar com a perspectiva da performatividade de gênero, ela constata, nessa primeira parada, que os impasses que o sexo coloca ao problema do "ser" são deixados em segundo plano na passagem à noção de gênero enquanto entidade simbólica constituída discursivamente. Na sequência, seu objetivo passa a ser, então, investigar qual Real estaria em jogo na (não-)relação entre sexo e "ser". Para fazê-lo, ela se dirige às "novas ontologias" para interrogar os modelos de realismo existentes no pensamento contemporâneo, a fim de tensioná-los com a concepção lacaniana de Real. É nesse sentido que ela irá travar um importante debate com Meillassoux enquanto representante do realismo especulativo, com a intenção de investigar de que modo o "ser", constituinte da pergunta central do livro ("o que *é* sexo?"), está implicado no debate ontológico contemporâneo.

Nesse aspecto, pode parecer até curioso o entrelaçamento de elementos aparentemente tão díspares entre si: por que, em um livro sobre sexo, encontramos uma problematização acerca do enunciado científico de que a formação da Terra ocorreu há 4,56 bilhões de anos? Meillassoux, com o seu "problema da ancestralidade", aparece aí como seu interlocutor privilegiado, justamente por ele presumir, no discurso científico, um aliado nas investigações racionalistas acerca da realidade "em si" e do ser, livre de interferências subjetivas. Sendo assim, nessa segunda parada, Zupančič se depara, sobretudo, com o problema decorrente da supressão do sujeito, que, paradoxalmente, impossibilitaria pensar a realidade levando em conta a dimensão do Real e, consequentemente, do sexo.

Na escrita da filósofa, a psicanálise se torna a ponte, ou o ponto de encontro entre essas temáticas, mas apenas enquanto passível de produzir um contraponto crítico, por meio do pensamento de Freud e Lacan, a algumas das tendências encontradas tanto nos estudos de gênero quanto nos debates atuais acerca da ontologia, a partir de conceitos como o objeto *a* e o Real em sua conexão com os impasses do sexo e da sexualidade. Desdobremos, então, a ênfase colocada pela autora no verbo "*é*", em itálico no título desta obra, a fim de demarcar sua interrogação sobre a (não-)relação entre sexualidade e ontologia: o que o "sexo", uma categoria considerada tão baixa e tão explicitamente carnal, tem a ver com o elevado e abstrato problema filosófico do "ser"?

Aquém do gênero: problemas do sexo

Em uma leitura informada pela psicanálise, o "sexo" de que se trata aqui não é redutível nem à anatomia nem à prática sexual, pois ele antes se configura na hiância que se abre entre ambas (ou no impasse lógico que se desenha entre uma e outra), tornando problemática a própria assunção de uma identidade que se queira plena ou inteiramente constituída de forma positiva e não conflituosa. É por isso que o problema do sexo adquire relevância ontológica: não por ser uma "realidade última do corpo", como queriam, aliás, os dispositivos de poder da modernidade ocidental (Foucault, 1976 [2015]; Butler, 1990 [2015]; 1996 [2009]; Preciado, 2000 [2014]; 2022), mas sim por se apresentar como "uma torção inerente, ou pedra no caminho, da realidade" (neste volume, p. 12), um ponto de tropeço no próprio campo do "ser" – e que torna problemáticos, inclusive, o "*ser* homem" e o "*ser* mulher". O sexo se torna um impasse para a constituição mesma do "ser" como tal.

Nesse ponto, o argumento de Zupančič é que o sexo – uma vez tomado em sua radicalidade, em um terreno situado mais aquém de seu enquadramento pela norma – jamais se configura enquanto uma entidade plenamente constituída como tal, e é isso que os dispositivos de poder e os arranjos normativos do gênero buscam escamotear, forçando a existência de um semblante da "relação sexual" (isto é, de uma proporção harmoniosa e complementar entre os "sexos"). Ao longo da modernidade ocidental, como podemos extrair dos estudos de Michel Foucault posteriormente desdobrados por Butler, o "sexo" teria se tornado um "princípio de identidade", marcado por sua completa ontologização enquanto regulador da assunção de uma posição sexuada como "homem" ou como "mulher". Sua assunção deveria se fazer de forma não conflituosa, conforme a norma binária que produzia os corpos a partir da grade da cisheterossexualidade normativa: alguém "não apenas é o seu sexo, mas alguém tem sexo, e, tendo-o, deve mostrar o sexo que 'é'" (BUTLER, 1996 [2009], p. 91).

Nesse universo, como nos ensinam os estudos de gênero e os estudos queer, quem nasce com pênis deve reconhecer-se e identificar-se como "homem", assumir uma conduta de gênero legível como "masculina", desejar corpos de "mulheres", engajar-se em práticas sexuais em posição "ativa" (entre tantas outras condições de pertencimento à categoria "homem"), sendo o campo do feminino produzido como sua composição oposta e complementar, ao passo que subjetivações dissidentes que não se enquadrem nessa partição binária dos corpos ficam expostas à abjeção, à violência e à morte. A norma cisheterossexual, conforme Zupančič, opera aí no sentido de ocultar a ausência de uma posição harmoniosa no terreno do sexo, bem como a inexistência da tão fantasiada complementaridade entre "macho" e "fêmea", forçando violentamente um saber sobre quais modos de identificação e desejo constituiriam a verdadeira chave para *A* relação/proporção sexual (que não existe).

Os trabalhos de Butler, especialmente a partir dos anos 1990, foram certamente fundamentais para desmantelar a naturalidade desse arranjo na cultura, ao mesmo tempo que se tornaram representativos do próprio campo dos estudos de gênero – o que acaba por produzir certo apagamento da multiplicidade e, vale dizer, da heterogeneidade desse mesmo campo. O nome da filósofa estadunidense é muitas vezes o primeiro a comparecer quando se trata de gênero no Ocidente, sendo que, como a própria filósofa sinaliza, sua trajetória é antecedida por um século de lutas feministas e acompanhada pela produção de diversas outras autoras e autores que, na mesma época, também teorizam e intervêm nesse terreno. Assumindo o risco dessa simplificação, cabe-nos aqui localizar o ponto da contribuição de Butler às questões de gênero que é trazido à baila por Zupančič, de forma a situarmos o contraponto que a filósofa eslovena lhe propõe.

No capítulo 3 de *O que é sexo?*, Zupančič reconstrói alguns passos da concepção butleriana da performatividade de gênero, que não se confunde com a teatralidade do gênero como performance: antes, a performatividade é o efeito sedimentado, ao longo do tempo, das práticas reiteradas de produção do gênero sob o arranjo binário de "homens" e "mulheres" na cultura, que enrijecem, de modo muitas vezes violento, as formas pelas quais um corpo pode existir e/ou se nomear. O próprio "sexo" (anatômico) entendido como "masculino" – no caso da presença de pênis – ou "feminino" – no caso de sua ausência – já seria devedor da grade normativa do gênero binário na cultura, que nos faz enxergar um corpo como sendo necessariamente ou de "homem" ou de "mulher", buscando proscrever a imprevisibilidade dos arranjos entre anatomia, identificação e desejo, que fazem parte do percurso sexuado de qualquer sujeito.

Nesse cenário, a "diferença sexual" passa a ser percebida como a existência naturalizada de "homens" e "mulheres" na ordem simbólica, diferença que Butler aponta enquanto produção performativa, sem essência ou substância, que só ganha existência pela insistência de sua (re)produção ou reiteração pelos performativos de gênero. Nesse sentido, Butler propõe uma crítica da ontologia naturalizada do gênero como substância e como princípio de identidade, aí desvelado como construção normativa que, no entanto, sempre falha em se estabilizar finalmente sob uma forma qualquer (BUTLER, 1990 [2015], p. 55-56).

A filósofa estadunidense chega a articular explicitamente a conexão que enxerga entre performatividade e ontologia:

"Performatividade é o modo discursivo pelo qual efeitos ontológicos são instalados" (BUTLER, 1993 [1996], p. 112, tradução nossa). Nessa perspectiva, a matriz ou hegemonia heterossexual e a cisheterossexualidade normativa seriam parte de um sistema epistemológico que produz e regula as categorias ostensivamente ontológicas de "homem" e "mulher". Como consequência, "homens" e "mulheres" enquanto "identidades heterossexuais compulsórias" não passam de "fantasmas ontologicamente consolidados" (BUTLER, 1991, p. 313, tradução nossa). Desse modo, não existiria um "ser homem" ou um "ser mulher" – e tampouco um "ser gay" ou "ser lésbica", ou qualquer outra forma de se nomear um "ser" – capaz de se assentar finalmente em uma identidade estável, definitiva e/ou totalizante.[98]

Ainda que não faça citações diretas de Butler, Zupančič acompanha a base de seu argumento, observando que o performativo é "uma espécie de onto-logia do discursivo, responsável tanto pelo *logos* quanto pelo *ser* das coisas" (neste volume, p. 69), e é a esse respeito que ela irá estabelecer seu contraponto. Pois, ainda que a posição de Lacan quanto ao significante e ao grande Outro na década de 1950 pareça acompanhar a leitura performativa, na medida em que "homem" e "mulher" são posições de linguagem assumidas no campo simbólico por meio da ordem significante, a filósofa eslovena sustenta que há diferenças importantes formalizadas pela perspectiva lacaniana mais tardia, particularmente na década de 1970.

O que Zupančič observa é que o significante não é apenas responsável pela produção positiva de entidades simbólicas

---

[98] Até certo ponto, poderíamos aproximar essa crítica à ontologia do gênero em Butler da definição lacaniana de ontologia (também explorada por Zupančič neste livro), a partir da qual é o discurso do mestre que ordena o campo do ser – aí tomando o significante-mestre enquanto "a obrigação de relacionarmo-nos a uma identidade" (MILLER, 1997, p. 428).

(como "homens" e "mulheres", "gays" e "lésbicas", pessoas "cis" e "trans" etc.), pois a ordem significante é, ela mesma, cindida, e essa cisão engendra um "algo a mais" que vem parasitar a produtividade performativa. Duas das mais importantes faces desse "algo a mais" são o gozo – enquanto irrupção de um excesso pulsional que afeta o corpo e produz formas de satisfação desreguladas pelo "instinto" ou pela "natureza", também chamado de objeto *a* ou mais-de-gozar – e o real – enquanto ponto de contradição ou de impossibilidade estrutural da própria realidade simbólica. Isso acontece porque a estrutura significante é correlata de uma hiância, um furo em sua própria estrutura, uma falta constitutiva no campo do Outro – S($\cancel{A}$) –, de modo que a ausência de um significante – um menos-de-significante – é suprida pelo parasitismo de um excedente de gozo – um mais-de-gozar. A sexualidade se torna, assim, o nome da junção real entre o significante (ausente) e o gozo (excedente), como consequência direta da contradição inerente à constituição do espaço simbólico.

Nesse cenário, a diferença sexual deixa de ser uma diferença entre duas entidades plena e positivamente constituídas – os "homens" e as "mulheres" – e passa a ser o nome de um antagonismo social estruturante de sua própria realidade simbólica. Seu paradigma talvez resida no próprio surgimento do movimento feminista na cultura, cujo início Zupančič descreve não enquanto a afirmação de uma identidade "mulher", mas sim pelo uso da posição de inexistência política das mulheres a fim de interrogar a suposta homogeneidade do campo social organizado pela lógica fálica, colocando em evidência um antagonismo, uma cisão/divisão nesse mesmo campo. O feminismo como movimento político quebraria a ilusão de unidade desse universo, "baseada na supressão, subordinação e exclusão maciças" (neste volume, p. 63), justamente por sua "capacidade de inserir no mundo o problema da divisão e da diferença, cuja homogeneidade se baseia na exclusão" (neste volume, p. 64). O detalhe fundamental para a autora é que o que está sendo excluído nesse universo não é apenas a "outra metade", a "identidade das mulheres", mas a cisão/divisão *em si*, o próprio antagonismo social.

A diferença sexual nomearia, assim, um impasse que torna impossível a plena constituição de um "ser homem" e de um "ser mulher" tomados enquanto entidades simbólicas "inteiras" em si mesmas. É por isso que essa diferença não é considerada apenas uma produção simbólica performativamente engendrada, pois ela envolveria também uma curvatura própria, que deforma a trajetória mesma do simbólico produzindo a dimensão informe do Real, por sua incidência como impasse e como antagonismo. Na leitura de Zupančič, seguindo o argumento de Joan Copjec (1994), esse Real seria perdido justamente na passagem do "sexo" – que conserva essa dimensão conflituosa da "diferença sexual" – ao "gênero", que apenas consideraria a proliferação não conflituosa de entidades simbólicas puras, traduzidas nas mais diversas "identidades", desde as identidades de gênero até as formas de categorizar orientações sexuais, orientações românticas, práticas sexuais etc. Tal passagem do sexo ao gênero incorreria em uma ontologização completa da diferença sexual, que a tornaria não problemática em si mesma.

Dessa forma, não é a mesma coisa pensar a "diferença sexual" (enquanto perspectiva que mantém o "sexo" em jogo) e a "diferença de gêneros" (que seria um tipo diferente de diferença). Pois a diferença sexual remeteria não tanto a diferentes identidades, mas mais fundamentalmente a um antagonismo social, uma impossibilidade ontológica inerente à sexualidade, responsável por introduzir uma negatividade no debate do sexo, a qual seria perdida em sua substituição pelo debate dos gêneros. Do ponto de vista da cultura ocidental, ao menos em seus setores mais progressistas, o argumento da filósofa eslovena certamente se sustenta, se considerarmos o modo como os debates de gênero em alguns casos se integram ao laço social sob o imperativo de uma pura afirmação das diferentes identidades, muitas vezes sob o preço de sua nova naturalização.

Do ponto de vista conceitual, no entanto, seu argumento deixa a desejar no que toca às nuances e especificidades presentes na obra de Butler, cuja densidade filosófica não dá margem a uma ontologia inteiramente performativa (cf. BUTLER, 1993 [2019]; 1998 [2021]) (embora o performativo seja o eixo central de sua intervenção no campo da política e no pensamento contemporâneo – cf. BUTLER, 2015) – e tampouco a uma eliminação da dimensão conflituosa da constituição subjetiva, como vemos pela progressiva construção de sua concepção de melancolia de gênero ao longo da década de 1990, que leva em conta a dimensão opaca do inconsciente (cf. BUTLER, 1990 [2015]; 1993 [2019]; 1997 [2017]).

Ainda assim, Butler certamente colocaria essa dimensão do conflito em termos diferentes daqueles em que Zupančič a propõe, recusando particularmente o uso dos termos "real" e "diferença sexual" feito pela psicanálise lacaniana (ou, ao menos, em sua redução desta a uma versão estruturalista) (cf. BUTLER; LACLAU; ŽIŽEK, 2000; BUTLER, 2004; 2012; 2014; 2020). No debate empreendido com Ernesto Laclau e Slavoj Žižek (BUTLER; LACLAU; ŽIŽEK, 2000), Judith Butler não concorda em considerar a diferença sexual[99] como um núcleo

---

[99] Por sua vez, encontramos um importante reposicionamento – ou uma progressiva depuração – na leitura de Butler quanto à diferença sexual à medida que sua obra avança. Depois de haver discutido mais diretamente esse tema com pensadores lacanianos ao longo dos anos 1990 (com os quais não chega finalmente a um consenso, sendo Žižek seu interlocutor privilegiado – o que deixa em aberto quais poderiam ser os efeitos de sua leitura do presente livro de Zupančič), a autora passa a pensar essa questão por outros caminhos, de modo que o que passa a ser problemático é a diferença sexual tomada a partir da cisheterossexualidade normativa, no sentido de abordagens dessa diferença que apresentem consequências necessárias ou universalizantes para o campo

duro resistente à simbolização (isto é, como um Real), por não poder encará-la de forma isolada dos atravessamentos sociais e históricos que constituem essa diferença como elemento simbolicamente relevante para definir as formas de subjetivação. No fundo, sua interrogação à teoria lacaniana é: por que o impasse ou o antagonismo fundamental do sexo é tratado (pela psicanálise) sempre em torno da diferença sexual?

Zupančič, por sua vez, enfatiza a *divisão* sexual – mais do que a *diferença* sexual – "como duas maneiras como o menos constitutivo da ordem significante é inscrito e tratado nessa própria ordem" (neste volume, p. 84). Trata-se, então, de duas formas de operar com a incidência do "menos" inaugural da castração enfatizando a impossibilidade de um ponto de vista "neutro" no terreno do sexo, sendo essa cisão um modo de deixar nítido o fato de que, na (não-)relação com o objeto, não se pode escapar de um antagonismo inerente. Ao mesmo tempo, as contribuições de Butler nos convidam a reconhecer que esse antagonismo do sexo não se apresenta apenas no coração da diferença sexual, pois ele se atualiza também em outras lutas, diversas, heterogêneas, que se jogam até mesmo no terreno da diversidade sexual e de gênero.

Será que não poderíamos pensar tal antagonismo – o impasse que ele coloca à ontologia – articulando-o também ao modo como corpos dissidentes da cisheteronorma se rebelam diante de sua inexistência social e política, apontando as violências, exclusões e apagamentos a que estão submetidos? Não seria um exemplo disso o surgimento das multidões queer nos Estados Unidos na década de 1990, em protesto ao pânico moral em torno da aids que ocultava a recusa da sociedade cisheteronormativa em se haver com essa questão sem rogar ao silêncio e ao esquecimento a existência e as mortes de dissidentes sexuais e de gênero?

---

do desejo, da parentalidade e do reconhecimento social (cf. BUTLER, 2004; 2012; 2014; 2020).

E, afinal, não haveria também outras formas de antagonismo que poderiam dar corpo a esse impasse? Assim como a própria luta de classes (que, conforme Žižek [2012] não pode ser reduzida à luta *entre* classes, já que se estende a uma negatividade conflituosa inerente ao tecido social e seria também outra roupagem do real como impasse ou antagonismo), por que não considerarmos a denúncia da violência policial racista – como a que testemunhamos nos movimentos Black Lives Matter nos EUA ou na ONG Mães Em Luta no Brasil – como mais uma roupagem desse impasse/antagonismo colocado à ontologia?[100]

Resta em aberto, então, a pergunta sobre se e como poderíamos pensar, por exemplo, as questões de raça não tanto em termos das diferenças simbolicamente construídas *entre* pessoas brancas e pessoas negras, mas antes em termos de uma mancha ou um impasse igualmente presentes na própria partilha do campo do ser, cuja dimensão conflituosa talvez não consiga tampouco ser homogeneizada sob o manto do universalismo branco ("todos somos iguais").

Diante dessas questões – que são, de fato, questões para o nosso tempo –, poderíamos tentar levar o argumento de Zupančič um pouco mais longe e tomar o impasse da diferença sexual como um paradigma para pensarmos a diferença lógica entre um campo de existência e aquilo que esse campo deixa restar como indeterminado, como resto deixado à inexistência.

---

[100] Afinal, no discurso público oficial das democracias liberais ocidentais, "todos os corpos são iguais", isto é, "todas as vidas importam", mas cada um sabe, em algum nível, que a prática não é exatamente essa. Sob as heranças da lógica colonial (atravessada por raça, classe, geopolítica, gênero, sexualidade etc.), é todo um campo de inexistência social que se torna alvo de políticas de morte e extermínio, configurando o que Butler (1993 [2019]) chama de campos de "abjeção" e/ou convocando, ainda, o que Žižek (BUTLER; ŽIŽEK; LACLAU, 2000) nomeia como o "suplemento obsceno do poder" em seu exercício subterrâneo da violência.

Esse arranjo foi histórica e politicamente colocado em evidência quando, nas origens do movimento feminista, as mulheres se serviram de sua condição de resto e/ou de inexistência em um universo regrado pela lógica fálica para expor, interrogar e subverter as violências dessa partilha em que apenas os homens gozam da posição da universalidade – arranjo que não deixa de estar, aliás, na base da formalização lógica da sexuação em Lacan.

Mas essa condição de resto ou de inexistência não se reduz a (embora possa passar muitas vezes por) um lugar de subordinação ou de subalternidade; pois ela inclui também a potência mesma da indeterminação, que marca a possibilidade de reconfiguração do campo de existência a partir da colocação em ato de uma negatividade que, frequentemente, acompanha a posição de exclusão em relação às formas positivamente dadas/estabelecidas do universal.[101] Tal posição permite melhor evidenciar o conflito ou o núcleo de impossibilidade traumático que sustenta/organiza o campo do hegemônico enquanto tal. Tudo se passa como na referência de Zupančič a Althusser: quando lidamos com uma realidade conflituosa, não se pode ver tudo de todo lugar; algumas posições dissimulam o conflito, ao passo que outras o revelam. Para a filósofa eslovena, "o sexo, ou *o sexual*, é precisamente essa 'posição' ou ponto de vista na psicanálise [...] pelo peculiar tipo de contradição que ele nos obriga a ver e pensar e com o qual ele nos obriga a lidar" (neste volume, p. 14, grifos do texto).

Nesse cenário, a *diferença* sexual, por sua vez, talvez possa ser relida como um impasse *desta* ordem simbólica, isto é, da ordem simbólica em que (ainda) vivemos (e veremos até quando). Diferentemente de uma norma *a priori*, essa diferença parece constituir, então, o Real de uma ordem simbólica que impõe aos corpos uma sexuação a partir da lógica fálica,

---

[101] A esse respeito, ver também os trabalhos de Vladimir Safatle (2012) e Maíra Moreira (2021).

legando o feminino – assim como os mais diversos semblantes da Alteridade – à inexistência. Nessa perspectiva, o Real se torna o nome do limite interno ao simbólico que o produz, que, no caso, é um simbólico (ainda) organizado pelo falo enquanto operador da partilha dos corpos e seus modos de gozo (e que não esgota as formas de tratamento do *sexual* propriamente dito). Nesse simbólico, talvez faça sentido, afinal, pensar a diferença sexual enquanto Real ou enquanto impasse estrutural – isto é, enquanto impasse estrutural *a esta* organização simbólica. Resta saber até quando ela sobreviverá.

E, frente à questão de se a diferença sexual se refere finalmente a um modo de distribuir os corpos entre as entidades simbólicas "homem" e "mulher" (Butler) *ou* a uma impossibilidade da plena constituição dessas duas entidades como tais (Zupančič), a solução talvez esteja contida no próprio problema. Pois essa diferença parece nomear *as duas coisas* – a partir de lugares diferentes. Afinal, localizar a ficção hegemônica que organiza a partilha dos corpos sob a forma da lógica fálica – como, aliás, fazia Lacan nos anos 1950 e como propôs Butler em sua releitura – também permite se aproximar da impossibilidade inerente a essa simbolização – à qual Lacan chegou nos anos 1970. Se esse percurso esbarra num impasse estrutural, isso não impede: i) que o enquadre desse campo simbólico seja eventualmente perturbado e reconfigurado, tocando ou subvertendo o real da diferença sexual enquanto seu impasse fundamental; e ii) que haja outros impasses – outros pontos de real – diferentemente relevantes nesse (e mesmo em algum outro) campo simbólico.

Para além da diferença sexual, a questão parece residir, portanto, no impasse do sexo – ou, mais precisamente, do *sexual* – como índice da impossibilidade de um aparelhamento harmonioso do corpo para o gozo, por sua dimensão de fracasso e de opacidade inerentes. Poderíamos, então, pensar *o sexual* como impasse fundamental da ontologia, sendo a *diferença* (sexual) apenas uma de suas roupagens ou uma de suas declinações?

Além do realismo especulativo:
no meio do caminho tinha o Real

A temática do Real também atravessa de ponta a ponta o capítulo 4, que é o mais longo de *O que é sexo?*. Esse capítulo é marcado por uma profícua discussão acerca do realismo e da ontologia, estimulada fundamentalmente pelos recentes desenvolvimentos, no campo da filosofia, em torno da virada especulativa (também denominada de "virada ontológica"). Essa discussão inicial fornece o "tom" das investigações posteriores, ao confrontar as posições acerca da consideração da realidade entre Jacques Lacan e Quentin Meillassoux, um dos autores mais representativos desse recente movimento filosófico. Assim, de maneira bastante geral, noções como realismo, ontologia, ser, trauma, acontecimento, bem como a diferença entre humano e animal e controvérsia em torno da definição de pulsão de morte compõem um entrelaçamento de assuntos que orbitam o seguinte eixo gravitacional: os limites de considerar o inanimado, o inumano, o objeto, o ser como i) radicalmente independentes do sujeito e como ii) uma realidade plena e positivamente constituída.

Nesse sentido, a resposta de Zupančič, munida de uma teorização lacaniana acerca do humano e do Real, visa um "além" do realismo (especialmente, o especulativo). Vamos entender o contexto em que se insere a problemática desenvolvida por Meillassoux, para, em seguida, revisitar a argumentação central da autora, em busca do modo pelo qual ela confronta, principalmente, a tese dele – em última análise, encontrando no caminho, de maneira contraintuitiva, o sexo como a elucidação mais notória da não-plenitude da relação com o objeto.

Meillassoux não se aventura em assuntos em torno da sexualidade. Ele está interessado, antes, no que é propriamente não-humano: na capacidade de um discurso, como o da ciência, em dizer algo da realidade, supondo a inexistência humana.

Isso é perceptível, dado que o seu trabalho advém de uma corrente de autores que estão, de certo modo, "cansados" de ler na filosofia continental (e.g., fenomenologia, estruturalismo, pós-estruturalismo, desconstrucionismo, pós-modernismos) a centralidade do humano no mundo. É sabido que as análises filosóficas, no decorrer do século XX, se delimitaram, predominantemente, ao discurso, ao poder, ao texto, à cultura, à consciência como constituintes da realidade; tratando a realidade "em si" ora como *nonsense*, ora como incognoscível, ora como mero correlato do pensamento. Diante desse quadro, alguns autores começaram a identificar nessas filosofias uma verdadeira atitude antirrealista – acompanhada de uma postura aversiva em relação à ciência –, cujos recursos não pareciam suficientes para abordar questões atuais, como as catástrofes ecológicas, a crescente relação do humano com a tecnologia (bem como a cada vez mais opaca divisão entre humano e máquina), o avanço das neurociências, entre outras (BRYANT; SRNICEK; HARMAN, 2011).

Nessa esteira, *Após a finitude* veio a público em 2006 como um exemplo representativo da reação desses novos filósofos às filosofias continentais. Embora outros autores já estivessem desenvolvendo problemáticas acerca do realismo e da ontologia nesse sentido (como é o caso de Graham Harman), esse livro foi o que mais catalisou discussões acerca do assunto, mobilizando autores já insatisfeitos com o então encaminhamento da filosofia continental. Dessa forma, Graham Harman (com sua Ontologia Orientada a Objetos – OOO), Ray Brassier (com seu niilismo eliminativista), Iain Hamilton Grant (com seu naturalismo transcendental) e Meillassoux (com seu materialismo especulativo)[102] passam a ser conhecidos como fundadores

---

[102] Apesar de ser frequentemente assimilado ao título "realismo especulativo", Meillassoux prefere adotar "materialismo especulativo" para identificar seu programa filosófico. Ele fornece a seguinte definição para "especulativo": "toda filosofia que pretende, ao contrário [contraposição

do "realismo especulativo", após um workshop que reuniu os quatro autores no Goldsmiths College, na Universidade de Londres, em 2007.[103]

Embora suas pesquisas sejam independentes e tenham propostas filosóficas diversas, elas compartilham uma questão em comum: *"todos corajosamente problematizam os fundamentos subjetivistas e antropocêntricos da maior parte da 'filosofia continental'"* (BRASSIER *et al.*, 2007, p. 307, em itálico no original), que possui raízes na crítica kantiana.[104] O diagnóstico que eles realizam, sintetizado por Meillassoux, é o seguinte: grosso modo, toda filosofia, desde Kant, é uma forma de correlacionismo, que defende a tese segundo a qual "apenas temos acesso à correlação entre pensamento e ser, e nunca a cada termo considerado separado do outro" (MEILLASSOUX, 2008, p. 5). Diante disso, o realismo especulativo pretende reinterrogar as filosofias que seguiram a sobreposição da epistemologia em relação à ontologia

---

feita em relação ao correlacionismo], alcançar um tal absoluto [fora do pensamento]" (MEILLASSOUX, 2016, p. 16); e para "materialismo": "todo pensamento que acessa um absoluto por sua vez exterior ao pensamento e nele mesmo desprovido de toda subjetividade" (MEILLASSOUX, 2016, p. 17).

[103] Embora Meillassoux figure como peça central na discussão de Zupančič, lembremos que ela também aborda o trabalho de Brassier acerca do niilismo e faz uma alusão à OOO, com o jogo de palavras "ontologia desorientada pelo objeto". Além disso, a autora aborda a democracia dos objetos de Bryant, um importante autor do realismo especulativo que se alinha à OOO.

[104] "Ao determinar os limites do cognoscível em relação às funções de nossas faculdades epistêmicas – entendidas como constituintes do processo de conhecimento –, o procedimento crítico submete a questão filosófica clássica sobre *o que é* para a questão crítica por excelência sobre *como é possível conhecer*. Como resultado, ocorre uma reconversão ou, mais precisamente, uma virtual *substituição* da ontologia pela epistemologia" (PUCCIARELLI, 2022, p. 101, grifos do autor).

(que se constituíram sobre o pressuposto de que o "em si" é incognoscível, restando apenas o modo como o objeto é "para nós"), com o escopo de recuperar um fazer filosófico sobre a natureza da realidade (um realismo independente do humano, mas que não retorne ao dogmatismo).

Posto isso, no que se refere a Meillassoux (2008), o passo inicial é o problema da ancestralidade, em que identifica a incompatibilidade entre o correlacionismo e o discurso científico moderno. Esse problema pode ser condensado na seguinte pergunta: se o correlacionismo defende a impossibilidade de apreender uma realidade apartada do pensamento, como então lidar com os enunciados científicos acerca de eventos anteriores ao próprio surgimento do pensamento? Por exemplo, afirmar que a origem do Universo tenha 13,5 bilhões de anos não significa que ele tenha 13,5 bilhões de anos "para nós"; ou seja, trata-se de uma afirmativa que não pretende ter um ponto de vista.[105] Em suma, "Pensar a ancestralidade é pensar um mundo sem pensamento" (MEILLASSOUX, 2008, p. 28).

Nesse sentido, o objetivo de Meillassoux é fornecer um fundamento ontológico realista para a ciência, uma vez que esta teria o caráter de pensar sobre uma realidade absoluta. Aqui, é importante calibrar a "extravagância" que o vocábulo "absoluto" tende a conotar. "Absoluto" significa, para o filósofo, principalmente o que é separado do pensamento; o que não é relativo a nós; o que existe de modo indiferente à contingência de existirmos ou não (MEILLASSOUX, 2008, p. 28); ou, ainda, como define Otávio Maciel de maneira

---

[105] Como assevera Meillassoux: "é uma questão absurda perguntar 'Como seria o mundo se não existissem humanos?', 'Como seria o mundo se não existíssemos?' – essa é uma questão absurda, *a* questão absurda, penso, para toda filosofia kantiana e pós-kantiana. Mas o problema é que as ciências devem supostamente explicar o que o mundo é o mesmo se não há humanos" (BRASSIER *et al.*, 2007, p. 329, grifo no texto).

anedótica, em nota, "o 'não-soluto' ou o 'não dissolvido' no solvente da subjetividade" (Meillassoux, 2020, p. 203).

Inicialmente, Zupančič parece concordar com a visão de Meillassoux, a respeito da discrepância entre os discursos científico e filosófico: "De fato, pode parecer que a ciência e a filosofia vêm se desenvolvendo há algum tempo em mundos paralelos: em um é possível falar do Real em si, independentemente de sua relação com o sujeito; enquanto no outro esse tipo de discurso não faz sentido" (neste volume, p. 123-124). Dito de outro modo, o que soa como um contrassenso a Meillassoux é que, de um lado, a ciência moderna realizou uma revolução galilaico-copernicana não apenas por descentralizar a Terra em relação ao universo, mas também por descentralizar o sujeito do centro do conhecimento, ao matematizar a natureza e a ciência, tornando a existência do sujeito indiferente aos enunciados produzidos pelo pensamento científico; enquanto, de outro lado, o correlacionismo, ao defender a impossibilidade de conhecer a realidade isenta de um "para nós", aplica uma contrarrevolução ptolomaica, por colocar de volta o sujeito no centro do processo de conhecimento, como se a realidade dependesse de uma forma particular de apreensão (somente acessaríamos, então, as condições de conhecimento, as estruturas cognitivas etc.) (Meillassoux, 2008, p. 114-117). Frente a esse problema, encontramos o seu projeto filosófico: habilitar a legitimidade de um discurso bastante específico (o científico) de acessar um absoluto independente do e indiferente ao sujeito.

No entanto, Zupančič identifica alguns pontos frágeis na argumentação de Meillassoux e usa a psicanálise lacaniana para expor os furos na tese do filósofo (daí também o trocadilho com o título do capítulo 4, "Ontologia desorientada pelo objeto"). A autora percebe que o objetivo de Meillassoux não é opor discurso e real, mas tentar recuperar algum tipo de realismo que ultrapasse o realismo ingênuo, capaz de preservar algum tipo de correspondência entre o discursivo e o real, a partir da matemática. O ponto crítico dessa posição, segundo Zupančič, é que a própria concepção de ciência de Meillassoux é insuficiente. Nesse quesito, a concepção lacaniana vem à baila. Em vez de conceber a ciência como uma ferramenta de acesso ao Grande Lá-Fora, Lacan entende (influenciado pelos trabalhos em história e filosofia da ciência de Koyré) que, na verdade, ela se inicia quando produz seu objeto, criando um novo real: "não é que o objeto da ciência seja 'mediado' por suas fórmulas; na verdade é indistinguível delas, não existe fora delas, *mas é real*. Ela tem consequências reais ou consequências no Real" (neste volume, p. 129, grifos da autora).

Esse aspecto é suficiente para Zupančič classificar a concepção de ciência de Lacan não a partir de um realismo especulativo, mas a partir de um realismo dialeticamente materialista: a ciência instaura um corte fundamental na natureza e a substitui por uma natureza "fisicalizada", criando um novo espaço no Real.[106] A própria ciência que cinde o mundo em dois, produzindo um mundo sobre o qual atuam consequências reais (as letras das fórmulas, com isso, não encontrariam seus referentes na natureza, mas são parte do próprio espaço novo criado pela ciência). Aí está a diferença entre Meillassoux e Lacan no que concerne à realidade e à ciência: enquanto o primeiro qualifica a matemática como um discurso que corresponde a um real independente do sujeito, a perspectiva lacaniana entende que a matematização da natureza consiste na criação de uma nova realidade (substituindo o objeto supostamente natural), a partir da qual o discurso científico intervém.

---

[106] Embora não tenha sido abordado pela autora, o conceito de *aletosfera*, desenvolvido por Lacan no *Seminário 17* (LACAN, 1969-1970 [1992], p. 151-153), condensa essa compreensão. Neologismo formado pelas palavras "*alétheia*", alteração do grego que é traduzida como "verdade", em sentido de "desvelamento", e "atmosfera/estratosfera", aletosfera designa um espaço insubstancial, físico-matemático, em que opera um mundo formalizado, constituído, por exemplo, por ondas eletromagnéticas.

É esse ponto de criação de um novo espaço que aponta para a pertinência de considerar o sujeito, inclusive no campo da ciência. Desse modo, o argumento de Zupančič compactua com a posição de Žižek (2012, p. 539-541), que advoga não sacrificar o sujeito em favor de um discurso que ateste um Grande Lá-Fora, uma realidade ontológica absoluta, plenamente constituída. O ponto de Žižek é que, em vez de pressupor a realidade como "plena", a lição transcendental não deveria ser ignorada, a saber: é o ato subjetivo que a transformaria em uma "realidade objetiva". Seguindo, portanto, esse esquema de fundo, o que parece problemático a Zupančič é que a diacronicidade – termo utilizado por Meillassoux (2008, p. 112-113) para designar a separação temporal entre o pensamento e o ser, isto é, para se referir aos eventos anteriores ao surgimento do humano e posteriores à sua extinção –, realizada pela ciência (a exemplo da datação dos arquefósseis), não abarcaria o regime de temporalidade concernente ao sujeito; por conseguinte, não incorporaria o que é da ordem do inconsciente.

A indagação de Zupančič vai ao cerne do que está em jogo: "a ciência estuda apenas algo que nós mesmos elaboramos como tal, declarado (como externo), ou essa exterioridade é independente de nós e existe precisamente como é desde muito antes de nós?" (neste volume, p. 137). Ao estilo de uma "ontologia orientada ao sujeito", ela afirma: "A resposta lacaniana seria: ela é independente, mas só *se torna* tal no momento exato de sua 'criação' discursiva" (neste volume, p. 137, grifos da autora). Sendo esse o caso, o "realismo" lacaniano segue uma postura (como vimos) dialeticamente materialista, em vez de especulativa; o que contempla uma temporalidade própria ao corte do inconsciente: a contingência do surgimento da ciência torna absolutos os objetos que estuda; bem como, de maneira análoga, o sujeito se realiza não exatamente pela sequência diacrônica de sua história, mas pela projeção do passado em um discurso proferido no presente como aquele que sempre "terá sido" – temporalidade simbólica, descrita por Lacan (1953 [1998]).

Desse modo, se a criação de uma nova realidade (pela ciência) resulta na adição inesperada do inconsciente, isso acontece porque a constituição dessa nova realidade anula o próprio corte, que a constituiu, e o que lhe antecedeu: a criação de que um discurso sem sujeito faz com que este sujeito permaneça inconsciente; e isso é justamente o que, de forma paradoxal, impede a sua eliminação. Ao criar seu objeto, a ciência não afirma que o objeto não existia antes de sua criação e que, portanto, os enunciados ancestrais não teriam sentido, mas que o caráter absoluto da ancestralidade tem a forma da contingência absoluta:

> Algo pode (no tempo) *tornar-se absoluto* (ou seja, atemporal). O absoluto é *ao mesmo tempo* necessário e contingente: não há absoluto sem uma ruptura/corte no qual ele se constitui como absoluto (isto é, como 'necessariamente necessário' – em quem essa duplicidade é justamente o espaço em que o discurso tem consequências), mas essa ruptura por si só é contingente (neste volume, p. 138, grifos da autora).

Nesse sentido, a discordância em relação à argumentação de Meillassoux vem do modo como a descontinuidade da criação absoluta dos objetos científicos atestam, com o inconsciente, o fato de que "algo do qual não temos memória continua a operar como verdade" (neste volume, p. 140). Um dos aspectos descritos por Zupančič, e que encontra ressonância também com Žižek (2012, p. 541), é que o corte estabelece o que pode ser considerado verdadeiro ou falso – ou seja, ocorre uma separação entre saber e verdade. Como expõe Žižek, se, para Meillassoux, somente haveria verdade no saber como uma forma de adequação matemática do empírico, isso deixaria de lado a "verdade", comumente usada na psicanálise (cf. Iannini, 2013; Milner, 2014; Nobus, 2002), que leva em consideração a construção subjetiva da própria história (bem como suas contradições), que pode ser "factualmente" mentirosa, mas, como semblante, tem a chance de tocar algo do Real.[107]

Reconstruído o argumento de Zupančič, é possível certificar que a autora, ao sair em busca de soluções para a pergunta "o que *é* sexo?", não obtém respostas convincentes. Nos estudos de gênero, ela encontra desenvolvimentos em torno da identidade enquanto construção performativa, que suprime os impasses ontológicos colocados pelo problema do sexo. Ao se direcionar para as "novas ontologias", com o escopo de extrair o que é o

---

[107] É possível apontar ressalvas pontuais quanto a alguns aspectos da sua construção, bem como considerações que abrem outras possibilidades para desdobrar o projeto de Meillassoux e suas implicações. É importante ressaltar que, na crítica de Meillassoux ao correlacionismo (bem como na de outros autores que participam da virada ontológica), não se trata de um retorno a um pensamento pré-kantiano ou algum tipo de realismo ingênuo (PUCCIARELLI, 2022, p. 100), como, em alguns momentos, parecem supor Žižek e Zupančič. Além disso, a autora parece deixar de lado parte significativa do que sustenta a tese de Meillassoux acerca da necessidade da contingência. A título de exemplo, podemos mencionar: i) a forma como Meillassoux desmonta o argumento correlacionista, identificando, em seu interior, um absoluto – que apenas a contingência é necessária (MEILLASSOUX, 2008; 2016; 2020; PUCCIARELLI, 2022); e ii) a solução especulativa que ele propõe ao problema de Hume (que versa sobre a necessidade das leis da natureza), a qual complementa as questões suscitadas pelo problema da ancestralidade com o uso do transfinito catoriano (MEILLASSOUX, 2008). Vale destacar que, com o projeto filosófico ainda em andamento, *Após a finitude* não é um texto em que Meillassoux desenvolve todo o seu programa – ao invés, trata-se da exploração minuciosa da aporia entre o problema da ancestralidade e o correlacionismo, a partir da qual defende a tese de que somente a contingência é necessária. Assim, o esforço por construir e defender um fundamento ontológico para a ciência, apoiado na linguagem matemática, com o objetivo de evidenciar o caráter absoluto desta, é continuado em texto posterior (cf. MEILLASSOUX, 2016). Contudo essa empreitada ainda não foi conquistada.

"*é*", identifica, de modo similar, componentes frágeis que não permitem uma conclusão definitiva a respeito da própria questão do "ser", uma vez que a (não-)relação entre a tríade sujeito, Real e realidade é negligenciada no percurso. E é justamente a esse tópico que precisamos nos ater mais um pouco.

Como sublinha Zupančič, poderíamos pensar que a busca da realidade (do sexo) como ela "*é*" poderia nos levar à concepção de que a realidade "bruta" seria resultado da equação "realidade" menos "ilusão". Bastaria, nesse sentido, reconhecer que a pele do corpo encantador que se tem à sua frente, abriga "a carne e os ossos crus, fluidos corporais, alimentos e excrementos semidigeridos..." (neste volume, p. 198). Assim, a perspectiva "sóbria" que o realismo suporia trazer possui um "a mais" de atributos subjetivos – como o nojo e a repulsa. "Para chegar à realidade 'como ela é', um *excedente* (subjetivo) é necessário (ou produzido), um excedente ou excesso que precisamente não é redutível à 'realidade como ela é'" (neste volume, p. 198). Tal característica, inerente a esse tipo de materialismo, não significa, ainda, a inacessibilidade de uma coisa "em si", mas que esse "em si" somente pode ser acessado por um sujeito. Isso é essencial. O ponto é que a coisa "em si", plena e positivamente constituída, oposta à coisa "para nós", distorcida e parcial, é, do ponto de vista de Zupančič, uma perspectiva falsa, uma vez que a questão está na "realidade neutra" a que se intenta chegar sem o sujeito:

> E se a realidade não for neutra, mas dilacerada por uma impossibilidade e contradição inerentes? Ou, mais precisamente, e se a própria neutralidade não for "neutra", mas já implicar uma imposição subjetiva, uma "neutralização" normativa? Nesse caso, a excessividade subjetiva nos aproxima da verdade, bem como da possibilidade de nos envolvermos com as contradições da realidade (neste volume, p. 199).

O que ela põe em questão é a possibilidade de se acessar a própria neutralidade da realidade. Essa "neutralidade" somente pode ser vista por nós, como sujeitos, mas não no sentido de um sujeito autorreflexivo e autônomo, nem como puro determinante da realidade nem como um objeto entre outros. E é aí que encontramos a definição de sujeito em jogo: *o sujeito é o que dá acesso à objetivação do antagonismo interno à própria realidade*. Ao abandonar o sujeito, não alcançamos a realidade como ela é, mas apenas ignoramos a própria fratura constituinte da realidade. Essa dificuldade em conceber uma realidade independente do sujeito é, precisamente, a manifestação do Real, ao qual o sujeito se apresenta como resposta. Ele (o sujeito) é o que dá acesso a essas contradições e, portanto, à juntura do "curto-circuito" da ontologia e da epistemologia "na forma de sua negatividade conjunta/comum" (neste volume, p. 202). No fim das contas, eliminar o sujeito, ao pensar uma realidade independente, "em si", neutra, é pensar sem contradição, sem impasses, sem impossibilidades; é eliminar o próprio Real da realidade.

E assim entrevemos: no meio do caminho (do realismo especulativo) tinha o Real.

O sexo como impasse da ontologia

A essa altura, podemos considerar que a empreitada central levada a cabo por Zupančič em seu livro é pensar a ontologia sem reduzi-la nem a puro simbólico (como ela entende ser feito pelos estudos de gênero) nem a puro real (como aconteceria com o realismo especulativo).[108] Do lado dos estudos de gênero, ao menos em sua versão proposta por Butler, qualquer forma

---

[108] Como evidenciam as ressalvas feitas anteriormente sobre as nuances das obras de Butler e Meillassoux que ficam perdidas em sua interpretação pela filósofa eslovena, há aí uma espécie de hiância, inerente às posições de leitura, que é impossível de ser plenamente transposta de forma neutra. A própria maneira de dizer das diferenças (no caso, entre Zupančič, Butler e Meillassoux) parece já envolver uma tomada de posição nesse debate. Diante disso, nesta seção, optamos por assumir a perspectiva de leitura de Zupančič, que nos permitirá explicitar o

de realismo seria de pouca ou nenhuma utilidade para pensar o gênero como aparelho discursivo que produz performativamente o que conta como "ser". Nesse sentido, temos aí uma ontologia performativa assentada sobre o registro do simbólico, perdendo de vista o real como um impasse onto-lógico, tal como formalizado pela psicanálise lacaniana.

Enquanto isso, do lado do realismo especulativo, Meillassoux busca uma forma de situar, por meio dos enunciados científicos (mais especificamente, os que são formulados a partir de uma matematização), uma realidade que seria absoluta, no sentido de ser independente do e indiferente ao sujeito – e, portanto, independente do e indiferente ao próprio simbólico entendido enquanto registro da linguagem que não apenas particulariza o humano, mas o cinde da natureza. Nesse sentido, Meillassoux se coloca a tarefa (ainda não alcançada) de reabilitar a possibilidade de acesso ao ser, de maneira independente do fato (contingente) de pensarmos sobre ele.

Com a psicanálise, Zupančič entrará no debate discordando de ambas essas concepções, ou, pelo menos, introduzindo uma torção em seus argumentos, em função das especificidades da noção lacaniana de Real. Trata-se aí de um Real que não é anterior ao Simbólico, mas que emerge apenas enquanto sua contradição interna (interna ao Simbólico):

> só há o ser no simbólico – *exceto que há o Real*. "Há" o Real, mas esse Real não é nenhum ser. No entanto, esse Real não é simplesmente o fora do ser; não é algo além do ser, ele é uma convulsão, uma pedra no caminho do espaço do ser. Ele existe apenas como a contradição inerente do ser (simbólico). Isso, e nada mais, está em jogo quando a psicanálise conecta o sexo ao Real (neste volume, p. 74, grifos da autora).

---

ponto de sua contribuição ao debate atual entre sexualidade e ontologia.

Esse Real se apresenta, então, como negatividade (como impasse ou impossibilidade), e o modo como essa negatividade se inscreve de forma paradoxalmente "positiva" é, justamente, no terreno do sexo, pela via do objeto *a*. Esse objeto apresenta uma dupla constituição: por um lado, é a presença da hiância (em torno da qual circunda a pulsão), presença da própria negatividade, que não se reduz a nenhum objeto positivamente dado; por outro lado, ganha corpo pelos diversos objetos pulsionais que pretendem vestir essa hiância como um simulacro. Enquanto uma satisfação "a mais" que vem parasitada por uma negatividade, o objeto *a* mostra como o próprio objeto é cindido nele mesmo, operando por meio de uma "*aderência ao vazio* (à hiância na ordem do ser); ou seja, é o vazio e sua 'crosta'" (neste volume, p. 169). Como resultado, ele evidencia a impossibilidade de uma plena constituição do próprio "objeto" (ou da própria "realidade") que estaria "lá-fora" para ser acessado, e essa é a razão de Zupančič propor uma ontologia desorientada pelo objeto.

Ao colocar o objeto *a* em jogo, já não é mais possível responder ao certo o que *é* sexo. Pois, nesse cenário, o sexual não é um "ser", não é algo que poderíamos apreender ou definir como uma entidade positiva plenamente constituída como tal, tornando-se, antes, uma pedra no caminho do ser. Como consequência, o ser enquanto ser, o ser como tal, só pode ser pensado ao se "amputar algo no ser que não é o ser" (neste volume, p. 212), de modo que "o Real é aquilo que a ontologia tradicional teve de eliminar para poder falar de 'ser enquanto ser'" (neste volume, p. 212) – um Real que é presentificado, aqui, justamente pelo sexual.[109]

O ponto de (des)encontro, portanto, entre sexo, gênero e ontologia no debate de Zupančič está na não-relação inerente

---

[109] Não à toa, na obra de Heidegger, por exemplo – que foi responsável pelo maior projeto filosófico do século XX de resgate do ser enquanto tal –, não encontramos nem uma palavra sobre o sexual.

às relações, cuja materialidade nos é dada pelo objeto *a*. Esse (des)encontro somente se sustenta da negatividade inerente a toda possibilidade de relação. Aqui, o objeto *a* desorienta a ontologia em pelo menos duas vertentes. Em primeiro lugar, a ontologia de um sujeito que não é apenas um objeto entre outros nem o agente reflexivo capaz de apreender uma realidade supostamente plena em si mesma. Por consequência, a tentativa de excluí-lo da equação por meio de sua equiparação aos demais objetos do mundo fica comprometida, pois o sujeito "é também a forma de existência da contradição, do antagonismo, em ação na própria existência dos objetos como objetos. Ele (o sujeito) se refere à forma como o impasse/contradição da realidade em que aparecem diferentes objetos existe dentro dessa mesma realidade" (neste volume, p. 201).

E, em segundo lugar, a ontologia da realidade: a partir da noção lacaniana de Real, não é apenas o *gap* entre sujeito e realidade que está em questão, mas também a presença de um *gap* na própria realidade. Em outras palavras, não se trata mais de considerar que há uma realidade plenamente constituída a partir da qual o sujeito seria apenas seu "apreensor precário" ou "capenga". O que a concepção lacaniana de Real traz de novo, em relação a essa perspectiva, é que *a própria realidade* (como "Grande Lá-Fora", objeto, coisa ou ser) *é fraturada ou cindida desde dentro* – e o objeto *a* é sua materialização "*a*-sexual", a "contrapartida objetiva da não-relação", a "não-relação como objeto" (neste volume, p. 44).

Com este livro, podemos enfim nos deslocar a um terreno mais aquém da diferença sexual em sua forma ontologizada (seja pelo essencialismo, seja pela performatividade), em direção ao sexo como impasse da ontologia; assim como nos deslocar a um espaço além da realidade ou dos objetos tomados ontologicamente (como no caso das novas ontologias, a exemplo de Meillassoux), em direção à inconsistência ontológica que lhes é inerente, como nos ensina o próprio objeto *a*. Nesse sentido, o mérito do trabalho de Zupančič é duplo: por um lado, a autora escapa de uma neutralização filosófica da psicanálise e sexualiza o debate ontológico a partir da não-relação; por outro lado, ela recusa a redução da ontologia tanto à performatividade quanto a uma realidade "em si" independente do sujeito e banca o real em jogo no terreno do sexo. Os dados estão lançados; resta ver, agora, as ressonâncias desta empreitada – de fôlego – na psicanálise e na filosofia brasileiras.

Referências

ALACOQUE, Margaret Mary. The *Autobiography of Saint Margaret Mary*. Charlotte: TAN Books, 1995.

ALTHUSSER, Louis. Sur Marx et Freud. In: *Écrits sur la psychanalyse*. Paris: STOCK/IMEC, 1993.

ARISTOTLE. *The Metaphysics*. Harmondsworth: Penguin, 1999.

BADIOU, Alain. *Being and Event*. London: Continuum, 2005.

BADIOU, Alain. *Logics of the Worlds*. London: Continuum, 2009.

BADIOU, Alain. *Manifesto for Philosophy*. Albany: SUNY Press, 1999.

BADIOU, Alain. The Scene of Two. *Lacanian Ink*, n. 21, 2003.

BADIOU, Alain; CASSIN, Barbara. *Il n'y a pas de rapport sexuel*. Paris: Fayard, 2010.

BRASSIER, Ray. *Nihil Unbound*. New York: Palgrave Macmillan, 2007.

BRASSIER, Ray *et al*. Speculative Realism. *Collapse*, v. 3, p. 307-449, 2007.

BRYANT, Levi R. *The Democracy of Objects*. Ann Arbor: Open Humanities Press, 2011.

BRYANT, Levi R.; SRNICEK, Nick; HARMAN, Graham. Towards a Speculative Philosophy. In: *The Speculative Turn: Continental Materialism and Realism*. Melbourne: re.press, 2011. p. 1-18.

BUTLER, Judith. *A vida psíquica do poder: teorias da sujeição*. Belo Horizonte: Autêntica, 2017. (Trabalho originalmente publicado em 1997).

BUTLER, Judith. Como posso negar que estas mãos e este corpo sejam meus? In: *Os sentidos do sujeito*. Belo Horizonte: Autêntica, 2021. p. 39-62. (Trabalho originalmente publicado em 1998).

BUTLER, Judith. *Corpos que importam: os limites discursivos do "sexo"*. São Paulo: N-1; Crocodilo, 2019. (Trabalho original publicado em 1993).

BUTLER, Judith. Gender as performance. In: OSBORNE, Peter (Ed.). *A critical sense: interviews with intellectuals*. New York and London: Routledge, 1996. p. 109-126. (Entrevista originalmente concedida em 1993).

BUTLER, Judith. *Gender Trouble: Feminism and the Subversion of Identity*. London: Routledge, 1990.

BUTLER, Judith. Imitation and gender insubordination. In: FUSS, Diana (Ed.). *Inside/out: lesbian theories, gay theories*. New York and London: Routledge, 1991. p. 13-31.

BUTLER, Judith. Inversões sexuais. In: PASSOS, Izabel C. Friche (Org.). *Poder, normalização e violência: incursões foucaultianas para a atualidade*. Belo Horizonte: Autêntica, 2009. p. 91-108. (Trabalho originalmente publicado em 1996).

BUTLER, Judith. *Notes toward a performative theory of assembly*. Cambridge and London: Harvard University Press, 2015.

BUTLER, Judith. *Problemas de gênero: feminismo e subversão da identidade*. 9. ed. Rio de Janeiro: Civilização Brasileira, 2015. (Trabalho originalmente publicado em 1990).

BUTLER, Judith. Rethinking sexual difference and kinship in Juliet Mitchell's "Psychoanalysis and Feminism". *Differences*, v. 23, n. 2, p. 1-19, 2012. Disponível em: https://doi.org/10.1215/10407391-1629794. Acesso em: 22 mar. 2023.

BUTLER, Judith. Seduction, gender and the drive. In: FLETCHER, John; RAY, Nicholas (Orgs.). *Seductions and enigmas: Laplanche, theory, culture*. London: Lawrence & Wishart Ltd., 2014. p. 118-133.

BUTLER, Judith. The end of sexual difference? In: *Undoing gender*. New York and London: Routledge, 2004. p. 174-203.

BUTLER, Judith; LACLAU, Ernesto; ŽIŽEK, Slavoj. *Contingency, hegemony, universality: contemporary dialogues on the left*. London and New York: Verso, 2000.

BUTLER, Judith; MCMANUS, Matt. Matt McManus interviews Judith Butler. [Vídeo]. *YouTube*. 2020. Disponível em: https://www.youtube.com/watch?v=0A1uuD0nm1k. Acesso em: 10 ago. 2022.

CASSIN, Barbara. *L'Effet sophistique*. Paris: Gallimard, 1995.

CHIESA, Lorenzo. Hyperstructuralism's Necessity of Contingency. *S:Journal of the Jan van Eyck Circle for Lacanian Ideology Critique*, n. 3, 2010.

CHIESA, Lorenzo. *The Not-Two: Logic and God in Lacan*. Cambridge: MIT Press, 2016.

COPJEC, Joan. *Read My Desire: Lacan against the Historicists*. Cambridge: MIT Press, 1994.

COPJEC, Joan. The Sexual Compact. *Angelaki*, v. 17, n. 2, 2012.

DELEUZE, Gilles. *Difference and Repetition*. New York: Columbia University Press, 1994.

DELEUZE, Gilles. *The Logic of Sense*. London: Athlone Press, 1990.

DOLAR, Mladen. *Fenomenologija duha I*. Ljubljana: Društvo za teoretsko psihoanalizo, 1990.

DOLAR, Mladen. *A Voice and Nothing More*. Cambridge: MIT Press, 2006.

DOLAR, Mladen. Freud und das Politische. *Texte. Psychoanalyse, Ästhetik, Kulturkritik*, Vienna, n. 4. 2007.

DOLAR, Mladen. One Splits into Two. *Die Figur der Zwei/The Figure of Two. Das Magazin des Instituts für Theorie*, n. 14-15, 2010.

FOUCAULT, Michel. *História da sexualidade I: a vontade de* saber. 15. ed. Rio de Janeiro: Paz & Terra, 2015. (Trabalho originalmente publicado em 1976).

FREUD, Sigmund. Beyond the Pleasure Principle. In: *Beyond the Pleasure Principle, Group Psychology and Other Works (1920-1922)*. London: Vintage Books, 2001a. (The Standard Edition of the Complete Psychological Works of Sigmund Freud, 18).

FREUD, Sigmund. *Jokes and Their Relation to the Unconscious*. Harmondsworth: Penguin, 1976. (Pelican Freud Library, 6).

FREUD, Sigmund. On the Sexual Theories of Children. In: *On Sexuality*. Harmondsworth: Penguin, 1977a. (Pelican Freud Library, 7).

FREUD, Sigmund. Repression. In: *On the History of the Psycho-Analytic Movement, Papers on Meta-psychology and Other Works (1914-1916)*. London: Vintage Books, 2001b. (The Standard Edition of the Complete Psychological Works of Sigmund Freud, 14).

FREUD, Sigmund. *The Interpretation of Dreams*. Harmondsworth: Penguin, 1988.

FREUD, Sigmund. Three Essays on the Theory of Sexuality. In: *On Sexuality*. Harmondsworth: Penguin, 1977b. (Pelican Freud Library, 7).

FREUD, Sigmund. "Wild" Psycho-Analysis. In: *Five Lectures on Psycho-Analysis, Leonardo and Other Works (1910)*. London: Vintage Books, 2001c. (The Standard Edition of the Complete Psychological Works of Sigmund Freud, 11).

GOULD, Stephen Jay. Adam's Navel. In: *The Flamingo's Smile: Reflections in Natural History*. Harmondsworth: Penguin, 1985.

HARDIN, Garrett. *Naked Emperors: Essays of a Taboo-Stalker*. Los Altos: William Kaufmann, 1982.

HEGEL, G. W. F. *Phenomenology of Spirit*. Translation by A. V. Miller. Oxford: Oxford University Press, 1977.

IANNINI, Gilson. *Estilo e verdade em Jacques Lacan*. 2. ed. Belo Horizonte: Autêntica, 2013.

LACAN, Jacques. Conférences et entretiens dans des universités nord-américaines. *Scilicet*, n. 6-7, 1976.

LACAN, Jacques. *Écrits*. New York: W. W. Norton, 2006a.

LACAN, Jacques. Função e campo da fala e da linguagem em psicanálise. In: *Escritos*. Rio de Janeiro: Jorge Zahar, 1998. p. 238-324. (Conferência proferida em 1953 e originalmente publicada em 1956).

LACAN, Jacques. L'Etourdit. *Scilicet*, n. 4, 1973.

LACAN, Jacques. *Le Séminaire, livre XVI: D'un autre à l'Autre*. Paris: Seuil, 2006b.

LACAN, Jacques. *Le Séminaire, livre XVIII: D'un discours qui ne serait pas du semblant*. Paris: Seuil, 2006c.

LACAN, Jacques. *Le Séminaire, livre XIX: …Ou pire*. Paris: Seuil, 2011.

LACAN, Jacques. *O seminário, livro 17: o avesso da psicanálise*. Rio de Janeiro: Jorge Zahar, 1969-1970 [1992].

LACAN, Jacques. *Television: A Challenge to the Psychoanalytic Establishment*. New York: W. W. Norton, 1990.

LACAN, Jacques. *The Four Fundamental Concepts of Psychoanalysis*. Harmondsworth: Penguin, 1987.

LACAN, Jacques. *The Other Side of Psychoanalysis*. New York: W. W. Norton, 2007.

LACAN, Jacques. *The Seminar of Jacques Lacan, Book II: The Ego in Freud's Theory and in the Technique of Psychoanalysis*. New York: W. W. Norton, 1988.

LACAN, Jacques. *The Seminar of Jacques Lacan, Book XX: Encore*. New York: W. W. Norton, 1999.

LAPLANCHE, Jean. La psychanalyse comme anti-hermeneutique. In: *Entre séduction et inspiration*. Paris: Presses Universitaires de France, 1999.

LAPLANCHE, Jean. Sexuality and Attachment in Metapsychology. In: WIDLOCHER, Daniel (Ed.). *Infantile Sexuality and Attachment*. New York: Other Press, 2002.

LE GAUFEY, Guy. *Le Pastout de Lacan: consistance logique, conséquences cliniques*. Paris: EPEL, 2006.

MALABOU, Catherine. *Les Nouveaux blessés*. Paris: Bayard, 2007.

MARX, Karl. *Capital*. Harmondsworth: Penguin, 1990. v. 1.

MEILLASSOUX, Quentin. *After Finitude: an Essay on the Necessity of Contingency*. London and New York: Continuum, 2008.

MEILLASSOUX, Quentin. Iteration, Reiteration, Repetition: A Speculative Analysis of the Sign Devoid of Meaning. In: AVANESSIAN, Armen; MALIK, Suhail. *Genealogies of speculation:*

materialism and subjectivity since structuralism. London and New York: Bloomsbury. 2016. p. 117-197.

MEILLASSOUX, Quentin. O tempo sem o tornar-se. *Anānsi: Revista de Filosofia*, v. 1, n. 1, p. 196-219, 2020. (Conferência proferida em 2008 e originalmente publicada em 2014).

MILLER, Jacques-Alain. *Lacan elucidado: palestras no Brasil*. Rio de Janeiro: Zahar, 1997.

MILLER, Jacques-Alain. On Perversion. In: FINK, Bruce et al. (Ed.). *Reading Seminars I and II*. Albany: State University of New York Press, 1996.

MILLER, Jacques-Alain. Paradigms of Jouissance. *Lacanian Ink*, n. 17, 2000.

MILNER, Jean-Claude. Exactitude et vérité. In: *L'universel en éclats: court traité politique 3*. Lagrasse: Verdier, 2014. p. 15-34.

MILNER, Jean-Claude. *Le Périple structural*. Lagrasse: Verdier, 2008.

MOREIRA, Maira Marcondes. *O feminismo é feminino? A inexistência da Mulher e a subversão da identidade*. Belo Horizonte: Scriptum, 2021.

NIETZSCHE, Friedrich. *The Gay Science*. Translation by Walter Kaufmann. New York: Vintage Books, 1974.

NOBUS, Dany. A matter of cause: reflections on Lacan's "Science and truth". In: GLYNOS, Jason; STAVRAKAKIS, Yannis (Eds.). *Lacan & Science*. New York: H. Karnac (Books) Ltd., 2002. p. 89-118.

PLATONOV, Andrei. The Anti-Sexus. *Cabinet Magazine*, n. 51, 2013.

PRECIADO, Paul. B. *Eu sou o monstro que vos fala: relatório para uma academia de psicanalistas*. Rio de Janeiro: Zahar, 2022.

PRECIADO, Paul. B. *Manifesto contrassexual: práticas subversivas de identidade contrassexual*. São Paulo: N-1, 2014. (Trabalho originalmente publicado em 2000).

PUCCIARELLI, Daniel. Meaning and fate of critique in the Ontological Turn. *Trans/Form/Ação*, v. 45, n. 1, p. 95-114, 2022.

RIVIERE, Joan. Womanliness as Masquerade. *International Journal of Psychoanalysis*, n. 10, 1929.

ROSSET, Clement. *Le Régime des passions*. Paris: Minuit, 2001.

SAFATLE, Vladimir. *Grande hotel abismo: por uma reconstrução da teoria do reconhecimento*. São Paulo: WMF Martins Fontes, 2012.

SCHUSTER, Aaron. Sex and Anti-Sex. *Cabinet Magazine*, n. 51, 2013.

SCHUSTER, Aaron. *The Trouble with Pleasure: Deleuze and Psychoanalysis*. Cambridge: MIT Press 2016.

SHALEV, Ofra; YERUSHALMI, Hanoch. Status of Sexuality in Contemporary Psychoanalytic Psychotherapy as Reported by Therapists. *Psychoanalytic Psychology*, n. 26, 2009.

SMITH, Adam. *An Inquiry into the Nature and Causes of the Wealth of Nations*. Mechanicsville: Electric Book, 2005.

TUPINAMBÁ, Gabriel. Vers un Signifiant Nouveau: Our Task after Lacan. In: HAMZA, Agon (Ed.). *Repeating Žižek*. Durham: Duke University Press, 2015.

ZAMANIAN, Kaveh. Attachment Theory as Defense: What Happened to Infantile Sexuality? *Psychoanalytic Psychology*, v. 28, n. 1, 2011.

ŽIZEK, Slavoj. *In Defense of Lost Causes*. London: Verso, 2008.

ŽIŽEK, Slavoj. *Less than Nothing*. London: Verso, 2012.

ŽIŽEK, Slavoj. *Living in the End of Times*. London: Verso, 2010.

ŽIŽEK, Slavoj. *Menos que nada: Hegel e a sombra do materialismo dialético*. São Paulo: Boitempo, 2012.

ŽIZEK, Slavoj. *Organs without Bodies*. London: Routledge, 2004.

ŽIZEK, Slavoj. *The Sublime Object of Ideology*. London: Verso, 1989.

ŽIZEK, Slavoj. *The Ticklish Subject*. London: Verso, 1999.

ZUPANČIČ, Alenka. Biopolitics, Sexuality and the Unconscious. *Paragraph*, v. 29, n. 1, 2016.

ZUPANČIČ, Alenka. *Why Psychoanalysis: Three Interventions*. Uppsala: NSU Press, 2008.

Este livro foi composto com tipografia Adobe Garamond Pro e
impresso em papel Off-White 70 g/m² na Formato Artes Gráficas.